XAMANISMO NOS ANDES

COSMOLOGIA, MITOS & RITOS

Wagner Frota

XAMANISMO NOS ANDES

COSMOLOGIA, MITOS & RITOS

Publicado em 2017 pela Editora Alfabeto

Supervisão geral: Edmilson Duran
Diagramação: Décio Lopes
Ilustrações da capa e miolo: João Gabriel Félix Loyo
Revisão de texto: Hélio Mattos e Luciana Papale
Capa: Décio Lopes e João Gabriel Félix Loyo

DADOS INTERNACIONAIS DE CATALOGAÇÃO NA PUBLICAÇÃO (CIP)
(CÂMARA BRASILEIRA DO LIVRO, SP, BRASIL)

Frota, Wagner

Xamanismo nos Andes: Cosmologia, Mitos e Ritos/Wagner Frota. – 1ª Edição – São Paulo, Editora Alfabeto, 2017.

ISBN: 978-85-98307-48-0

1. Xamanismo. 2. Esoterismo. 3. Xamãs. 4. Misticismo 5. Espiritualidade 6. Magia   7. Desenvolvimento Pessoal   I. Título.

Todos os direitos reservados, proibida a reprodução total ou parcial por qualquer meio, inclusive internet, sem a expressa autorização por escrito da Editora.

EDITORA ALFABETO
Rua Protocolo, 394 | CEP 04254-030
São Paulo/SP | e-mail: edmilson@editoraalfabeto.com.br
Tel: (11) 2351-4720 | (11) 2351-5333
www.editoraalfabeto.com.br

Aos povos originários andinos, que nos deixaram como legado o viver em harmonia com o Todo e o respeito à Mãe Terra.

AGRADECIMENTOS

Tive a honra de conhecer e receber ensinamentos de pessoas a quem só tenho a agradecer. Quero tornar público o meu agradecimento a todos que de alguma forma contribuíram para a execução deste livro, que é fruto da minha formação, experiência e pesquisa, bem como do trabalho de numerosos estudiosos que têm pesquisado e escrito extensivamente sobre o assunto. Sou grato a esses xamãs e pesquisadores cujas atividades nutriram a minha pesquisa. Espero ter representado suas ideias e visão, completa e precisamente. Quaisquer deficiências são de minha autoria.

Agradeço aos meus mentores que compartilharam comigo os ensinamentos ancestrais e me deram a chave para abrir uma porta para outros "Mundos" que antes eu pensava não existir, e que me ensinaram o verdadeiro significado de rituais e cerimônias: Claudio Capparelli, Mirella Faur, Mama Julia Flores Farfan, Marco Antonio Nuñez Zamalloa, Don Nazário Quispe, Don Martin Pinedo Acuña, Dona Bernardina Catary, Dona Julia Calderón, Dona Maria Apaza, Pedro Condoriri, Don Julio Cortez, Don Humberto Soncco, Don Mariano, Don Francisco Chura Flores e Vincent Marmo.

Também quero reconhecer e oferecer minha profunda gratidão para com os xamãs que se mantiveram fiel a suas práticas, mesmo depois de décadas de perseguição, preservando os caminhos sagrados e seu conhecimento para toda a humanidade. Tenho uma dívida especial de gratidão para com os xamãs andinos (*paq'o*, *hampeq*, *yachac*, *yatiri*) sem cuja bênção e sabedoria eu não teria prevalecido nesse esforço.

E às pessoas que encontrei no Caminho Xamânico Andino e que possibilitaram a geração de tanta magia que temos compartilhado durante todos esses anos de aprendizado contínuo: Adriana Freitas, Agustin Guzmán, Alberto Villoldo, Aldo Grau, Alex Guerrero, Andréa Flores Farfan, Artur Carvalho Neto, Claire Maron Andrade, Claudia Coelho Marsico, Claudia Mello, Claudia "Nina" Araújo, Claudio Medeiros, Cristine Müller "Takua", Cyro Leão, Daniel Namkhay, Dviane Alini "Yana Anka", Don Manuel Apaza, Don Isidro, Don Jorge Apaza, Gustavo Cornejo, Hélio Mattos, Hugo Garrido, James Arévalo Merejildo, Janine Araújo, Jarbas Leonel, Ka Ribas, Liana Carbon, Liana Utinguassú, Natália Carvalho, Patrícia Taquece, Porfirio Chino Sequeiros Pinares, Reynaldo "Papoq" Vallenas, Ricardo Monteiro, Stevie Garvie, Sthan Xannia, Tatiana Lima Mamede, Tatiana "Menkaiká" Meurer e Zeca Gomes.

Agradeço também aqueles que hoje vivem na Aldeia do outro lado do rio da vida, mas que estão presentes na minha jornada da alma, e até hoje dividem comigo o seu conhecimento: Cidão de Xangô, Don Juan Uviedo, Don Manuel Quispe, Dona Juanita Máximo Morales, Elaine Cipriano, Evans de Azevedo, Silva, Joaquim Miranda, Julio César Guerrero, Luis Alfredo Ramos Gonzales, Luiz José Berardo Loyo, Marco Falcão Peregrino, Maria Célia Frota, Natálya "Iktomi" Vidal, Pai Tito, Paula Magalhães Lordello, Paulo Carvalho, Pierre Weil, Rachel Mello, Silvia Miranda, Tayta Matzú, Trajano Moreira, Vera "Tanka" Maria de Souza.

Aos meus ancestrais diretos que são fontes constantes de inspiração e já não vivem aqui em nossa Mãe Terra, mas seguem sua jornada nas estrelas. Aos meus avós: Sólon Frota, Aurea Nogueira da Frota, Abgail Frota e Fabrício Correia de Sousa. E um agradecimento especial ao meu pai, Manoel Joaquim Correia de Sousa, por ter estado sempre ao meu lado e pelos seus sábios conselhos.

À minha mãe, Maria Therêza Nogueira da Frota, que além de me dar a vida e seu amor incondicional, ensinou-me com "Coração de Loba" a primeira canção de amor que aprendi e cujas notas ainda embelezam o meu mundo.

Não posso deixar de agradecer a Vida pelas dádivas concedidas, os choros, as risadas, lições aprendidas, obstáculos superados, e aos meus amigos espirituais e da natureza, que me acompanharam nesta grande jornada, destacando: as árvores, as montanhas, o povo pedra, os lagos, os ventos, os lobos cinzentos, os jaguares, o círculo dos dragões ancestrais e outros seres que me presentearam com os seus segredos de harmonia e poder, e me permitiram aprender outras formas de comunicação.

Agradeço aos guerreiros ancestrais e espíritos aliados que me acompanham todos os dias ao longo da minha caminhada e que me receberam no seu mundo, dando-me conselhos valiosos para eu prosseguir na minha jornada até chegar o dia em que me reunirei a eles no Grande Conselho ao redor da fogueira, para que possamos juntos beber um chocolate quente.

À Mãe Terra que me acolheu e me nutriu em seu seio, dando-me o sustento para seguir em frente, caminhando docemente pelo seu ventre.

E, é claro, ao Espírito Sagrado Cósmico, que nos deu a essência da Vida para que possamos explorar o Grande Mistério e viver em Harmonia com todos os seres.

SUMÁRIO

Prefácio 15
Apresentação 19

1. Xamanismo nos Andes 27
   Xamã 30

2. Tradição Iniciática Nativa Andina 37
   Ayni – Lei da reciprocidade 39
   A Tradição 41
   Pachamama 52

3. Cosmogonia 55
   Mito da Criação 55
   Cosmovisão Andina 62
   Cosmos do Pariverso Andino 67
   Chakana 73
   A trindade 79
   A evolução 80
   Pacarinas 80
   Huaca 81
   Paña e Lluq'i 81
   Pachakuti 81

4. Divindades, entes e arquétipos 83
   Entes míticos 95

> *Animais arquétipos* *100*
> *Trabalhando os animais da Roda da Medicina* *103*
> *Chacha Puma* *108*

5. O Caminho Xamânico 111
   Karpay – Ritos Iniciáticos *114*
   Instrumentos xamânicos *117*
   Caminhos alternativos *119*
   Parteiras *126*

6. Voo da Alma 131
   Estados Xamânicos de Consciência Ampliada *132*
   Êxtase e Transe *139*
   Indutores do EXCA *146*

7. Forças Misteriosas da Natureza 151
   Outras funções xamânicas *153*
   Transmutação (mudança de forma) *154*
   Animais de poder *156*
   Despacho e k'intu *161*
   Elementos doadores da Vida *163*

8. Plantas Mestras 165
   Enteógenos *167*

9. A Arte Curativa 183
   Enfermidade *184*
   Essências anímicas *188*
   Sombra *190*
   Perda da Sombra *193*
   Encantos *194*
   Práticas ritualísticas de cura *195*
   Princípios básicos do curandeirismo *197*
   Feitiçaria e cura *198*

Tipos de ritos *199*
Cerimônias de Cura *203*
Objetos Mágicos *209*

10. Campo de Energia Luminosa 211
    Espaço Sagrado *219*
    Anatomia do Campo de Energia Luminosa *221*

11. Técnicas de Cura 227
    Processo de Irradiação Xamânica *228*
    Extração de energia cristalizada *236*
    Extraindo energias cristalizadas *238*
    Energias Intrusas e Entidades *240*
    Cristais de Extração *242*
    Resgate de alma *245*

12. A Morte e seus Ritos 251
    A Morte *254*
    Quando morremos *260*
    Preparativos para a paz *261*
    Ritos da Morte *262*
    Auxílio espiritual *269*
    O ciclo da vida e da morte *269*
    Morte simbólica *271*

Epílogo 273
    O Caminho Sagrado *280*

Glossário 287

Bibliografia 295

PREFÁCIO

O ser humano é um fio do tecido cósmico, um elemento a mais do sistema da vida. Não é o clímax da criação destinado a dominá-la. A busca do equilíbrio evita a dominação sobre o outro, a apropriação material e as diferenças sociais.

Wagner Frota

O Xamanismo é a expressão mais arcaica da espiritualidade da espécie humana, e provavelmente a mais difundida através do tempo e espaço.

O que hoje chamamos de sobrenatural era percebido como uma manifestação de poder impressionante, sem rosto ou forma. Suas manifestações eram as forças da natureza que terminaram fazendo com que surgissem os deuses entre nós e seus cultos. Naquelas épocas remotas, a difusão do Xamanismo era planetária, e o processo histórico não acabou com ele. Não existe grupo nômade ou seminômade de caçadores, pastores e coletores que não conte com uma mulher ou homem sagrado que ao mesmo tempo é um vidente capaz de ver o desconhecido. Este é o xamã, cuja função é controlar o incontrolável, transformar o sagrado aterrador em uma força terapêutica, buscar almas perdidas dos enfermos subindo até as estrelas por meio de "cordas mágicas", cavalgando o Dragão, ou viajando até a Terra dos Mortos.

Quando da chegada dos europeus às Américas, o Xamanismo estava presente desde as culturas dos esquimós, passando pelas planícies norte-americanas, a Amazônia, Andes, até a Terra do Fogo, sendo suas cerimônias e rituais similares as dos povos asiáticos e de outras regiões do mundo, o que parece ser uma misteriosa consequência casual que interconecta, como um fio sutil, o Xamanismo no tempo e espaço. A Tradição Xamânica Andina, como a de outras culturas nativas, chega até nós através de eras. Para isso, teve que se adaptar para sobreviver à invasão europeia e ao genocídio da inquisição, tendo inclusive que viver em constante transformação, mas não deixando de perder sua essência sagrada.

A palavra *Tradição* em si, tem um significado originário que pertence à esfera sacro e espiritual, e não como sinônimo de algo costumeiro. Nós a utilizamos aqui de acordo com seu verdadeiro significado. Ela vem do latim *tràdere* que significa "transmitir", ou seja, no Xamanismo Andino ela se refere à transmissão do conhecimento cultural através do tempo e espaço: cerimônias, mitos, tradição oral, ritos iniciáticos e técnicas de êxtase.

O que me impulsionou a escrever este livro foi a profunda riqueza da tradição que durante anos foi alvo dos meus estudos. Nos Andes, encontrei guardiões dessa sabedoria ancestral que a assimilaram em suas vidas de forma natural. Tive a honra de ser acolhido por eles e ser um dos depositários de seus conhecimentos ancestrais. Este livro é fruto das minhas investigações etnográficas junto a estes sábios guardiões de uma tradição oral, e que procuro aqui, expor em palavras escritas. Este saber foi transmitido de geração em geração, fundamentado na experiência e na observação da natureza, que é um acúmulo de conhecimento sobre animais, minerais, plantas e fenômenos naturais através da relação permanente com a *Madre Naturaleza*.

No decorrer deste livro, procurei utilizar a denominação Xamanismo o mínimo possível. Acredito que todos os "ismos" – budismo, capitalismo, comunismo, cristianismo, feminismo, etc. –, são doutrinas ou ideologias estabelecidas em relação a outras ideologias, cujos textos ministram ensinamentos e possuem aspirações políticas e sociais. Culturas xamânicas são baseadas na tradição oral, e de um modo geral, as ideias e práticas xamânicas coexistem com maior ou menor liberdade com os sistemas formalizados. Prefiro designar as atividades xamânicas como Xamaria, em analogia à Bruxaria. Por isso, e uma vez que não existe uma ideologia unificadora, usarei o termo "Xamanismo" no plural, ao me referir ao complexo de atitudes, ações, ensinamentos, aplicações e práticas xamânicas.

Já ao falar do Xamanismo praticado nos Andes usarei a expressão Xamaria Andina ou Medicina Tradicional Nativa como é denominada por alguns xamãs andinos.

Todas as cerimônias e práticas aqui descritas foram presenciadas pessoalmente por mim. Visitei todos os lugares que descrevo nos Andes – comunidades, montanhas, *huacas*[1], lagoas e lagos – ao lado de xamãs andinos e seus pacientes. Essa vivência direta permitiu que eu entendesse como a Xamaria Andina sobreviveu a todas as intempéries que ocorreram com a chegada dos europeus e a religião em nosso continente, tendo inclusive que se adaptar para continuar sua evolução até nossos dias.

Em minha jornada, descobri que a prática do Xamanismo é uma arte viva. As formas mudam, evoluem e se transformam. No entanto, as funções dentro das formas não mudaram ao longo do tempo ou entre culturas. É justamente essa consistência e capacidade de adaptação que faz com que o Xamanismo seja uma prática espiritual até hoje, e arrebata novos xamanistas nesse caminho.

Para os povos andinos, o sobrenatural não é separado da natureza, tudo faz parte da nossa realidade, não importando se estamos com as pálpebras abertas ou fechadas. Minha mentora me ensinou que a realidade é uma só, e que tudo que vivenciamos faz parte dela. O que para maioria dos ocidentais é sobrenatural, para os andinos é o pulsar do coração do mundo, cuja batida se escuta em cada nascimento, morte, no balançar das asas de um Beija-flor, no poder cósmico e na força fecunda da nossa Mãe Terra.

Nos Andes, aprendi que tudo tem um espírito, não só os seres humanos, mas os animais, minerais, plantas, astros, lagoas e montanhas, e por essa razão, devemos nos harmonizar e aprender respeitar a tudo que existe e nos cerca. Devemos ter em nossa mente, que somos filhos do casamento sagrado entre a Terra e o Céu, que é uma premissa do Xamanismo mundo afora e não só do andino.

---

1. Denomina-se huaca tudo aquilo que se é considerado sagrado, tais como objetos que representam algo a ser venerado, monumentos, múmias de defuntos incaicos e também lugares naturais, como o cume de uma montanha ou a nascente de um rio.

Peço a todos que ao lerem este livro, o façam com a mente aberta. Minha tarefa é a de *chaski*[2], um simples mensageiro, que foi acolhido como filho por esses guardiões da sabedoria andina e foi transformado em um novo Ser.

---

2. No Império Inka, os chaskis eram ágeis e habilidosos corredores que se revezavam, de um posto a outro, na missão de entregar as mensagens oficiais de governo ou objetos. Com o crescimento de seu território, os *Inkas* haviam construído estradas visando uma maior integração entre as regiões do Império, e os chaskis formavam um eficiente sistema de correio na época.

APRESENTAÇÃO

Aqui sentimos por que, durante séculos, homens obstinados colocaram as montanhas ou a montanha acima de tudo, inclusive de si próprios, pois morrer aqui não é morrer, é eternizar-se, e todas as razões do mundo nos leva a ficar aqui. Nada é tão radiante, tão fulgurante, tão vivo como as altas montanhas; aqui atingimos o ponto mais alto da vida, junto das portas da eternidade. Só esses homens conheceram a verdade mais extremada e os significados mais reais desse complexo que encerra a teia da vida e da morte.

Assis Aymone

Faz dez dias que me encontro no Vale Sagrado dos *Inkas*[3], nos Andes peruanos. Passei a primeira semana conduzindo uma aluna da Patagônia Argentina por algumas *huacas*, visando despertar a semente andina que se encontra dentro do seu Ser. Essa foi uma das últimas orientações que meu Mentor, Tayta Matzú deixou para mim antes de deixar a Terceira Dimensão. Tayta foi um xamã Aymara que viveu caminhando pela Cordilheira dos Andes, curando e compartilhando o legado deixado por outros sábios andinos. Sua partida também é um dos motivos de eu estar aqui neste mês de maio em terras andinas. Ele faleceu três meses atrás, e foi embalsamado em seguida, porém só na próxima semana será enterrado dentro de uma caverna na província de Espinar ao sul de Cusco... e estarei lá para participar dos Ritos Finais, mas antes irei fazer uma jornada até o *Apu Pitusiray*[4].

---

3. Adotamos o "K", mas o nome também pode ser escrito com "C".
4. Montanha Sagrada dos *Inkas*, localizada próximo à cidade de Calca, no Vale Sagrado.

Já tem uns três anos que chegou as minhas mãos um livro de um palestino-peruano, Walid Bahar Ode, no qual ele narra sua descoberta de que, no topo dessa montanha, no dia 1º de outubro, é projetada uma sombra gigante na forma de um Felino e de um Inka, que minutos depois se transforma numa princesa. Em seus estudos, Walid descobriu que o cronista Guaman Poma de Ayala tinha conhecimento dessas sombras e codificou essa informação e outras em sua crônica. No final do ano passado, um irmão de caminho contou-me que estava subindo o *Apu Pitusiray* para se conectar com esse *Apu* e estreitar seus laços com essa *huaca*. Ka me contou que a poucos meses Walid havia lançado o livro *Tambotoco*, no qual revelou outra incrível e polêmica descoberta. Nele, Walid narra que os *Inkas* esconderam a localização de uma das suas *huacas* mais importantes, sua *pacarina* (local de origem), a lendária Montanha *Huanakauri*, que muitos acreditam estar ao sul de Cusco, porém, segundo Walid, fica ao norte, no *Apu Pitusiray*.

Foi para conhecer essa *huaca* que resolvi vir até Calca, no Vale Sagrado dos *Inkas*, e fazer uma jornada até este *Apu*.

Calca, 25 de maio de 2017.
Finalmente chegou o dia de subir ao Apu Pitusiray. Era para ter sido ontem, mas devido fortes chuvas, combinei com o meu guia de iniciarmos nossa jornada hoje. Amanheceu nublado, mas não existe sinal de que vá chover... assim espero. Estou em Calca há dois dias, e nesse tempo tive o prazer de encontrar Walid caminhando na Plaza de Armas e trocarmos algumas ideias sobre suas descobertas e a minha jornada ao Apu. Informei que iria subir com Yojan, ele disse que era um bom guia e que eu estaria em boas mãos. Tinha sido ele que havia guiado Ka no ano passado até o segundo nível da montanha, a mesma meta que pretendemos atingir, porém faremos em dois dias. Iremos hoje até a Lagoa Qan Qan, onde montaremos nosso acampamento, e a amanhã iremos até o segundo nível. Por ser uma jornada de dois dias, levaremos conosco um cozinheiro. Decidimos não arriscar a subida até o terceiro nível, pois este mês de maio atípico fez com que as condições climáticas não sejam favoráveis.

Às sete horas da manhã, Yojan chegou à Plaza de Armas de Calca com um táxi e Arturo, nosso cozinheiro. O motorista nos levou até um ponto abaixo das antenas de celular no flanco do *Pitusiray* virado para a cidade.

A partir deste ponto, começamos a nossa subida até a lagoa *Qan Qan*, a 4.200 metros de altitude. No percurso até a antena, sinto meu coração pulsando na garganta e peço a Yojan para descansarmos umas quatro vezes. Após recuperar o ritmo respiratório normal, seguimos nosso caminho. Passando a antena, o caminho, que era pura subida, se transforma numa pequena planície levemente inclinada por uns três quilômetros, beirando um abismo que nos conduz até bem perto da lagoa. Depois de quatro horas de caminhada, somos recepcionados por um casal de patos selvagens que voam em direção à água.

Escolhemos um local cercado de pedras junto a uma encosta, evitando o vento oeste e o frio que ele possa trazer, para montarmos o nosso acampamento. Depois da montagem da barraca e de colocarmos couro de carneiro dentro dela para nos protegermos do frio da terra, Yojan e Arturo saem à procura de lenha para fazermos uma fogueira, enquanto fico na barraca descansando da árdua trilha. Depois de duas horas, eles retornam com alguns galhos úmidos, devido à chuva do dia anterior. Após uma hora de tentativa de acender o fogo, Arturo resolve ir até a cabana de uns camponeses que vimos no caminho para tentar conseguir lenha seca. Nesse interim, Yojan continua tentando acender o fogo, mas sem êxito. O frio de quase zero grau nos envolve com a chegada da noite, por sorte, Arturo consegue galhos secos e começa a preparar uma sopa de batatas para nos alimentar e aquecer.

Após o jantar, resolvo me recolher na barraca e descansar para o dia seguinte. Acordei algumas vezes durante a noite, sem frio, apesar de o termômetro marcar -22 graus Celsius. Ao sair da barraca encontro meus novos amigos tomando um mate de coca. Recebo uma caneca de Arturo e após beber seu conteúdo vou até a margem da lagoa. Sempre ao acordar pela manhã, costumo tomar banho, mas hoje não tenho coragem de encarar a água gelada da laguna *Qan Qan*. Decido molhar somente a cabeça... brrr!!! O frio intenso parece duas mãos apertando o meu cérebro como se quisesse esmagá-lo.

Procuro respirar suavemente, tentando harmonizar o meu Ser e resolvo caminhar até uma caverna que vi assim que chegamos na tarde de ontem. Entro na *cueva* e direciono o meu olhar para as sombras que são projetadas no *Apu Pitusiray*. Devido à posição do nascimento do sol no mês de maio, não consigo visualizar a imagem do Inka, mas a figura do felino se apresenta de forma alongada... apesar de não dar para ver toda a totalidade de sua cabeça. Olho a sombra intensamente e, por um momento, sinto a sensação de ver o Jaguar virando sua face para mim e olhando de volta. Estremeço. Uma rajada de vento e o bater das asas dos patos selvagens me ancoram no momento presente e resolvo caminhar de volta até nosso acampamento.

Yojan está pronto para nossa subida. Antes, porém, vou até a barraca e apanho uma garrafa com a *Wachuma*, nome nativo dado a um cacto originário da região dos Andes, utilizado como enteógeno, que eu havia preparado dias antes para este momento. Divido a bebida sagrada em três canecas e bebemos, após eu baforar a fumaça de um poderoso tabaco, o mapacho (vide pág. 175 para maiores informações) dentro delas. Mansamente, Yojan e eu começamos nossa caminhada até o segundo nível do *Pitusiray*, enquanto Arturo cuida de desarmar nosso acampamento e preparar nosso almoço. Durante o percurso, penso que todos os sentimentos de medo, cansaço, fome e sede são limites virtuais que impomos a nós mesmos... na verdade, são códigos que nos foram impostos e que aprendemos durante o processo de socialização, esses sentimentos atuam em nós como anteolhos que só nos permitem ver unicamente o caminho de volta, e não a vasta imensidão à nossa frente.

Na altitude das montanhas, esses códigos pesam mais do que de costume. Chegamos a tal nível de desgaste que só passamos a ter olhos para ver o caminho de retorno. É o ego agindo. Como contaremos aos nossos amigos as agruras pelas quais passamos para atingir nossa meta? Dramatizando? Exagerando? Ou, às vezes, até mentindo? Enquanto faço essas divagações, escuto a voz do *Apu Pitusiray* dizendo que: somente aqueles que dão muita importância a esse tipo de explicação egóica, a usa como pretexto perfeito para manter em equilíbrio sua arrogância. No mesmo instante que essas palavras chegam a meu coração, sinto a consciência de que devemos perder a autoimportância, pois só assim não surgirá o tipo de sentimento que impede de atingirmos nossos objetivos.

Mais uma vez, lá estava eu, imerso numa realidade extrema, procurando inconsciente ou conscientemente alimentar a minha alma com a imensa energia que emana daquele *Apu*, buscando o equilíbrio entre os mundos em que vivo... tendo um pé na realidade ordinária e outro na não ordinária.

A mudança inesperada do clima durante a caminhada até o segundo nível me lembrava disso a cada momento. Depois de passar por uma planície, chegamos a um ponto em que a subida seria bem íngreme e com o mato alto, devido às chuvas que foram constantes no mês de maio. Peço a Yojan que paremos por uns cinco minutos antes de começarmos nosso ataque final à nossa meta. Depois do descanso, começo a caminhar respirando de forma curta para o vento frio não atingir os meus pulmões e, com ajuda de bastões, evito escorregar no mato molhado e pedras lisas.

Após meia hora, chegamos ao Monólito Huanakauri[5], a 4.600 metros de altitude, e nos deparamos com ele todo envolvido por forte nevoeiro. Como mágica, no momento em que pisamos no segundo nível, a névoa se dissipa e podemos ver a "Pareja Mítica" (*Sawasiray-Pitusiray*)[6] narrada nas lendas incaicas. Depois de filmar e tirar algumas fotos, procuro um local para sentar e me conectar com o *Apu*. Sou absorvido inexoravelmente por aquela imensidão e a totalidade do Cosmo. Não sinto mais o ar rarefeito, as dores, nem as contrações musculares do esforço empreendido durante a subida. Meu corpo está leve como uma pena... estou consciente de que estou fora dele em pleno voo extático. À minha frente vejo surgir a figura de Tayta Matzú, meu querido mentor andino, que faz sinal para segui-lo em direção à bruma à nossa frente.

---

5. Uma das mais importantes huacas da cultura Inka, sendo considerado como um dos locais originários (pacarinas) dos primeiros *Inkas* em Cusco.
6. Monólito que simboliza a união das montanhas Sawasiray e Pitusiray.

Estamos no Taripay Pacha, o mundo além do tempo e espaço, a dimensão do Grande Mistério, o útero do Cosmos que abarca todo o "Universo". Somos viajantes cósmicos. Vejo os Andes envolvidos por uma grande inundação, o Unu Pachakuti[7], que devastou os povos que aqui viviam anteriormente. Presencio a criação dos primeiros Inkas das espumas das águas do Lago Titikaka pelo Deus Wiracocha, que os acompanharam até Tambotoco, local de origem de outros três casais. Ao olhar para o paredão de pedra, visualizo três janelas das quais saíram um casal de cada uma delas. Eles, juntamente ao primeiro casal, são representantes dos povos das quatro direções que deram sustentação ao Império Incaico (Tawantinsuyu). O mais forte dos irmãos, Ayar Kachi, com sua funda, cria o lago Qan Qan para depois se fundir à montanha de onde eles se originaram... a mítica Huanakauri. Os outros dois irmãos, Ayar Uchu e Ayar Auca, resolvem ficar próximos ao local como guardiões do Tambotoco e são transformados em dois picos (Sawasiray-Pitusiray) de pedras, enquanto suas esposas (Mama Huaco, Mama Ipacura e Mama Rahua) carregando suas sementes em seus ventres, seguem Manco Kapac e Mama Occlo até Cusco para fundar o Império Inka.

Volto ao presente emocionado por ter presenciado um momento mítico da história dos Andes. Olhando aquele monólito imponente e mágico, vejo-o assumir diferentes formas e volto mais uma vez no tempo no momento em que centenas de guerreiros nativos jogam pedras do alto dele, fechando a passagem para as três janelas, impedindo que os espanhóis e *huaqueiros* (ladrões de *huacas*) viessem a descobrir e saquear o *Tambotoco*, a *pacarina* dos *Inkas*. Olhando mais uma vez para *Huanakauri*, vejo o imenso rosto de Ayar Kachi, perfeito em todos os detalhes. A expressão da estrutura óssea molda a textura da pele petrificada; a combinação exata das proporções, a harmonia dos componentes em seu conjunto, o sombreamento provocado pela exata inclinação e direção dos raios do sol. É um rosto forte, com feições felinas, de queixo forte e nariz aquilino. Reconheço a

---
7. Grande dilúvio, tema que é descrito recorrentemente em diversas mitologias.

divindade ali presente e no mesmo momento faço um *K'intu*[8] com as folhas de coca em sinal de respeito e gratidão por estar naquele local.

    Yojan me chama dizendo que teríamos que começar a nossa descida, pois o tempo ameaçava mudar. Deixo o *K'intu* debaixo de uma pedra e começo a caminhar até a trilha que viemos. Assim que começamos a descer, uma chuva de granizo nos atinge fazendo com que tenhamos mais cuidados com as pedras escorregadias. Por sorte, o Sol volta a aparecer dispersando a chuva. Mais uma vez vem à minha mente a questão de como as montanhas atraem uma série de pessoas que as procuram para se isolar do mundo, procurando encontrar a si mesmas. Porém, nem todos conseguem estabelecer contato com seu Ser Interior ou atingir a consciência de nossa efêmera existência. Além de observar a imensidão visível e maravilhosa, podemos sentir o invisível que nos cerca em todo o seu esplendor e ser parte da imanência oriunda do Cosmo. Talvez seja por isso que em muitos mitos, heróis e heroínas, ao atingirem a transcendência, se fundem às montanhas. Já outros atingem o cume e morrem... ou se eternizam.

    Meus pensamentos fazem com que a descida até a lagoa *Qan Qan* seja mais amena e rápida. Ao chegar ao nosso acampamento, Arturo está finalizando nosso almoço. Enquanto tomamos uma sopa de batata com macarrão e pedaços de toucinho, uma fina chuva cai sobre nós. Depois de levantarmos acampamento, margeamos a lagoa até pegar a trilha que nos levará até as antenas de telefonia de *Calca*. Um forte vento oeste é nosso companheiro constante nesta caminhada. Apesar de me sentir energizado com o contato com o *Apu Pitusiray*, meu corpo começa a dar sinais de cansaço e faz com que cada passo dado seja uma eternidade. Tomo a consciência de que neste momento eu tenho que ser de pedra como Ayar Kachi, *Huanakauri*, o mais forte dos irmãos *Inkas*, mas ao chegar ao meu destino em *Calca*, devo voltar a minha forma humanizada para continuar a minha jornada pela Vida.

---

8. Trinca de folhas indispensáveis nas oferendas andinas. Não é obrigatório que sejam três folhas, mas comumente são.

Após três horas e meia de caminhada desde a lagoa *Qan Qan*, finalmente visualizamos o táxi que nos aguardava no mesmo ponto em que iniciamos a nossa jornada na manhã do dia anterior. Neste momento, sinto o sangue voltar a pulsar nas minhas veias, rompendo a camada petrificada que envolvia o meu ser. Abro os meus braços em direção ao *Pitusiray* e grito bem alto: *Urpillay Sonqollay Ayar Kachi Huanakauri!* (Muito obrigado, *Ayar Kachi Huanakauri!*).

Calca, 27 de maio de 2017.

Estou de volta ao que chamamos de civilização. Ainda me encontro extasiado pela jornada até o Apu Pitusiray. Naquela huaca, me sentia no topo do mundo. Minha caminhada tinha sido árdua durante todo o percurso, eu não imaginava o esplendor da visão que teria quando lá chegasse. No Caminho Xamânico, poucos são os que não têm preguiça ou medo de seguir adiante, ou se entregam à dor e ao cansaço. Lá no alto, olhando a Pareja Mítica de um lado e do outro o Huanakauri, pude ter a certeza de que trilhar o caminho é estar disposto a subir montanhas, descer vales, caminhar em desertos, cair em abismos e sair de lá com a força do intento. Mas o meu maior presente ao vencer todas as intempéries é o êxtase ao perceber o pulsar da vida em toda a natureza que nos circunda.

Para mim, baseado no que li nas obras de Guaman Poma de Ayala, Cieza de Leon, Pachakuti Salcamaygua e Sarmiento de Gamboa, como também em minha visão lá em cima, faz sentido a tese de Walid de que a huaca Huanakauri está localizada ao norte de Cusco no Apu Pitusiray. É completamente lógico os Inkas terem escondido essa informação dos espanhóis, afinal, esta é considerada a huaca mais importante para eles... o Tambotoco, o seu lugar de origem.

1

XAMANISMO NOS ANDES

No mundo andino-amazônico, sempre está presente o espírito por detrás de qualquer atividade ou pensamento, sobretudo, uma mãe cuidadosa e nutridora, uma força divina onipresente misteriosa que se encarna na natureza para ajudar os seus filhos terrenos.

Yanaanka Tasorinki

As comunidades nativas andinas estão distribuídas em torno de 7.000 povoados em 3 regiões (costa, serra e selva), com uma população aproximada de 900.000 habitantes, com 18 grupos linguísticos. Esses grupos têm diferentes costumes e estão em estreita harmonia com o meio ambiente. Nessas comunidades, encontramos especialistas tradicionais (curandeiros, herboristas, parteiras, rezadores, vegetalistas e xamãs) que desenvolveram um profundo conhecimento da natureza que os rodeiam e das imensas possibilidades terapêuticas que esta oferece. São conhecedores de uma grande variedade de plantas medicinais e árvores das quais extraem seiva e resina, que utilizam na preparação de remédios para curar seus pacientes.

A Cosmovisão Andina considera que a natureza, o homem e a *Pachamama* (Mãe Terra), fazem parte do todo e vivem relacionados perpetuamente. Essa totalidade vista na natureza é para a Xamaria Andina, um Ser Vivo. O homem tem uma alma, uma força de vida, assim como também todas as plantas, animais, rios, montanhas, etc., sendo que o homem e a natureza não dominam, nem pretendem dominar. Na Cosmovisão Andina, todos nós fazemos parte da Mãe Natureza.

Os Xamãs Andinos vivem em completo *ayni* com a natureza, entre eles, e com o Cosmos. *Ayni* em *runasimi* (a "linguagem humana", mal identificada como *quéchua* atualmente), quer dizer reciprocidade, ou equilíbrio. Significa ter uma relação síncrona com a natureza, com os três mundos da cosmologia andina e com o ego. A vida para os *yachacs* (xamãs) é um espelho da nossa relação com a natureza, e *ayni* é caminhar com beleza e amor por toda vida. Também significa pisar com graça e ternura na superfície de nossa verdadeira mãe, *Pachamama*, a *Madre Tierra*.

Os Andinos são povos agrícolas ligados à terra. Seus rituais e crenças eram e ainda são derivados do ciclo agrícola. Para eles, o Sol é a Fonte da Vida, e em homenagem ao deus solar *Inti* dedicaram a maioria das suas construções. Algumas outras divindades importantes são *Pachamama* (Mãe Terra), *Mama Quilla* (a Lua) e *Wiracocha* (Deus Ordenador). Para os xamãs andinos, as energias masculinas e femininas são essenciais no equilíbrio cósmico, trazendo a fertilidade e a criação. Eles compreendem o mundo de uma forma tripartida, ou seja, existem três dimensões: *Hanan Pacha* (Mundo Superior), *Kay Pacha* (Mundo Ordinário) e *Ucku Pacha* (o Mundo Interior). Cada um desses níveis acha-se habitado por inúmeras divindades, deuses maiores e menores de acordo com suas funções mitológicas. Na Tradição Iniciática Nativa Andina da qual faço parte, existe ainda outro mundo que é o *Taripay Pacha*, o mundo além do tempo e espaço, a dimensão do Grande Mistério, o útero do Cosmos que abarca todo o "Universo" (ver capítulo sobre a Tradição Iniciática Andina).

Os *yachacs* convivem com a terra e com toda a natureza numa relação harmônica e ecológica. Tudo está relacionado: a família humana, o planeta, os animais, a natureza. A terra é a mãe, as montanhas, os avós, e os animais e as plantas são como irmãos desta imensa família cósmica. A Mãe Terra é uma anciã que ampara a seus filhos, como também uma jovem virgem que se renova constantemente. Existe uma reciprocidade entre os povos andinos e a terra, que se manifesta nas cerimônias de agradecimento por tudo que ela nos dá. Os ritos agrários são como uma celebração da criação, como sacramentos do ciclo vital da natureza.

A natureza e a terra não são somente objetos de produção, e sim de contemplação, um mistério que temos que respeitar e preservar a sua integridade em harmonia com toda a criação, buscando a paz com a terra, com a comunidade e com o Cosmos. Segundo os xamãs andinos, há um equilíbrio permanente e íntimo entre o ser humano e a natureza que só é possível em termos de reciprocidade (*ayni*), pois tudo aquilo que fazemos à natureza, dela recebemos em proporção e semelhança.

Aprendi com meus mentores andinos, que o caminho do xamã no qual a pessoa caminha com beleza e se agracia com o mundo está à disposição de todos nós. No entanto, precisamos desmistificar e aprender como honrar e respeitar nossa Mãe, a Terra, aprendendo a tirar proveito destes exemplos de poder, de forma que possamos fazer um salto quântico até o nosso Pai, o Sol, e as estrelas em que todos nós estamos nos tornando, todos juntos. Os *yachacs* acreditam que as portas entre os mundos estão se abrindo com tempo suficiente para podermos cruzá-las e seguirmos adiante, onde poderemos explorar nossa capacidade humana. Recuperar nossa natureza luminosa é hoje uma possibilidade para todo aquele que encara o desafio de dar o grande salto.

Os xamãs andinos não têm um Buda, um Cristo, um Alá ou Jeová para acreditar e seguir. Eles caminham de acordo com suas próprias impressões. Cada um deve trilhar seus próprios passos. Caminhar na natureza, aprendendo com os rios, as árvores e as pedras. Honram a Mãe Terra, o Grande Espírito e toda criação. Eles olham com os olhos de sua alma. Acreditam que abrindo seus corações e ensinando suas tradições alçarão um voo luminoso, tal qual o Beija-flor que desce em flores individuais, e polinizando os seus espíritos, podem unir-se na evolução do mundo.

Para os *yachacs*, pisar fora do tempo não é uma coisa institucionalizada. Permanece um ato de poder pessoal que pode ser feito por qualquer um com ousadia e coragem.

Xamã

Nos Andes existe uma medicina tradicional (alternativa) que trata das doenças com técnicas, procedimentos e concepções culturalmente adequadas. Nessa região, a enfermidade é parte das relações dos homens com as deidades e de seu comportamento com a sociedade. O mesmo se observa na Amazônia, onde a cosmovisão do homem e do mundo que o rodeia interatua mediante a reciprocidade e respeito, a fim de manter o equilíbrio e a preservação da saúde.

Possivelmente, com a preocupação de conhecer as doenças que atingem o indivíduo, e suas curas, nasceu o conceito de "enfermidade". Porém, a percepção que se vincula com os males do corpo possui, na cosmovisão andina, um complexo sistema de crenças. Estes procuram um fator decisivo ao componente anímico dos seres, dessa maneira, se entende que o indivíduo pode vir a ter um desequilíbrio dos fluidos que dispõem seu ser, ou bem perder seu ánimu (alma) e, consequentemente, morrer. Junto a este conceito de extravio da alma se percebe o ofício restaurador do equilíbrio das entidades anímicas: o xamã.

No sistema de crença xamanista, acredita-se que o mundo aparente é dominado por forças sobrenaturais. Essas forças, agindo espontaneamente ou muitas vezes guiadas, poderão ser benéficas ou não. Sendo ocultas, essas forças sobrenaturais só podem ser manipuladas através do Estado Xamânico de Consciência Ampliada. Essa realidade implica a necessidade de especialistas capazes de penetrar e agir com sucesso nesse mundo oculto: os *yachacs*. O sucesso não é garantido; a peleja entre xamãs de diversas afinidades gera certo grau de hierarquização em função da sua força e habilidade em manter a saúde e relativo sucesso.

Como vimos, o *yachac* deve conhecer os principais agentes que podem trazer danos à saúde, entendido como um equilíbrio dos fluidos das entidades corporais, ou a subtração ou roubo da entidade anímica. Ele deve saber as formas de restabelecer ou equilibrar os fluidos; além de conhecer os lugares onde a alma pode ser encontrada. Dessa maneira, o ofício requer um conhecimento minucioso da segmentação do Cosmos e suas forças, para realizar rituais requeridos em cada espaço-tempo.

Definitivamente, o xamã é o conhecedor de sua comunidade e do mundo circundante, ele é o grande viajante do Cosmos, e nosso maior informante.

O xamã andino, dependendo da região, é chamado por diversos nomes, entre eles: *Paq'o, Yatiri, Yachac, Wayt'iris, Ch'amakani, Camasca, Punku, Soncoyoc*, etc., porém o significado é igual, ou seja, "aquele que sabe das coisas". Nos Andes, ele tem a capacidade de manter contato com as entidades do mundo mítico ancestral (os *Encantados*). Em síntese, o xamã é uma pessoa com habilidades paranormais, capaz de explorar a realidade "não comum" e perceber os processos energéticos sutis.

Em geral, qualquer pessoa, homem ou mulher, pode se tornar xamã mediante instrução e aquisição de forças mágicas e talismãs obtidos por troca de benefícios ou presentes. Os xamãs, assim prevenidos e fortalecidos, lançam os seus fluidos, influências e magias – na forma de espíritos de animais, plantas, encantações, sopro e humores – ao encontro dos seus alvos e de acordo com as suas intenções, para remediar, cativar, proteger ou encantar.

Os *yachacs* têm uma percepção mais profunda do mundo do que o restante da comunidade. Essa forma de perceber o entorno foi dada ao xamã por meio de uma visão, sonho ou outra forma de manifestação sobrenatural. Estes indivíduos são muito respeitados nos Andes. Em nossas andanças, encontramos três tipos de xamãs que nos chamaram muita atenção: os atingidos por raio, os gêmeos e os que têm lábio leporino (fenda labial ou goela de lobo, esse sinal físico é considerado uma marca que a divindade deixava na pessoa, elegendo-a para desenvolver seus dons e tornar-se um *yachac*).

Existem vários modos pelos quais um indivíduo possa chegar a ser um xamã, podendo ser por eleição dos chefes tribais, por sucessão, pelas marcas físicas acima mencionadas e por último, por um chamado interno. Também existe a possibilidade de ter sobrevivido a uma enfermidade ou por problemas psicopatológicos que eles mesmos tenham passado e conseguido se curar sozinho. Ao sobreviver à intitulada "doença do xamã", se entende que é um sinal de comunicação com a divindade, e que o indivíduo é considerado um eleito dos deuses, pois sabe como curar. Falaremos mais sobre o "chamado do xamã" no capítulo "Caminho Xamânico".

Além de ser um curandeiro, o xamã encarrega-se de realizar os ritos necessários no tempo de escassez das chuvas. Os *yachacs* capazes de proporcionar as chuvas que fertilizam os campos ou pará-las são os mais estimados pela comunidade. Eles sobem ao alto das montanhas e ali se comunicam com o espírito do trovão para saber qual é a causa do infortúnio do seu povo e que oferendas serão necessárias para que a chuva caia e fertilize os campos.

Nos Andes, o nascimento de um xamã é considerado um fato muito complexo. Quando nasce uma criança encarregada do bem-estar da comunidade, ocorre um acontecimento que é considerado um presságio. Geralmente, a Natureza marca essa pessoa como a intermediadora entre os planos do Cosmos. Com frequência, este evento é marcado por fenômenos atmosféricos que transferem para a criança parte de um poder cósmico. Acredita-se que os poderes sobrenaturais possam ser na ocasião absorvidos ou transferidos.

Os gêmeos são considerados como fruto da relação de um mortal com uma divindade celeste, portanto, é um fruto sagrado imbuído de poderes sobrenaturais. O nascimento de indivíduos de um mesmo ventre é comparado ao nascimento da humanidade, que nasceu do único ventre de *Pachamama*. Os gêmeos são considerados na cosmologia andina como entidades sobrenaturais, sagradas, com competências relacionadas à *Pachamama*, porque eles têm a capacidade de engendrar a si mesmos. Nos Andes, os poderes meteorológicos têm seu assento no interior das montanhas, os *Apus*, e são considerados manifestações dos poderes celestiais, que possuem diferentes formas, como: o raio, relâmpago, chuva, etc. Dessa forma, um dos gêmeos será servidor da deidade e mediador da comunidade para peticionar as chuvas.

De acordo com as tradições xamânicas andinas, todo ser vivente no Universo tem uma relação de serviço. Essa vocação de serviço, não significa que a pessoa adote uma atitude de servidão, ou que dê sua energia para outros. Não é nada disso! Mas, para aprender, primeiro o indivíduo tem que servir trabalhando e ajudando em sua comunidade e também em vilarejos vizinhos.

Alguns destes indivíduos são os *Kallawayas* (*Callahuayas*) da Bolívia, curandeiros itinerantes que foram os médicos dos *Inkas* durante o império do *Tawantinsuyu*[9]. Até os dias de hoje eles percorrem distâncias enormes a pé para exercerem a sua medicina e ir à procura de plantas medicinais. Esse jeito nômade influenciou os xamãs atuais que viajam pelas trilhas curando.

O *yachac* não é só um conhecedor de seu entorno imediato e das plantas que este proporciona a ele, mas de lugares distantes e de vegetais destas regiões que lhe fornecem material para seu ofício. É também conhecedor dos planos cósmicos andinos, de seus caminhos e encruzilhadas. Viajar pelos Andes foi uma das formas principais de transmissão e difusão dos costumes das comunidades.

Uma vez chamado e elegido o futuro xamã, este deve passar por uma série de provas iniciáticas para chegar a ser um bom *yachac*: jejuns, caminhadas, limpezas, etc. A necessidade de limpeza vital implica em restrições alimentícias, jejuns extremos e ingestão de agentes purgativos, pois dessa maneira expulsam as impurezas do corpo para estar puro na presença das divindades.

Apesar de ter uma forte vinculação com os poderes meteorológicos, particularmente com as águas celestiais, os *yachacs* também trabalham com as águas terrenas. A importância das lagoas e outros corpos de água na qual se pode ascender ao Céu do Mundo Interior, o *Ucku Pacha*. Dessa forma, o xamã aparece como o viajante dos túneis que forma o Cosmos Andino. Além disso, são nas lagoas que o futuro xamã submerge no seu rito iniciático.

O ofício do xamã também abarca rituais de introdução da alma de um indivíduo falecido ao Mundo dos Mortos. O *yachac* se encarrega de guiar a comunidade durante a vida e a morte, ele se faz presente na gestação, no nascimento, na enfermidade e no falecimento.

Cada iniciação (*karpay*) dura semanas e até meses, geralmente os aprendizes de xamã caminham pelas altas montanhas e vão a locais sagrados. Em cada nível, participam de rituais para se conectarem com *Pachamama* e os *Apus*, os espíritos das montanhas, que são a energia dos

---

[9]. Nome dado ao Império dos *Inkas*, literalmente seu significado é "Quatro regiões".

ancestrais andinos que habitam os nevados e são os receptores das forças cósmicas. As salas de aula dos *yachacs* são as montanhas, as lagoas e toda a natureza. Esse é o templo onde as pessoas conhecem as suas vocações. Há muitos testes duríssimos e cheios de sofrimento. Esses testes iniciáticos são provas de fogo, servem para determinar as aptidões físicas, a preparação dos seus corações, suas habilidades para serem compassivos, amar e venerar o conhecimento.

Durante todo o processo de aprendizado xamânico, o mentor ou mentora, ensina o aprendiz a cultivar o seu *poq'po* ou *puq'pu*, que em *runasimi* significa "bolha", palavra usada pelos *yachacs* ao se referirem ao Campo de Energia Luminosa que cerca o corpo humano. A bolha de energia tem um centro chamado *q'osqo*, tipo um "estômago espiritual" localizado ao redor da área do umbigo, por onde os seres humanos controlam o seu fluxo de energia.

As energias, de acordo com os xamãs andinos, não são positivas ou negativas, nem boas ou más. Para eles, água é água. Pode estar limpa ou suja, mas ainda é só água. Os *yachacs* consideram a energia como *hucha* (densa) ou *sami* (refinada), e têm como tarefa primária aprender a transmutar as energias pesadas e refiná-las para ter total controle do *q'osqo*. Quando os *yachacs* executam o *miqhuy*, que significa "comer a energia intrusa", eles limpam o Campo de Energia Luminosa do paciente e doam a energia pesada para *Pachamama* que a digere. Reciprocamente, os *yachacs* usam o *q'osqo* para tirar a energia refinada da natureza ou do *Hanan Pacha* (Mundo Superior); eles são treinados para manter a ecologia do ambiente, dirigindo a energia *sami* onde é necessária.

Yachac não é um xamã no termo específico da palavra. Significa pessoas que são mestres na arte de "ver" e que sabem utilizar essa energia. Essas pessoas são respeitadas pelas comunidades andinas em reconhecimento ao seu desenvolvimento espiritual e aos benefícios que eles trazem às pessoas. Antes que os humanos fossem convertidos em massas de concreto, eles eram espíritos xamãs e estavam servindo ao Grande Mistério da Vida, que é *Pachacamac*. No mundo do *yachac*, o Cosmos e todas as coisas no mundo são campos de energia. Árvores, montanhas, pedras, estrelas...

tudo irradia energia, e é composto de filamentos de energia luminosa. Esses filamentos estabelecem comunicação com o infinito.

Nos Andes, o Xamanismo é uma responsabilidade espiritual e estética de todos nós. Nosso Planeta foi desenvolvido com abuso e exagero. O mundo tecnológico alcançou um nível incrível, bonito, mas produziu exageradamente um desequilíbrio na Mãe Terra devido à ganância do homem. O grande corpo da natureza constantemente demonstra a reciprocidade dos idiomas do Cosmos e dos espíritos. Essa reciprocidade, especialmente no campo de energia, cria uma harmonia que pode equilibrar a energia coletiva do Planeta dentro de uma matriz antiga da ordem cósmica. A essência principal da vida é a natureza, e o idioma é o Amor. Para os *yachacs*, é necessário abrir as portas da percepção e escutar com o corpo inteiro.

2

TRADIÇÃO INICIÁTICA NATIVA ANDINA

> *Quando da chegada dos invasores europeus, existiam diversos tipos de xamãs, a maioria estava distante das antigas tradições e inconscientemente saudosos dela. Muitos se aproveitaram da memória cultural dos povos para manter o poder e a vaidade. Havia outros visionários que tinham sensibilidade espiritual aflorada, mas faziam interpretações equivocadas das visões e dos sinais. Alguns acabaram com seus povos, levando-os por caminhos errados. Mas existiam outros, silenciosos, reclusos, habitantes de cavernas, do interior da floresta ou do alto das montanhas, que procuraram ensinar sempre que eram solicitados. Foram estes últimos que mantiveram viva a chama da tradição ao transmiti-la de geração em geração.*
>
> Julia Flores Farfan

A Tradição Iniciática Nativa Andina (TINA) reúne tradições e conhecimentos xamânicos ancestrais dos nativos sul-americanos em seu sistema ritualístico e de crenças, deslocando e ampliando significativamente os sentidos e as possibilidades inscritas na sua origem. A etnografia que apresentamos neste capítulo, aponta para um contexto de discursos e práticas bastante diversificadas, no qual se entrecruzam objetos e símbolos xamânicos, especialmente de referência andina, com valores ecológicos de preservação ambiental, com uma espiritualidade centrada no aperfeiçoamento do *self*, o desenvolvimento da consciência e do Campo de Energia Luminosa.

Os *yachacs* da minha Tradição não são xamãs comuns, não são curadores ordinários, herbalistas ou parteiras. Eles são herdeiros dos Guardiões da Terra, aqueles Guardiões da Sabedoria que chegaram nas Américas há 20 mil anos, e antes disso, caminharam pelas savanas africanas, pelo Himalaia, cruzaram as planícies da China até a Sibéria, atravessaram o Estreito de Bering e se estabeleceram na América do Sul, encontrando-se com outros xamãs pertencentes a uma civilização outrora sofisticada que vivia no Planalto Central Brasileiro e migrando para o norte até o Amazonas, enquanto outra parte foi em direção aos Andes. Eles são guardiões de antigas iniciações que se tornaram Seres Luminosos.

Neste livro, iremos compartilhar um pouco do seu conhecimento milenar, como suas técnicas de cura e ritos.

Os Seres Luminosos são a nossa linhagem da medicina. São seres humanos que atingiram um patamar mais alto. Alguns estão nos corpos, outros apenas em forma de espírito, mas todos têm uma missão: cuidar do bem-estar do Planeta, da nossa Mãe Terra. Os budistas os chamam de *Bodhisattvas*, os nativos das Américas, de Homens-Águias, verdadeiros seres alados que são os melhores aliados espirituais que alguém pode ter, e nos fornecem conhecimentos sobre como nos tornarmos um deles. Isso é o que as profecias andinas nos querem dizer quando falam que temos o potencial para nos tornarmos um *Chacha Puma*[10], *Homo luminous* (Homens luminosos, seres de luz).

Quando trilhamos o Caminho do Dragão, ao sul, e despertamos memórias ancestrais, não somos nós, enquanto indivíduo, que estamos lembrando, pois só podemos nos lembrar dos eventos da nossa vida. É como atravessar uma fenda que separa os dois mundos e assumir o seu lugar entre os que nasceram duas vezes, entre aqueles que venceram a morte.

O que aqui será transmitido é uma pequena parcela de um conhecimento maior, que permeia e perpassa a dignidade do verdadeiro legado vivo do nosso continente.

Fazemos parte de uma linhagem ancestral dos *Runac Allincapac* (sábios americanos primogênitos), os *Hamawttas* (sábios andinos primogênitos), de um saber que remonta ao princípio dos tempos nas

---

10. Literalmente significa Homem-Puma na língua Aymara.

Américas. Somos apadrinhados pelo Sol e pela Lua, guiados pela Mãe Terra, *Pachamama*, pelos *Chacha Pumas*, pelas Águias-xamãs, e outros seres do Mundo Mítico Andino que também nos protegem. Nossa missão é ampla e infinita.

A TINA é formada por um grupo de indivíduos engajados em vivências que os remetem a culturas dos povos originários das Américas que se apresentam como fonte de inspiração para seu caminhar na Terra. Seus participantes se propõem a assumir um modo de viver que se expressa por meio de uma vida simples e devotada à nossa Mãe Terra, e de uma conexão com os ancestrais nativos da América do Sul, especificamente. Essa filosofia de vida torna-se condição para eles atingirem um conhecimento cada vez mais profundo de si, seu bem-estar individual e coletivo. Sua legitimação social procura respaldar-se tanto na origem e sabedoria xamânica sul-americana, das quais se apresenta como herdeiros quanto nos valores recentes de uma ética ecológica de preservação da natureza e do planeta, que adotam como ascese pessoal e grupal.

Nossa missão é honrar os ensinamentos da sabedoria sagrada dos Andes e compartilhar essa tradição para todo o mundo, com reverência, humildade e paixão. Estamos comprometidos em auxiliar os seres humanos a se desenvolverem espiritualmente e, consequentemente, ajudando a humanidade na sua evolução cósmica. Valorizamos a importância de honrar uma profunda ligação com a Mãe Terra, com o outro e com nossos ancestrais para a criação de um belo legado para as gerações futuras. É por isso que a TINA se dedica ao estudo, preservação e transmissão do conhecimento xamânico e realização de cerimônias e ritos que desenvolvam a nossa consciência e o crescimento pessoal.

Ayni – Lei da reciprocidade

Os andinos, desde sua infância, aprendem a Lei da Reciprocidade, o *ayni*, que é o processo de convivência dos diversos mundos do ecossistema andino. Nesse aprendizado, aprendemos a ter uma convivência fraterna com os animais, os vegetais, a terra, as deidades naturais e com as outras pessoas, sabendo que ninguém é mais, nem menos importante que o outro. Todos são essenciais para o bem-estar (*Sumaq Kawsay*) e a harmonia da comunidade.

O significado literal de *ayni* é dar e receber. *Ayni* é a arte sagrada da reciprocidade. Na Tradição Iniciática Nativa Andina, essa é uma lei cósmica que deveria ser adotada por toda a humanidade. Camponeses auxiliam-se mutuamente, pois sabem que mais importante do que saber dar é saber receber. Essa relação também funciona com a *Pachamama* e os *Apus*. As oferendas (*despachos*) à Mãe Terra são uma devolução ao que ela nos dá mediante os frutos e ervas que nos alimentam e curam. Ocorre o mesmo com os *k'intus* de coca que são intercambiados entre irmãos (*wawqis*) na cerimônia do *hallpaykusunchis*[11], no qual eles dão e recebem *k'intus*.

A reciprocidade consiste em dar e receber, ajudar e receber ajuda. O *ayni* é acreditar que o segredo da vida está em entender que tudo que acontece no interior da pessoa, ocorre no seu exterior, e tudo que sucede no exterior, acontece no interior do indivíduo. Existe algo que o conecta, que o interconecta com o conjunto. Portanto, o benefício do ambiente é também o benefício do sujeito, e vice-versa. É o fluxo constante de energia.

Villena (2002, pág. 58) diz: "*A Lei do Ayni* funciona de tal modo que, se 'A', colabora com 'B', este não é necessariamente obrigado a retribuir com o primeiro, mas pode fazê-lo com um terceiro, o 'C', e assim sucessivamente, porque se deve entender que a relação de reciprocidade não é entre duas pessoas, mas entre a Comunidade e com cada um de seus membros."

A meta de todos os membros da TINA é a de conseguir o *ayni* perfeito com os três mundos da cosmologia, pois só assim se atingirá o quarto mundo, o *Taripay Pacha*. Para que isso ocorra, ele tem que ter uma relação síncrona com a natureza destes três mundos (*Hanan Pacha*, *Kay Pacha* e *Ucku Pacha*) e com o ego. A vida para os *yachacs* é um espelho da nossa relação com a natureza, e *ayni* é caminhar com beleza e amor por toda vida. Também significa pisar com graça e ternura na superfície de nossa *Madre Tierra, Pachamama*. Tudo que fazemos à Mãe Terra, recebemos na mesma

---

11. Cerimônia de compartilhamento de folhas de cocas entre os povos andinos, em que cada participante conta um pouco da sua vida para o outro.

proporção. Baseado nesse equilíbrio é que os povos andinos sempre realizam suas oferendas a *Pachamama*. Acreditamos que não haveria a ameaça de extinção se os homens aprendessem com essa grande sabedoria milenar. Podemos ver esse equilíbrio em outras culturas que são consideradas pela civilização ocidental como "primitivas", mas será que eles não estão num grau mais evoluído do que a nossa Sociedade Moderna?

A Tradição

A palavra "Tradição" não significa um corpo de crenças, mas um conjunto de práticas eficientes orientadas para que o praticante alcance os mais altos níveis de consciência e percepção. Para nós, a figura do mestre como estamos acostumados a pensar nas sociedades ocidentais e, inclusive em algumas sociedades não ocidentais, não existe. Estamos acostumados a aprender diretamente do Espírito. O homem ou mulher de conhecimento, o xamã, é um mero veículo que incentiva o praticante a buscar o Espírito nos lugares sagrados. Não há livros, ensinamentos formais e mestres humanos. Há somente um conjunto de ações específicas que constituem, em si mesmas, uma forma de tocar a porta do *Spíritu*; se Ele abre a porta, o aprendiz começa então a caminhar. Não pode simplesmente escutar acerca do *Spíritu*, deve vê-lo e escutá-lo por si mesmo, sem intermediários. Essa é a forma da nossa Tradição.

Estamos interessados em sobreviver e manter viva a Tradição Ancestral, porque essa é a nossa forma de assumir e manter nossos campos de energia como verdadeiros filhos e filhas do Sol, com a mesma natureza e amor da nossa Grande Mãe, a Terra. Nossa mensagem é: "Somos filhos do Sol e nossa natureza é brilhar!"

Esse conhecimento se expressa na nossa tradição e forma de vida. A TINA se baseia principalmente na busca do equilíbrio das duas partes que formam a natureza humana como seres duplos: *paña* e *lluq'i*[12]. Essa integração entre o nosso ser cotidiano e o outro eu, há de refletir na vida de quem pratica essa Tradição. Baseia-se também no conhecimento de

---
12. Lado material e espiritual.

nossa relação com todos os campos de energia que nos rodeia, desde os Grandes Poderes, como a Terra, o Fogo, a Água, o Vento, a Lua e o Sol, até nossa relação com as pessoas e a natureza ao nosso redor. Nosso caminho é a busca incessante de uma relação harmoniosa e de reciprocidade com tudo aquilo que nos rodeia.

A meu ver, a TINA não se refere somente a uma história ou nacionalidade específica, mas a uma poderosa expressão do espírito humano em busca da expressão de sua verdadeira natureza. A luta para ser verdadeiramente o que somos. Nossa Tradição não é mais uma religião, nem sequer um corpo de crenças. É um conjunto de práticas espirituais cuja característica principal é sua capacidade de nos permitir entrar nessa outra região de nossa consciência que chamamos de outro eu, o *nagual*, em que recuperamos nosso poder como seres duplos e percorremos o caminho de retorno às estrelas.

A TINA é um caminho aberto para todos, não importando sua nacionalidade e crenças religiosas. Um caminho para fazer da vida uma experiência de plenitude e do mundo um melhor lugar para viver. Nossa Tradição é simplesmente a expressão moderna das antigas práticas dos Sábios Andinos, as quais se estruturam de acordo com as características e necessidades do mundo moderno.

Consideramos nossa Tradição como uma universidade espiritual, que se caracteriza pela incorporação de um modo de viver xamânico dos povos sul-americanos. Ao optar por um modo de vida mais simples e dedicado à Mãe Terra, o membro da TINA espera atingir um conhecimento cada vez mais íntimo de si, conectando-se com a Mãe Terra, aliado ao Poder Ancestral, o *Spíritu* criador de todas as coisas, e de acordo com a mitologia xamânica. A inserção na Tradição Iniciática Nativa Andina visa justamente proporcionar experiências que auxiliem os sujeitos a resgatar a comunhão que os ancestrais andinos mantinham com o Cosmos em todas as suas nuances. Apesar da referência direta aos povos andinos, a exemplo de diversas outras culturas xamânicas latino-americanas, a TINA não pertence ao movimento Neoxamânico, mesmo que suas crenças, práticas, ritos e ensinamentos formem um mosaico de elementos de diferentes origens e tradições, dentre as quais se destacam os rituais andinos que se alinham com tradições pré-cristãs e cristãs, orientais e xamânicas, psíquicas e místicas.

Apesar de essa Tradição ter se originado a mais de sete mil anos, ela foi oficialmente criada no século XVI, quando da queda do Império Inka, pelos seus sobreviventes que fugiram para os altos das montanhas andinas e selvas. Grande parte de seus membros vivem em aldeias nativas sul-americanas, alguns vivem espalhados em diversas cidades no meio urbano e outros são nômades que, em suas andanças, compartilham os ensinamentos ancestrais por onde passam.

Meu primeiro contato com a TINA foi no ano 2000, quando estive pela primeira vez nos Andes e conheci a minha Mentora, Mama Julia Flores Farfan. Durante onze anos fui treinado por ela, até conhecer o seu Mentor na pequena cidade de Paucartambo, no Peru. Ao ver Tayta Matzú pela primeira vez, fiquei impressionado com a desenvoltura daquele ancião de cabelos totalmente brancos, de estatura mediana, com poncho vermelho e *chuku* (um boné sacerdotal) da mesma cor na cabeça. Um objeto que estava enrolado ao seu pescoço atraiu a minha atenção de uma maneira intrigante: era um colar de osso no qual havia pouco mais de uma centena de ossos com crânios talhados neles. Chegando mais perto, pude ver que era um *japamala*, um rosário de oração que ele disse ter ganhado de um lama tibetano anos antes. No dia em que passamos juntos, ele desvendou para mim um pouco mais sobre a Tradição Iniciática Nativa Andina.

– Somos peregrinos do Cosmos – disse ele –, durante Eras primevas estivemos caminhando pelas estrelas, mas agora estamos na Mãe Terra vivenciando este mundo. Não estamos aqui por acaso, certamente temos algo a fazer. Eu não nasci *Kallawaya*[13], eu sou. Nossa origem se perde na milenar história das civilizações andinas. É possível que tenhamos vivido durante o apogeu da cultura *Tiwanaku* (*Tiahuanaco*) desaparecida no séc. XI (vide pág. 59). Na minha comunidade na Bolívia, nos consideramos descendentes dos *Yanapukinas*, um povo andino que, segundo alguns estudiosos, viveram entre os anos 18.000 até 9.000 a.C. no altiplano andino e nos cânions da região de Moquequa e Arequipa no Peru. Por termos

---

13. Mestres xamãs da etnia Aymara.

tido um profundo conhecimento sobre plantas medicinais e técnicas de cura, éramos presença constante no Império Inka, auxiliando os sábios, *Amautas*[14]. Após a invasão dos espanhóis, os *Amautas* e *Kallawayas* se refugiaram nas montanhas e nas selvas. A partir desse momento, passamos a estruturar nossos conhecimentos e compartilhá-los oralmente, no início de pai para filho, mas com o decorrer dos séculos, com aqueles que vieram com humildade e sinceridade até nós, buscando a sabedoria ancestral dos povos originários do nosso continente.

Tayta Matzú silenciou como se estivesse voltado no tempo. Apanhou algumas folhas de coca em sua *chuspa* (bolsa andina) e me ofereceu. Aceitei de bom grado e pus um punhado delas na minha boca, enquanto ele fazia o mesmo. Passado algum tempo de completo silêncio, continuou:

– Por sermos andarilhos, passamos a conhecer outras culturas xamânicas e trocamos nossos conhecimentos, pois a vida é uma relação de troca (*ayni*) constante de energia entre as coisas e a natureza. Dessa maneira, a Tradição Iniciática Nativa Andina passou a incorporar novos elementos culturais de outros povos das Américas. Na maioria das tradições, andinas, amazônicas e tropicais, existe um casal divino, tais como: *Pacha Awki* (Pai Cósmico) e *Pacha Tayka* (Mãe Cósmica) entre os povos bolivianos; *Wiracocha* (Pai Céu) e *Pachamama* (Mãe Terra) no Peru; *Papatuá* e *Mamamtuá* na Amazônia; *Ñanderu* e *Ñandecy* entre o povo *Guarani*. Além disso, todos saúdam o Sol e a Lua. Infelizmente a Mãe Céu e o Pai Terra caíram no esquecimento da maioria dos povos latinos, mas nós, da Tradição Iniciática Nativa Andina, ainda os honramos e temos alguns templos que o simbolizam nos Andes, fazendo com que eles não sejam esquecidos ou apartados de nós e lembrando que trazemos em nossa essência sagrada o princípio feminino e masculino, pois somos um Só que pertencemos ao Todo, que também o é.

Matzú fez uma pequena pausa enquanto eu analisava as suas palavras e continuou.

– Os calendários de todas essas culturas são agrícolas e, sendo assim, seguem o movimento de expansão e de contração das estações climáticas

---

14. Nome dado aos sábios andinos.

do Hemisfério Sul. Portanto, o ano tem início na primeira lua nova após o Solstício de Inverno, e termina na última lua minguante após o outono. Convencionou-se que o ano novo solar andino começa no dia 21 de junho, mas aqueles que são mais tradicionais o celebram somente na primeira lua nova após o Solstício de Inverno. Em nossos ritos, sempre encenamos o ciclo solar começando pelo Leste e indo até o Sul no sentido anti-horário. Sentimos em nosso corpo a energia das estrelas, mas temos que estar com os pés no chão para senti-la. O Sol é a nossa fonte de vida, sem ele nada neste mundo existiria. Por isso nossos ritos trabalham o alinhamento das forças telúricas e cósmicas. Aqueles que chegam pela primeira vez a trilhar o nosso caminho, têm dificuldade de libertar-se de todo o condicionamento que a sociedade impõe. Por isso, realizamos uma série de ritos iniciáticos, iguais ao que você passou, para que tenham uma percepção plena da natureza como fonte primeira de tudo que somos. Fonte viva!

Acenei com a cabeça concordando com sua explicação.

– Quando jogamos uma pedra numa lagoa, ela gera ondas, e outras ondas mais são geradas. O mesmo ocorre quando um homem e uma mulher têm uma relação sexual. A energia ali gerada atua em outros mundos. Havendo uma fecundação, a energia que gerará um novo Ser estará conectada a outros eventos, ou seja, o Ser que irá se desenvolver no útero estará ligado a toda a Natureza. Após nascer e respirar com seus próprios pulmões, ele irá romper sua dependência total e assumir sua primeira posição singular no existir. Ao darmos nosso primeiro alento, nos impregnamos da energia astral que está naquele momento incidindo sobre a Terra. Tal energia atua principalmente no chakra cardíaco, e o marca com as energias cósmicas circundantes – tendências que vão nos acompanhar por toda vida. Mas, ao lado da energia cósmica, possuímos também outro espectro de energia, que é a telúrica. Temos cada um de nós uma planta de poder, uma pedra de poder e um animal de poder. No momento de nossa fecundação essas forças se uniram a nós. E conosco continuaram, quer tenhamos ou não consciência disso. Parte das enfermidades, principalmente as neuroses e carências dos seres humanos, resultam dessa perda de contato com a energia mais fundamental de todas – A da Mãe Terra.

Neste momento o interrompi dizendo:

– A função dos xamãs, no meu modo de ver, é a de sacralizar a natureza no seio da consciência humana. Perceba que o humano, com suas construções e forma de vida, tomou o espaço da Mãe Natureza, desequilibrando seu campo energético. Os *yachacs* têm a missão de devolver à nossa Mãe o que é dela, sua plenitude. Para isso, trazemos em nossos corações marcas que afloram e se descortinam no momento adequado, nos conduzindo a tomar ações combativas à ignorância e ao descaso, que vai desde histórias a serem contadas ao redor das fogueiras, a curas com a simplicidade da palma das mãos, das ervas, dos sons, sopros, tambores, pensamentos, intento e palavras, poesia e arte que tocam as essências dos seres com a Essência do Ser. Somos mensageiros do Céu e da Terra, nosso trabalho é uni-los dentro de nós mesmos e alquimizar ambas as forças na fornalha alquímica que é o nosso coração, derramando a força Telúrica e Etérea com nossos olhares pelos quatro cantos do mundo.

– Agora entendo porque você foi enviado até a mim.

Sorri e continuei:

– Ao redor do fogo sagrado, quando da iniciação, assumimos o compromisso de levar tais forças da melhor maneira possível, para todos e tudo aquilo que encontrarmos, às vezes, utilizando como argumento apenas o silêncio, outras, fazendo bastante barulho. Viemos para dançar com todos os minerais, vegetais e animais, e assim, declarar amor, fraternidade e cooperação entre todos os seres. Reconhecendo que nós, humanos, em nada somos superiores a nenhum outro ser, somos apenas mais uma peça no grande jogo da criação, e devemos oferecer respeito e gentileza a tudo o que vive, sejam animais, plantas ou pedras. Na caminhada, cada um encontra sua missão, ou é por ela encontrado, mas para isso, há de se caminhar, logo, há de ser um andarilho.

Ao final das minhas palavras ele ficou pensativo durante algum tempo, e disse:

– Como você bem sabe, todos nós possuímos um campo energético que envolve o corpo físico, ao qual chamamos na nossa tradição de Campo de Energia Luminosa, *Poq'po*. Quando o *Spíritu*, o princípio feminino e masculino da criação, criou o Cosmos, dotou os seres humanos com um corpo luminoso em que os *ñawis* (chakras) têm em seu conjunto as cores do arco-íris, mas, devido a uma série de eventos na nossa história de vida, eles ficam embotados e se tornam cinzas ou negros, sendo necessário realizar uma série de ritos para limpá-los, e assim, voltarem ao seu esplendor original. Os *ñawis* perdem a cor primária devido, principalmente, à falta de energia e a constante agitação da mente com o excesso de pensamentos que nos perturbam diariamente, tendo o "Eu" como centro dos nossos pensamentos e ações. Vivemos em constante diálogo interno e isso prejudica a nossa energia vital, *kawsay*, fazendo com que ela fique agitada e acabe sendo dirigida para a periferia do nosso Campo de Energia Luminosa, prejudicando a nossa saúde e nos deixando sem energia.

Tocando o japamala, Tayta Matzú ainda reforçou que, para evitar que prejudiquemos nossa energia vital, foram criados diversos procedimentos para nos auxiliar a relaxar e calar esse diálogo interno. E que é importante, antes de se realizar essas práticas, termos realmente o intento de fazê-lo, pois só assim funcionará.

As condutas que devemos ter são:
- Agir calmamente, sem pressa alguma, tal como uma semente que cresce lentamente até chegar ao seu esplendor.
- Não levar nada para o lado pessoal, sua história é sua e as outras pessoas vivem as delas. Ao levar as coisas para o lado pessoal, geralmente reagimos e sentimos mágoa, o que é um veneno para nós. Por isso, evite também se desgastar em debates.
- Ser impecável com as palavras, evitando principalmente as autoafirmações. A palavra termina criando a nossa história. Devemos dizer apenas aquilo em que acreditamos, procurando usar o poder da nossa palavra na direção da verdade e do amor.
- Perder a autoimportância, ou seja, não tirar conclusões ao seu respeito.
- Apagar sua história pessoal. Para que isso ocorra, é necessário redirecionar sua energia para uma série de tarefas fora do seu cotidiano, pois, assim, cessará o diálogo interno, e com ele o fim de sua história pessoal, que é a relação causa-efeito entre nosso passado e nosso presente.
- Seja sempre autêntico, dando o melhor de si a todo o momento. Dessa forma esse ato se transformará num hábito.

O Sol estava se pondo quando entramos na sua casa. Após o jantar, fomos dormir, pois às quatro da madrugada iríamos seguir em direção a Três Cruces[15].

Depois de quase uma hora na rodovia que segue em direção à selva de Manu, chegamos ao nosso destino. Lá pude observar um mar verde se estendendo a nossa frente na direção leste. Tayta Matzú pediu que eu escolhesse um local para sentar e que observasse o nascer do sol. Acomodei-me recostado numa pedra no formato de um trono e comecei a respirar profundamente, procurando afastar qualquer pensamento que viesse interromper este momento de contemplação. Após uma série de respirações, uma cena mágica surgiu a minha frente. O Sol começou a surgir lentamente, e aos poucos a sua imagem ficou distorcida, tornando-se três sóis irreais. Aquele momento indescritível tornou-se fabuloso quando vi que a selva de Manu também despertava com um canto infinito de pássaros e outros animais selvagens.

À medida que os três sóis subiam e se transformavam num só, fechei os meus olhos e procurei apenas sentir o calor que emanava dele. Comecei a escutar os meus batimentos cardíacos e me concentrei neles. Passados alguns instantes, vi o meu próprio coração pulsando vigorosamente enquanto o som aumentava e me tragava para dentro dele. De repente, tudo ficou quieto, era como se eu estivesse dentro do útero materno, só que ele era o Cosmos. Tive uma sensação de liberdade e depois senti uma paz envolvendo o meu Ser como se fosse um grande manto. Vejo-me no meu próprio Campo de Energia Luminosa navegando esse Grande Mar de Consciência, repleto de fios de luz, até encontrar um Leviatã no tecido de feixes de fios de luz, maior que o Cosmos. Um clarão surge como se fosse uma bomba atômica de pura Luz. Sinto-me nauseado. Ao abrir os olhos novamente vejo à minha frente Tayta Matzú sorrindo.

Lágrimas teimavam em brotar dos meus olhos, quando em seguida ele falou:

– *Spíritu* é a grande consciência que criou tudo e todas as coisas. É a matriz luminosa, o *Texemuyo*[16]. Essa consciência está em tudo que

---

15. Mirante situado no povoado de Acjanaco, pertencente a província de Paucartambo.
16. Oceano Originário da Vida Cósmica.

existe. Ela é única. Ao nascermos a recebemos, e a devolvemos quando morremos. Gostaria de esclarecer que o *Spíritu* é anterior a Criação. Ele está além dos limites do Cosmos. Transpassa todas as fronteiras possíveis e impossíveis. É a própria Eternidade Infinita.

Eu disse a ele que havia acabado de experimentar a comunhão com a Grande Consciência e toda a sua Criação. Entrei no Infinito, o *Taripay Pacha*, e lá vi que só existe o aqui e o agora. Eu não estava mais preso às histórias passadas. Minha consciência se expandiu e fez desaparecer a ilusão de morte, as enfermidades, as dores e a velhice. Na presença do *Wiñay Spíritu*, tive a oportunidade de experimentar o que fui antes de nascer e o que serei depois que deixar este corpo físico. O Infinito não é a Eternidade. Essa é medida no tempo, como nascer, crescer, envelhecer e morrer. O *Taripay Pacha* é anterior ao tempo. Existe desde os primórdios dos tempos. Como o *Spíritu* não teve nascimento, ele é imortal. Nosso Ser Infinito está acima da vida e da morte e nunca na própria corrente do tempo. Não nasceu com o nosso corpo e não morrerá quando ele definhar. No *Taripay Pacha* saímos do tempo linear e nos movemos no sagrado. Porque não nos identificamos mais exclusivamente com o tempo, nem com a forma física que envelhece e morre; a morte não ameaça mais o fim dos nossos dias. Somos Estrelas Conscientes e nossa natureza luminosa é permanente.

Tayta respondendo, finalizou:

– Vejo que você se tornou um *yachac*, e que a partir de agora pode começar a transmitir o que aprendeu com a nossa Tradição. Hoje ela se parece a uma grande fogueira que concentrou seu calor intenso nas brasas. A exuberância de suas chamas se apagou, porém, o fogo ainda vive. O vento pode avivá-lo e despertar seu latente poder. Você, seus irmãos de caminho e eu, somos esse vento que irá ser o elemento para que o Fogo Sagrado volte a ser intenso. Hoje você sentiu e pode ver as emanações do *Texemuyo* e entrar no seu Espaço Sagrado, no qual ele habita dentro de cada um de nós e aos poucos nos fornece uma série de conhecimentos e visões. Ao ouvi-lo, aprendemos a curar doenças e a manusear as ervas. Dessa maneira, nos transformamos nos Guardiões da Sabedoria Ancestral e é nosso "dever" transmitir esses ensinamentos para todos que vierem até nós com o coração puro e humildade.

Uma forma de ascese muito praticada pelos participantes da nossa Tradição é a Peregrinação Sagrada, na qual transcorre em dois planos. No plano físico, os peregrinos viajam desde o mundo cotidiano até os Locais Sagrados. No plano interno, a peregrinação é um desprendimento do *paña* (a consciência ordinária) até o *lluq'i* (a consciência do outro eu). Os Locais Sagrados são aqueles que são mais propícios para nos conectarmos conscientemente com o *Spíritu* que anima tudo que existe, e a peregrinação é como a vida: um caminho de retorno para recuperar nossa unidade secreta com tudo que existe.

O propósito de uma caminhada de poder, independentemente do tamanho do percurso, é o de ter contato com o sagrado e de lá retornar pleno de energia. Essa peregrinação de poder durante dias pela Mãe Natureza, bebendo somente água, e meditando em lugares de poder, auxilia o processo de limpeza do nosso Campo de Energia Luminosa, fazendo ficar mais "iluminado", e o aperfeiçoamento de si na busca e no desenvolvimento de seu "verdadeiro eu". Acreditamos, por esse ser o Caminho do Coração, que o *Spíritu* resida na intimidade do *self* de cada ser no mundo. A compreensão nativa sul-americana que vivenciamos é uma espiritualidade acessível a todos aqueles que se abrem à experiência íntima de descoberta de si mesmo e passam a trilhar o caminho de aperfeiçoamento do seu eu interior em direção a uma vida em harmonia com a natureza e com todos os seres que a habitam. O importante dentro da nossa Tradição é vivenciarmos diariamente uma nova experiência com todos os seres que nos relacionamos e, principalmente, com a nossa Mãe Terra, a *Pachamama*. Tudo que nos cerca é sagrado. Além da ligação entremundos, devemos estreitar cada vez mais os laços com os seres que habitam o Planeta e ele próprio. Para nós, qualquer pessoa está apta a vivenciar uma busca constante de comunhão com a natureza, sem mediações que se interponham entre o humano e o divino.

Ao realizarmos essas peregrinações, receberemos instruções dos Espíritos Ancestrais e emanações do Infinito para continuarmos no nosso caminho de crescimento. Peregrinamos em Busca da Visão que dê um sentido mais profundo à nossa vida e para abrir a porta energética do novo tempo a que nos dirigimos, tanto no âmbito individual como na escala planetária. Os objetivos dessa experiência se realizam em dois níveis: o nível individual da peregrinação, que tem como objetivo viajar a lugares sagrados para "ver nossas vidas" sob a luz do encontro com o *Spíritu*. E o nível que, num contexto global, nos dá como objetivo recolher a semente do Milho Sagrado e a levarmos além da fronteira de nosso lugar de origem, onde nos converteremos em semeadores que sabem compartir a semente do Conhecimento Andino, através de nosso modo de vida, para que essa semente floresça cada vez mais nos corações das pessoas em todo o mundo.

A Peregrinação Sagrada nos ensina através do espírito o amor incondicional, a recuperação da paixão pela vida, a comunicação e interação com nossos irmãos, a fluidez no meio de nossas batalhas diárias e nossa natureza como seres luminosos, associadas a cada um dos Grandes Poderes (a Terra, o Fogo, a Água, o Vento, a Lua e o Sol) que são explorados em cada um dos lugares sagrados que visitamos. Essa peregrinação, não é nada mais do que um Rito de Passagem preparatório para o início de uma nova etapa em nossas vidas em plena consciência. Diariamente, realizamos rituais que facilitam uma imersão neste mundo sagrado que conecta nossas partes numa totalidade que se apresenta como *Pachamama*, nossa Mãe Cósmica. Entre as práticas e rituais, a meditação ocupa o principal lugar. Meditar é o encontro com *Pachamama*, o *Spíritu*, com os animais, as árvores, as montanhas, consigo mesmo. Com o Sagrado, que está dentro de nós. É através desse mergulho no silêncio interior que nos encontramos com o *Spíritu*. Ao praticarmos esta ascese, acreditamos estarmos vivendo de forma mais parecida com as que viveram nossos ancestrais andinos. As jornadas xamânicas de conhecimento organizadas por alguns dos nossos membros são uma forma de disponibilizar aos seus participantes, o contato direto com a cultura e as práticas xamânicas dos nativos, assim como atualizar uma tradição milenar da qual eles também querem se sentir herdeiros. Empreender estas viagens é um ritual iniciático com um sentido iminentemente xamânico.

Pachamama

A Terra, dentro do conjunto de elementos que formam as tribos nativas, é vida, lugar sagrado, centro integrador da existência da comunidade. Nela vivem e com ela convivem em comunhão com seus antepassados e em harmonia com o Cosmos. Para os *yachacs,* existe um sentido natural de respeito pela terra; ela é a *Madre Tierra,* que alimenta a seus filhos, por isso, temos que cuidar dela, pedir permissão para semeá-la e não maltratá-la.

A terra para os *yachacs* é o fundamento de toda a realidade, o receptáculo de todas as forças sagradas, que se manifestam nas montanhas, bosques, vegetação e águas. É o nosso espaço primordial. A terra sustém o Todo, ela é a base da vida. A mesma vida humana que está ligada à *Madre Tierra* de forma profunda. *Pachamama* é a matriz da vida. Essa relação da terra com a vida se expressa de modo especial no mundo vegetal: a Mãe Terra oferece seus frutos a todos seus filhos. O trabalho de cultivar a terra se relaciona com o ato gerador. A mulher é o sulco aberto na terra, e o homem é o arado e a semente que se deposita no seio da Grande Mãe.

A terra, para todos os povos originários da América Latina, desde o México até a Terra do Fogo, constitui um lugar sagrado, um espaço privilegiado de encontro com o Divino. Nossa *Madre Tierra* que dá à luz, que cuida e alimenta seus filhos, nos dá as montanhas e rios, solo e subsolo. É o lugar onde repousam nossos antepassados e constitui a Raiz de sua economia, cultura e espiritualidade. A *Pachamama* Andina não é um simples meio de produção, não é algo profano e sim sagrado, o centro de toda sua vida comunitária e espiritual. Existe uma comunhão profunda entre o povo e a terra. Oferecem-se ritos para agradecer seus frutos e pedir sua benção. Ela é o rosto feminino e materno da Grande Mãe Cósmica.

Viver em comunhão com *Pachamama,* sentindo-se parte dela, não é algo que acontece espontaneamente, pelo contrário, resulta de práticas austeras, autocontrole do corpo e do espírito, e de um aprendizado que é incorporado por nós no percurso da vida. Esse ideal apresenta-se como a razão de ser da nossa Tradição. Essa conexão com *Pachamama* é a habilidade de vivermos juntos à matriz dos estados de existência que criam a realidade. *Pachamama* para nós é a existência autoconsciente que nos abriga. Essa conexão profunda se passa, por se sentir parte dela de corpo e alma. Em nossa Tradição, a vida diária é submersa no sensório, no mítico, no feminino, em Eros. Realizamos uma série de oferendas a Mãe Cósmica como sinal de reciprocidade, *ayni*. Para nós, a nossa vida é um espelho da relação que temos com a natureza, e *ayni* é caminhar com beleza e amor por toda vida. Acreditamos que o que é feito à Mãe Terra receberemos na mesma proporção.

Quando falamos sobre limpar o nosso Campo de Energia Luminosa, estamos falando de exterminar a energia densa que prejudica inclusive o nosso corpo físico. Acreditamos que com isso não só podemos efetuar uma cura física, mas acelerar o processo de evolução. Ao modelarmos um novo corpo pessoal e praticarmos o *ayni*, um novo corpo do mundo é germinado. Essa realização é a maneira mais fácil para um ocidental observar brevemente a percepção do mundo dos xamãs da nossa Tradição. Podemos nos ver como múltiplos, simplesmente vendo a conexão entre nossas ações individuais e os resultados delas como reflexo na condição mundial. Nossa "missão" é compartilhar essa sabedoria ancestral para que todos possam evoluir juntos, afinal todos somos Um.

Acreditamos que o sofrimento atual que aflige nosso Planeta numa dimensão global, e o que acomete o sujeito no seu corpo individual, é da mesma natureza. O cuidar e cultivar de *Pachamama* coincide com o de si mesmo, e a cura da ferida ambiental está ligada à cura do indivíduo e vice-versa. Devemos, além disso, sempre buscar o bem-estar individual, a harmonia com os demais seres que habitam o Mundo e a reconexão com o Planeta como um mesmo movimento. Todo esse processo de evolução compõem a mesma teia de ações tecida no âmago dos sujeitos, nas relações com os demais seres humanos, não humanos e com o Planeta, que se apresenta ao indivíduo como um outro, representado na figura de *Pachamama*. Nós que xamanizamos, sabemos que as práticas xamânicas levam as pessoas a perceber que o mundo é uma cocriação entre nós próprios e outras pessoas, aumentando assim suas escolhas de como viver, aproveitar a vida e melhorar sua saúde vivendo com fluidez harmônica com a Mãe Natureza. Esse é o caminho que trilhamos e acreditamos que deverá nos conduzir a um estado de bem-estar físico, espiritual e planetário.

Em nosso caminhar procuramos (re)viver um tempo quase mítico em que o ritmo da vida humana e da natureza coincida. O compromisso com a vida saudável e com o bem-estar pessoal e do Planeta, assim como as ações para promovê-los, tornam-se rituais e ascese espiritual quando realizadas no horizonte da sabedoria nativa das tradições xamânicas. Devemos salientar que os xamãs não oram a deuses implorando humildemente favores. Um xamã entra em sintonia com as potências da vida e age em harmonia com esses fluxos. Para nós, a magia xamânica é a forma de se aliar aos poderes que nos cercam. Tais "potências" que imprecisamente chamamos de deuses e deusas, não respondem a "preces", mas ao poder pessoal e a precisão da magia empregada. Nossa proposta na TINA é a de cearmos com os deuses, e nunca para eles. Não há qualquer traço de adoração em nossa prática. Trabalhamos com sintonia, nunca com adoração. Celebramos, jamais cultuamos. Buscamos ser o mito, não adorar o mito. Para o Xamanismo tudo está interligado, assim tudo é igualmente sagrado, um *yachac* quando se ajoelha na terra não demonstra temor a um ente superior, está se aninhando no ventre da Mãe, se aconchegando na fonte de onde tudo provém, *Pachamama*, nossa Grande Mãe Cósmica.

3

COSMOGONIA

Os homens sobem pelo mesmo caminho que os deuses descem. Só com esta diferença; de cima para baixo, despem-se os deuses; de baixo para cima, despem-se os homens. A meio caminho, deuses e homens se encontram, mais ou menos vestidos, mais ou menos despidos. A meio caminho, homens se reconhecem nos deuses e os deuses nos homens. A meio caminho, deuses saúdam os homens como seus iguais...

Eudoro de Sousa

A cosmovisão se fundamenta na cosmogonia, que é a fase mitológica relativa às origens do mundo e que se organiza na cosmologia que, por sua vez, trata das leis gerais, da origem e da evolução do Cosmos; portanto, a cosmovisão se transforma no organizador do pensamento mitológico.

A cosmogonia andina se fundamenta na paridade da existência, e seu propósito é a harmonia, a integridade, a liberdade, o reconhecimento da identidade cósmica do ser humano e de qualquer ser.

Mito da Criação

Antes do surgimento do Céu e da Terra, havia um ovo sem forma, porém completo em si. Dentro desse ventre primal, *Pacha* (Cosmos) encontrava-se envolto numa bruma de éter e fluido vital, navegando nesse oceano infinito. De repente, a casca se parte ao meio, separando o ovo em dois e dando à luz a si mesmo. De um lado estava *Pachamama*, e do outro se encontrava *Pachatata*, as irradiações do princípio feminino e masculino que permeiam tudo nesta vastidão inominável do mar escuro da consciência eterna. Não há lugar em que eles não estejam. Juntos, brincam como duas crianças. Ao se abraçarem silenciosamente, uma corrente de energia transpassa todo o Cosmos e cria *Paña* e *Lluq'i* (direita e esquerda), conhecidos também pelos nomes de *Tonal* e *Nagual*. Do lado de *Paña* se manifestou toda a realidade comum onde residiria tudo o que existe e tudo que seria criado, o lar de cada estrela e planeta. *Lluq'i* é o outro lado, de onde tudo será originado, o reservatório infinito do potencial eterno do Cosmos.

    Dando as mãos, mudaram o espaço-tempo, criando chispas que se transformaram em estrelas e planetas ordenados em um movimento espiralado, expandindo assim o Cosmos. Felizes, uniram-se como dois amantes e dessa união nasceram criaturas com a essência do casal divino. Ao final, contemplando o mundo escuro, se sentiram tristes ao ver que os seres que haviam criado se escondiam na escuridão das profundezas da Terra. Então *Pachamama* decidiu ir até lá cuidar dos seus filhos. Mas antes, o casal descobriu que deveriam equilibrar as trevas para que o céu se iluminasse. Criaram o Sol (*Inti*) e a Lua (*Killa*). Em seguida, *Pachamama* seguiu em direção a seus filhos terrenos. *Pachatata,* olhando para a Terra, viu que os seres que havia criado festejavam, cantando e dançando para o Sol e para Lua, pois agora a luz estava sobre seu Planeta e não precisavam mais se esconder. Vendo todos os seus filhos felizes, se emocionou, e de seus olhos saíram lágrimas de alegria, inundando os vales, planícies e picos. As montanhas concentravam a umidade e os ventos traziam as nuvens para derramar sobre a Terra o precioso líquido, dando vida e fertilizando a *Pachamama*. O mundo estava em equilíbrio.

    Apesar de o nosso mundo estar em harmonia, *Pachatata* enviou seres que seriam responsáveis pela organização da vida na Terra, e também de suas dimensões, já que no início esses entes mantinham contato direto com o Grande Mistério. Eles continham a unidade em si, eram hermafroditas de corpo etérico com poderes incríveis, entre eles o de viajar por diferentes dimensões. Ao se misturarem com os nativos, começaram a experimentar a densidade de nossos corpos materiais e se transformaram em seres que se adaptaram a diversas mudanças climáticas e geográficas. Alguns deles terminaram caindo, presas fáceis dos desejos e dos sentidos, e, neste momento, houve uma divisão da polaridade feminina e masculina. Estes, não podendo voltar às estrelas, permaneceram neste plano procurando se ajustar a uma existência precária. Os que conseguiram voltar a seu antigo estado, vendo o sofrimento de seus irmãos, criaram um sistema que permitia que voltassem a serem seres evoluídos, voltando à sua essência estelar.

Foi nessa época que construíram templos que eram conhecidos como "salões de saber", onde sacerdotes transmitiam conhecimentos aos seus discípulos. Entre eles ensinavam a teleportação através de um sistema chamado "rede de poder" que permitia viajar entre as dimensões. Isso foi possível graças à utilização de antenas gigantes de puro cristal chamadas *saywas*, hoje conhecidas como obeliscos. Resíduos desse saber se encontram em nossa memória arquetípica, de forma intuitiva. Ou seja, recordamos dele, mas não possuímos a informação científica necessária para reproduzir as mesmas construções, apesar de a utilizarmos como monumentos em lugares importantes como Atenas (na Grécia), Luxor (Egito), Washington (Estados Unidos), Buenos Aires (Argentina), São Paulo (Brasil) e em muitas outras cidades pelo mundo.

Com a separação dos sexos, o ser humano surgiu na Terra numa forma grosseira que hoje conhecemos como Homem de Neandertal. Deixaram de ser ovíparos e passaram a ter uma reprodução sexuada. Com o passar do tempo, a humanidade se deixou levar pelos prazeres dos sentidos da maneira mais grosseira. Alguns, por terem pouca resistência aos raios solares, criaram túneis subterrâneos de comunicações para se esconder do Sol e passaram a habitar abaixo da superfície terrestre. Essa foi uma época de instabilidade no Planeta, devido à constante formação de vulcões e novas terras. Ao final, por meio de gigantescos terremotos e maremotos, essa terceira raça raiz desapareceu e surgiu uma nova, de seres considerados gigantes em relação à anterior. Seriam aqueles que hoje chamamos de homens (*homo sapiens*). Consequentemente, uma nova sociedade mais avançada surgiu, celebre por sua grande espiritualidade, conhecimento cósmico e saber energético. Sua grande sabedoria lhes permitiu controlar a matéria e reconhecer a importância do desenvolvimento espiritual no homem. Foi nesse novo tempo que o Xamanismo surgiu na Terra.

Diferente da raça anterior, que era predominantemente da cor negra, esses tinham as peles de cores vermelhas e amarelas. Essa civilização aprofundou-se nos estudos científicos, voltados exclusivamente para fins construtivos. Na área da agricultura experimental, fizeram formidáveis descobertas sobre plantas e o crescimento dos animais. Houve importantes resultados na área da cura, pois tinham como meta a total erradicação das doenças. Dominaram a alquimia e conseguiram produzir metais preciosos. Aprofundaram-se no estudo das energias, obtendo grande domínio sobre as forças sutis da Natureza. Possuíam o conhecimento e o domínio sobre o elemento éter. Locomoviam-se por meio de aeronaves, que posteriormente utilizaram para fins destrutivos. No auge dessa civilização, desenvolveram o estudo da astronomia.

A matéria nesse período atingiu seu ponto máximo de densidade, como nunca houve antes. Toda a matéria que compunha o Planeta era extremamente dura. Os minerais eram mais resistentes que os atuais. O *terceiro olho* [17] retraiu-se totalmente devido a essa extrema densificação. Em compensação, o corpo emocional atinge seu maior grau de desenvolvimento, tornando as pessoas capazes de uma vida mais sensível.

Como em toda civilização, existiam tensões entre os setores espirituais e do governo, o que produziu mudanças energéticas. Com o passar do tempo, alguns "magos", associados com elementais destrutivos, passaram a governar. Esse é o exato período em que a matéria atinge o auge da densidade. Grande parte dessa raça, através do que hoje chamamos de magia negra, desenvolveu grande domínio sobre os elementais da natureza. Como consequência de tais desmandos, surgiu o conflito entre o grupo da luz e o das trevas. Através do mundo suprafísico, os magos negros adquiriram grande poder. Esses feiticeiros tinham como aliados poderosos entes do plano astral. Seres que tinham a capacidade de se materializar. Por suas enganosas e magníficas aparências, passaram a ser adorados como deuses. Com o tempo, esses poderosos elementais começaram a exigir sacrifícios de animais, e também de humanos, nos rituais.

---

17. Anteriormente todos nós tínhamos um terceiro olho, que simbolizava um estado elevado da nossa consciência. Conhecido também como Olho da Consciência.

Chegou o tempo em que a Mãe Natureza se rebelou contra as ações desses seres tenebrosos e destruiu essa civilização, submergindo-a nas águas do mar. Porém, alguns sobreviventes conseguiram escapar dessa catástrofe refugiando-se nos Andes, Selva Amazônica, Planalto Central Brasileiro e Mesoamérica, como também nas rochosas norte-americanas, para formar parte destas culturas. Com os seus conhecimentos científicos e espirituais ajudaram a desenvolver o continente americano, cujo verdadeiro nome é *Amáraka* (Terra dos Imortais) em homenagem a esses homens gigantes que sobreviveram ao cataclismo. Nesses locais, surgiram grandes civilizações que resistiram bravamente ao dilúvio ocorrido por volta do ano 5.000 a.C.

É a partir da Grande Inundação da Terra (*unu pachakuti*) que surge a Tradição Iniciática Nativa Andina, com a chegada de um Ser Luminoso, antropomorfo de pele branca e cabelos ruivos que surgiu na Ilha do Sol no Lago Titikaka e de lá seguiu para *Tiwanaku*, uma das cidades sobreviventes do dilúvio, que foi construída 13.000 anos a.C. Algumas lendas orais narram que essa cidade foi edificada antes que as estrelas existissem no céu, outros mitos sustentam que as constelações são habitadas e que os deuses desceram das Plêiades. Essa deidade andrógina recebeu o nome de *Wiracocha*, junção de duas palavras (*Wira* e *Kocha*) da antiga língua *pukina*, que significam "Fogo" e "Água" respectivamente, e trazem a essência masculina e feminina dentro de si. Este ser de luz, quando surgiu, portava em suas mãos um bastão, símbolo de poder sobre a natureza e os quatro elementos, representado até os dias de hoje na Porta do Sol em *Tiwanaku*. Por essa razão, essa figura também recebeu o nome de *Tauna-Apac* (ou *Tunupa*) que na acepção da palavra é "O que carrega o bastão".

Ao sair da Ilha do Sol com um pequeno grupo, *Wiracocha* carregava consigo um Disco Solar de ouro que foi utilizado por ele para harmonização, cura e teletransporte, juntamente a espelhos de ouro polidos que ao refletir a energia do Sol, faziam esse disco entrar numa vibração, enchendo de paz o templo que foi construído em *Tiwanaku* para ele. Utilizando diferentes técnicas astronômicas e energéticas, *Tauna-Apac* desenvolveu uma cadeia energética por meio de muitos centros de luz que instalou por toda a região, abastecendo todo a *Amáraka* com a energia cósmica (*kawsay*). Narra a lenda, que após a construção da cidade de Cusco, séculos mais tarde, o Disco Solar foi transferido para o Templo do Sol (*Koricancha*) na capital Inka, retornando ao *Titikaka* pelas mãos dos *Hamawttas* (sábios andinos) após a chegada dos gananciosos invasores espanhóis.

Após retirar das águas do *Titikaka* uma boa quantidade de barro, *Wiracocha* moldou imagens de homens e mulheres e, soprando, deu-lhes a vida, criou assim os *Huari Runa* (povo gigante) para serem os guardiões do lago sagrado. Resolveu criar novas nações e saiu em peregrinação até o Oceano Atlântico, onde hoje se encontra a Lagoa dos Patos no Rio Grande do Sul. Depois de cumprir sua missão ali, seguiu no sentido sudeste--noroeste até o Oceano Pacífico. Esse trajeto passou a ser conhecido por *Kapac Ñan*, o caminho da sabedoria. O mesmo *Peabiru* (Caminho do Sol) que foi percorrido por *Sumé*, o civilizador do povo *Guarani*. (Seria esse ser o mesmo *Wiracocha*? Tudo leva a crer que sim.). Em suas andanças, *Tauna-Apac* fez maravilhas por onde passava, pedindo que as pessoas saíssem de suas *pacarinas*: fontes, cavernas e montanhas. À medida que isso ocorria, pintava cada povo com um traje, ensinava a cada nação sua língua, seus cantos e semear.

Caminhando por essa trilha na "Terra dos Imortais", nomeou os animais, as árvores, como também flores e frutos, mostrando às pessoas o que era salutar para comer e o que não era, nomeou todas as ervas e ensinou a utilização delas para a cura. Aconselhou os homens como viver bem, a falar amorosamente com os outros, que agissem de forma generosa, e que não se injuriassem. Ensinou como cultivar. Nessa longa jornada, reencontrou nações que não haviam seguido os seus conselhos, e os transformou em pedras quando o injuriavam. Essas transformações ocorreram principalmente em *Tiwanaku*, *Pukara* e *Coconha*, onde se pode ver até os dias de hoje rochas grandes que parecem gigantes. A maioria deles foi o primeiro povo que *Wiracocha* havia criado antes de sair em peregrinação Ele resolveu, então, criar das espumas das ondas do lago *Titikaka* um casal mítico, *Manco Capac* e *Mama Occlo* que seriam os primeiros Filhos do Sol, os *Inkas*. Esses consortes o acompanharam em sua jornada na direção noroeste pelo *Kapac Ñan*, onde a cada passo eram instruídos por ele.

Chegando a província de *Cacha* (hoje *Raqchi*), *Wiracocha* foi afrontado pelos seus habitantes, os *Canas*, que se negaram a dar ouvidos ao que ele dizia e o expulsaram jogando pedras. Observando essa atitude, *Wiracocha* fez com que caísse fogo vulcânico sobre eles. Com temor de serem queimados vivos, os *Canas* depuseram suas armas e o veneraram. Vendo isso, *Wiracocha* levantou seu bastão e parou o fogo. Em memória a esse acontecimento foi construído um suntuoso templo, que apesar de ter sido saqueado pelos invasores espanhóis, pode ser visto até nossos dias em *Raqchi*. Logo depois, prosseguiu sua viagem até *Cusco*. Chegando lá presenteou *Manco Capac* com o bastão que portava, e no qual estavam gravados todos seus conhecimentos, pedindo que ele construísse um Império de Luz a partir daquela cidade. Orientou-o para que voltasse ao *Titikaka* depois, para trazer o Disco Solar que deveria ser colocado num templo dedicado a *Inti*, o Pai Sol.

Despedindo-se do casal, prosseguiu em seu caminho até *Ollantaytambo*. Lá, após compartilhar seus ensinamentos com o povo, ele foi homenageado com a construção de uma efígie sua na rocha da montanha *Pinkuylluna*. Depois seguiu viagem passando por onde hoje é conhecido como *Machu Picchu*, *Vitcos* e *Cajamarca* até chegar ao Oceano Pacífico, nos arredores de *Tumbes*, onde falou ao povo que lá estava, de uma Era de Ouro que iria ocorrer no futuro. E dito isso caminhou sobre a água como se fosse espuma e sumiu no horizonte.

Foram achadas várias provas de que os pré-colombianos acreditavam em um Deus, que foram conhecidos como: *Pachatata*, *Pachacamac*, *Tunupa*, *Cuniraya Huiracocha*, *Inkarri*, *Illa Tiki*, *Pishtaco*, *Naqaq* ou simplesmente *I*. Mas foi provado que, mesmo tendo tantos nomes, a Divindade Primordial é a união da essência feminina e masculina da Eternidade Cósmica (*Wiñay Pacha*), ao qual é nomeado apenas por *Spíritu* na TINA. Atualmente, o nome mais completo para essa divindade primeva, falada por estudiosos e povos nativos é *Apu Kon Illa Tiksi Wiracocha*. Analisando essas palavras do *runasimi* elas podem ser traduzidas como:

- *Apu* – Espírito superior;
- *Kon* – Energia que flui;
- *Illa* – Brilho, luz, resplandecente;
- *Tiksi* – Espaço cósmico com a forma de ovo;
- *Wiracocha* – Criação manifestada.

Podemos assim traduzi-la como: "O espírito que irradia sua luz do ovo da criação."

Para muitos, esse *Wiracocha* que surgiu no *Titikaka*, depois do grande dilúvio, era um sábio escandinavo, egípcio, sumério, um Atlante ou antigo habitante de *Mu* que compartilhou sua sabedoria com os povos da *Amáraka*. Já para a Tradição Iniciática Nativa Andina ele foi a manifestação da Divindade Criadora materializada, que muitas vezes era visto numa forma antropomorfa na qual se transformava numa Serpente, num felino ou num ser alado, seres que vieram a se tornar a trilogia sagrada nos Andes representando os três mundos.

Se entendermos o Cosmos como uma grande criação segmentada, e com formas em constante mutação, pode ser visto que a cosmovisão incluía dois aspectos do mesmo conceito, mas localizados em planos diferentes. Dessa maneira, se concebe a ideia de um herói civilizador no plano material, que é por sua vez uma divindade celeste.

Cosmovisão Andina

A palavra cosmovisão em si é a teoria do Universo ordenado. Uma alusão direta ao pensamento mecanicista e, portanto, materialista. Na cosmovisão andina, tudo tem o seu complementar, ou seja, o seu par complementar. Para o andino, a Criação não começou com a Unidade e sim com a paridade. Se Deus é representado pelo masculino, certamente deve sempre estar acompanhado com sua consorte feminina. Se Ele é Pai, deve existir uma Mãe. Sendo assim, a visão masculina da divindade, *Pachacamac* (o Pai Cósmico) deve vir sempre acompanhado de sua contraparte feminina, *Pachamama* (Mãe Cósmica), e o Pai Sol, da Mãe Lua. Esta relação entre o dualismo complementar é chamada de *Yanantin*.

Porém, *Yanantin* é muito mais do que uma simples paridade. Constitui o princípio da manifestação, a que se pode denominar de "Lei da Complementaridade". Em toda a comunidade andina, *ayllu*, podemos ver que existe uma parte superior, *Hanan*, e outra inferior, *Hurin*, que são dispostos a formar um todo orgânico. Para os andinos, tudo o que existe sem seu par complementar é uma forma temporal e imperfeita.

A própria sociedade Inka surgiu do Lago *Titikaka* quando *Manco Qhapaq* e sua esposa *Mama Oclo* saíram juntos do fundo das águas sagradas da *pacarina*, a fonte primordial. Esta dualidade complementar andina pode ser vista em seus templos redondos (femininos) e quadrados (masculinos).

Nesse sentido, nos Andes não se fala Universo, porque a unidade, o uno, o único, é um termo eminentemente ocidental que surgiu com os egípcios, em seguida foi usado pelos hebreus, para finalmente ser adotado pelas culturas gregas e latinas que são as culturas mães dos povos do ocidente. Para substituir esse termo, os andinos utilizam a palavra Pariverso sinalizando assim o caráter dual e complementar da vida, dando a visão que eles têm sobre o mundo.

O pensamento andino é coletivo: se organiza a partir de um sistema inclusivo em que todos os processos conduzem à harmonia expressada de que pertencemos ao Todo, tornando-o dinâmico e equilibrado. Para os *yachacs* nada se encontra fora da realidade. *Pacha* em *runasimi* significa Cosmos (espaço, dimensão, tempo, totalidade). Ele foi concebido como uma realidade, e todo elemento que pertence a ele tem seu lugar, não há hierarquias, cada elemento existe por si e para si, por e para o Todo. O homem se concebia e ao mesmo tempo vivia em harmonia com a natureza e o Cosmos. Tudo o que existe se concebia e se respeitava como é – unido ao Todo existente. O ser humano não se imaginava fora da realidade, pelo contrário, fazia parte dela. Ser humano e realidade eram uma só entidade, e nesta o homem percebia a sua, estando incluído dentro da mesma realidade. Tudo estava atado ou vinculado ao Todo. A realidade era *Pacha* e tudo era Realidade.

Nos Andes, floresceram diversos povos com princípios comuns: respeito pela terra e a consideração urgente de aliar-se a natureza a fim de aprender dela e crescer desenvolvendo técnicas para seu próprio benefício. Os andinos se consideram parte da terra e não donos dela. Depois, essas sociedades chegaram a controlar as principais necessidades básicas, como alimento e habitação, começaram seu grande desenvolvimento, descobrindo e alcançando fases evolutivas inerentes a sua herança biológica, entre elas o domínio da cerâmica e a metalurgia. Todas estas fases levaram necessariamente os andinos a descobrir, sobre a base das experiências de muitas gerações, o domínio do que nos rodeia, assim como o céu. Entre os avanços dos estudos do Ser e do Cosmos, criaram sua própria Cosmovisão com o sustento das ciências da astronomia; e estes conhecimentos evoluíram nos mesmos níveis que seu desenvolvimento interior, tornando-os, dessa maneira, sábios e iniciados nas ciências esotéricas do Cosmos.

Para o mundo andino, o mundo visível e invisível é inseparável. A adoração ritualística ao Sol, à Lua, à *Pachamama*, ao *Apu*, não é o objeto em si, mas algo que está por trás deles, a energia invisível, a imanência que não pode ser mostrada, porém é a origem que cria o Sol, que permite a vida na Terra, não é o objeto dela, mas um conjunto de energia. Escutarmos o som do corpo e da mente permite que percebamos o silêncio mágico à nossa volta. É quando compreendemos que o que vivemos em nossa realidade é simplesmente um espelho do que levamos em nosso interior. Ao alcançar esse estágio, chega-se a obter outro tipo de percepção na vida, a união íntima entre o visível e o invisível, entre o material e o imaterial, entre o consciente e o não consciente, entre a causa e o efeito. No momento em que nos libertamos do Ego e deixamos aflorar nosso Verdadeiro Eu, é que experimentamos a coletividade, e assim, os problemas maiores perdem sua importância ao serem vistos de uma maneira comunitária.

A semiótica do desenho andino é um processo de interação simbólica, entre o conhecimento do princípio conceitual (cosmovisão, cosmogonia e cosmologia), a ciência e a tecnologia, e o manejo dos procedimentos usados na representação de signos implícitos em um artefato conceitual. Os signos visuais pré-hispânico se situam dentro de categorias verbais e não verbais, que são fruto das ações recíprocas das atividades humanas, como instrumento para comunicação, organizar a sociedade em que se vive, manifestar seus pensamentos, entre outras coisas.

Na cosmovisão, o motivo de esquematização do sujeito originário era o ambiente em que vivia e com o qual tem uma relação permanente. Na cosmologia, o sujeito esquematizou sua explicação das origens e poderes das entidades naturais, o fluir constante de energia e relações de analogia entre o real e o sobrenatural, o visível e o invisível. A cosmologia esquematiza a visão integral do Todo e suas partes refletidas na unidade do Ser. A esquematização da realidade, tanto técnica como natural, deve se referir necessariamente à visão que a mente tem da realidade.

O clima e a paisagem andina tiveram grande influência na modelação da tradição espiritual, dos conceitos, costumes e valores dos seus habitantes. Nos Andes, o tempo e o espaço são considerados sagrados. Os acidentes geográficos como os nevados, vulcões, montanhas, rios, lagos, etc. foram divinizados pelos povos andinos e são até hoje objetos de culto e motivação de celebração de festas e rituais. Os lugares elevados foram especialmente sacralizados, e neles se realizam periodicamente festivais e cultos espirituais para agradecer e pedir intervenção divina para se viver em comunicação e harmonia no mundo. Os deuses são invocados muitas vezes para que desastres naturais (terremotos, enchentes, etc.) sejam evitados, em contrapartida, os andinos fazem sua parte respeitando os recursos da Mãe Terra, dela retirando apenas o necessário, garantindo assim os recursos naturais indispensáveis para a sobrevivência e segurança dos seus descendentes e todos os seres da Criação.

Os homens são o microcosmo deste macrocosmo chamado Terra, nosso mundo azul que tal como nós tem órgãos, centros vitais, meridianos, pontos energéticos e ciclo de vida. Os povos andinos tiveram uma relação espiritual com a natureza e o céu. Hoje podemos entender o significado de muitos centros de poder que existem como evidência do passado glorioso destes povos. Seguindo essa premissa, sobre a concepção espiritual, reconhecemos outros aspectos interessantes, como seu desejo de conhecer as virtudes do retorno imediato com a finalidade de alcançar estabilidade e equilíbrio em suas vidas. A alta prática espiritual, a que chamamos de caráter iniciático, é o resultado da experimentação de uma infinidade de interações do ser humano com o Cosmos. Tudo isso leva o indivíduo a descobrir seu mundo interior e, a partir dali, chegar a conclusões de vida e ter uma prática coerente com suas necessidades internas. Quero enfatizar que, somente nos conhecendo cada vez mais, poderemos controlar nossas necessidades e criar as pontes para que a natureza não seja nossa inimiga, e sim uma aliada.

A explicação dos princípios da Cosmovisão Andina é importante para entender os processos comunicativos que se expressam através da tradição e suas manifestações culturais.

Rodriguez (1999, pág. 30) nos aproxima destes princípios quando diz:

A forma de conceber a realidade tem um fundamento neurofisiológico conhecido pela ciência; assim, a conceptualização da ciência ocidental intervém nas áreas do cérebro relacionadas com a faculdade da memória e análises. Essa parte do cérebro situada no hemisfério esquerdo corresponde ao intelecto, no qual busca uma sequência lógica nas suas explicações. Na cultura tradicional dos Andes, tem tido mais importância o que sente o coração do que o que pensa a cabeça. O que do ponto de vista neurofisiológico significa que em nossa cultura se expressam mais as áreas do hemisfério direito do cérebro, que são as que governam a intuição e os sentimentos, a criatividade e a imaginação, o mundo infinito mais além das palavras, do tempo e espaço...

Como podemos ver, nos Andes se dá mais importância a percepção que temos com o coração do que a uma lógica fria e utilitária.

O Cosmos é a totalidade de todas as coisas criadas, incluindo dimensões, mundos e planos. A cosmovisão é o conceito da interpretação que uma cultura tem acerca do mundo que a rodeia. No caso andino, está intimamente ligada ao tempo e espaço. Dessa maneira, o mundo nos Andes era concebido em dois níveis: horizontal e vertical. No plano horizontal, os *yachacs* veem o mundo de maneira dual: *hanan* e *hurin* (acima e abaixo). Estas duas metades são divididas em outras duas, dando origem a quatripartição, que é entendida como complementaridade, oposição e reciprocidade. A dualidade andina é entendida como a oposição entre duas essências, ou seja, os opostos são complementares e proporcionam uma terceira alternativa. O dualismo, *Hanan* e *Hurin* (superior e inferior), respectivamente, baseia-se no princípio de que tudo se transforma; que a natureza e o espaço não são imutáveis, mas algo que se renova e desenvolve incessantemente nesse sentido. Tudo está relacionado, a natureza e o espaço são um todo articulado em que os objetos e fenômenos são organicamente ligados uns aos outros, dependem uns dos outros e se afetam entre si.

Já no nível vertical, o espaço está dividido em três planos: *Hanan Pacha* (Mundo Superior), *Kay Pacha* (Mundo Ordinário) e *Ucku Pacha* (o Mundo Interior). Cada um desses níveis acha-se habitado por inúmeras divindades, deuses maiores e menores de acordo com suas funções mitológicas, além de ter um animal totem como seu representante, que são símbolos de evolução espiritual, tornando-se verdadeiros guias em cada nível da nossa jornada.

Cosmos do Pariverso Andino

No mito da criação, a partir de um ovo podemos entender que a energia primordial criadora, andrógina, que se percebe no Ovo Cósmico, se partiu e formou possivelmente três partes do Cosmos: a etérea (Céu ou Mundo Superior, *Hanan Pacha*), a intermediária (*Kay Pacha*, o Mundo Mediano) e a densa (Mundo Profundo, *Ucku Pacha*).

Hanan Pacha é considerado o mundo onde habitam os deuses como *Wiracocha, Inti, Illapa*, as entidades celestes, constelações, astros, arco-íris, etc. Representa o chamado Mundo dos Espíritos, o Mundo Superior ou Mundo dos Deuses. Para representar a dimensão espiritual, o Condor (*Kuntur*) foi adotado pelos *Hamawttas* para simbolizar este mundo. Essa ave se alimenta de carniça para logo depois subir até as montanhas sagradas onde moram os *Apus* (espíritos sagrados). Ela é encarada como os sábios que transformam seus defeitos em virtudes, passando a ser a mensageira dos espíritos e dos deuses. Em alguns mitos é esse animal que leva os mortos ao Mundo Superior. Na mitologia andina, o Condor é considerado imortal. Quando sente que está ficando velho e sem forças, ele voa até o pico mais alto de uma montanha, dobra suas asas, recolhe as patas e cai até o chão. Essa morte é simbólica, já que com esse ato ele volta ao ninho e renasce num novo ciclo. Esse animal simboliza a força, a inteligência e a exaltação.

Esse é o mundo do abstrato, ligado à nossa supraconsciência: o neocórtex. Algumas pessoas comparam *Hanan Pacha* com o paraíso, mas nos Andes não se fala desse local como uma atmosfera superior, nem de um único Deus. Falam de uma energia superior que flui ao longo do Cosmos. Essa energia é chamada por vários nomes: *Texemuyo, Wiracocha* e *Pachacamac*. Para os *yachacs*, *Pachacamac* (Criador do Cosmos) é a força criadora de tudo o que existe. É por isso que os xamãs não expressam conscientemente seu nome sem um motivo real para justificá-lo, e em voz alta; apenas o reconhecemos em nossas mentes e o levamos em nossos corações. Só com o silêncio e a paz é possível captar e compreender a sua manifestação.

Kay Pacha ou *Aka Pacha* na cosmovisão andina é o nome do Mundo Terreno, onde vivem os seres da Terra: humanos, animais, vegetais, montanhas, lagos, rios, etc. É considerado pelos *yachacs* como o palco da manifestação material da energia criadora. Esse mundo intermediário recebe do céu dons especiais como a luz e a chuva, como também manifestações do *Ucku Pacha*. A Terra era também chamada de *p'uku* (prato) porque se entendia que flutuava num mar que a circulava. Ela é considerada o cenário da hierofania sagrada no mito da criação, percebendo sua relação com o elemento Água. Em alguns mitos, a Terra parece conceber-se como uma grande ilha que flutua nas águas do Lago *Titikaka*, sinalizando que sem a água a Terra não é gerada. A superfície de *Kay Pacha* é percebida pelos povos originários andinos como segmentada por quatro grandes setores ao redor de um ponto denominado *q'osqo* (umbigo), o centro do mundo. Os *Inkas* materializaram essa percepção na criação do *Tawantinsuyu*, a estrutura formada por quatro *suyus*, que eram terrenos externos das comunidades que formavam uma unidade dentro da diversidade de cada região.

Aka Pacha é representado por um felídeo (Puma ou Jaguar), que simboliza o ser supremo terreno, a sabedoria, a força e a inteligência. Esse felino representa também o simbolismo do autocontrole, do autoconhecimento, da realização pessoal. Ele nos fornece vitalidade e força, ampliando nossa percepção e área de ação. Esse animal sagrado nos ensina que, nosso caminho espiritual, temos que realizá-lo solitariamente, igual a ele, quando faz sua própria jornada. Aprendemos com esse felino a caminhar silenciosamente pela selva ou subir a montanha como parte de nossa missão interior, escutando o seu coração e em comunicação constante com as forças da Mãe Terra.

O *Kay Pacha* (Mundo Ordinário ou Mundo dos Vivos) é povoado por tudo o que vemos: as plantas, o vento, a chuva, a terra, os animais, e finalmente por *Pachamama*, que é a expressão da energia cósmica feminina, que trabalha com o sangue, com o nascimento e a morte. Vivem aqui também, alguns seres elementais da Terra, Ar, Água e Fogo. Ao caminharmos por esse plano como um felídeo, poderemos vivenciar a conexão mágica entre a experiência de nosso subconsciente, identificado na Serpente, e o Mundo Divino, representado pela Águia ou Condor. É por essa razão que a maioria dos xamãs andinos e amazônicos se transformam em felinos que lhes proporcionam base e segurança para experimentar o reino profundo e superior. *Kay Pacha* é o Mundo do Sentimento, ligado à nossa consciência, ao cérebro límbico.

Para os *yachacs*, o ser humano possui em sua composição tanto substância celestial, como animo-mineral-vegetal, pois faz parte da criação, igualmente como os outros seres. No texto *Dyoses y hombres de Huarochiri*, Ávila (1975), dá a entender que no Céu existe uma forma arquetípica do criado, que também protege aqueles seres que vêm do seu Ser. Assim o plano superior não é só um lugar que é a morada dos seres do *Hanan Pacha*, mas contém as formas que se materializam no plano terrestre, no *Kay Pacha*.

Ucku Pacha na mitologia andina é considerado o Mundo dos Mortos, das crianças não nascidas e de tudo que está abaixo da superfície da terra e do mar. Não era um lugar de pessoas maléficas, como a Igreja nos fez pensar, mas de fertilidade, riqueza e morte, ao qual para chegar é necessário atravessar um mar durante a noite. É um ambiente similar ao *Kay Pacha*, porém invertido, com o Sol nascendo a Oeste e se pondo a Leste. Quando é dia no nosso mundo, lá é noite. A água era conectada pelo interior de *Pachamama* até chegar a um grande lago, ao qual deveria cruzar os mortos para chegar à outra margem. Esse mundo interior possui uma biosfera determinada, com seus habitantes e *modus vivendi* definidos. O mar é o céu do *Ucku Pacha*. Além disso, as saídas de água são lugares onde se manifesta a energia cósmica, o fluído vital. As *pacarinas* (olhos d'água, cavernas e lagos) são consideradas como linhas de comunicação entre esse Mundo Profundo e o *Kay Pacha*, e é por meio delas que os xamãs têm acesso a esse mundo.

Durante algum tempo, *Ucku Pacha* foi confundido como o inferno por lá viver *Supay*, o deus do Submundo, descrito como uma Serpente que simboliza as forças da fertilidade e a energia viva do subsolo. A Serpente é força primeva, que mergulha fundo – que sabe o caminho para os lugares mais profundos dentro de nós mesmos. Aquela que anda com beleza encostando sua barriga na da Mãe Terra e sabe o caminho de volta para o jardim, o lugar da inocência. Simbolicamente, esse réptil nos ensina a abandonar o desnecessário, a deixar nossas peles velhas para renascermos. O *Ucku Pacha* nos mostra o caminho da transmutação e sua alquimia.

Este mundo é habitado por entes invisíveis. Esses seres incluem os pré-mundanos, aqueles que estavam aqui antes do mundo existir. Também existem as *Ondinas*, espíritos que vivem atrás das cachoeiras e em outras fontes de água, os *Mukis* que são os guardiões das cavernas e dos metais preciosos, como também os *Saqras*, espíritos travessos que estão por toda região subterrânea. É nesse Mundo Profundo que os *yachacs* realizam sua jornada em êxtase, a fim de resgatar "pedaços de alma" ou a *sombra* de uma pessoa enferma. É o mundo do instinto, ligado ao nosso subconsciente, o cérebro reptiliano. Para alguns estudiosos, o Mundo Profundo é dividido em dois mundos: *Ucku Pacha*, a dimensão na qual vivem os espíritos e as energias da natureza; e o *Chaishuckpacha*, a morada espiritual dos nossos ancestrais, também conhecido como *Ñaupa Pacha*.

Na cosmovisão andina, o *aya* (defunto) é uma semente, visto como forma de regeneração, porém como uma entidade individual que deve realizar sua viagem inframundana, portanto, é um espírito terrestre que está nas entranhas do *Ucku Pacha*. Seu comportamento em vida diante de sua família, amigos e comunidade marcará seu destino. Sua jornada terrena começa como um germe fertilizador da semente intrauterina de *Pachamama*, mas o modo como irá se comportar durante sua vida guiará seu destino final. Sua longa jornada irá levá-lo as águas purificadoras do lago que dá acesso ao Mundo Profundo, onde um cão irá auxiliá-lo a cruzar, e na outra margem desenvolverá uma vida semelhante a que realizava anteriormente. É característica comum que essas entidades anímicas possam ter acesso a composição etérea do Cosmos Andino, e se comunicar com outras almas, e seus familiares, por meio dos sonhos. Habitar o Mundo Profundo ou o Lugar dos Espíritos localizado à frente das margens das águas eternas, era uma forma de gerar um ser transformado até ele voltar à vida terrena ou a outro lugar e continuar a sua evolução espiritual.

O lago que o falecido cruza, com auxílio de um cachorro, possivelmente faz referência à água primeva da qual surgiu *Wiracocha* e pela qual desapareceu. Desse modo, o defunto realiza a mesma viagem até o líquido amniótico da placenta do Cosmos, voltando assim a passar pelas águas primordiais, retornando ao lugar de onde veio. Podemos entender que o mítico oceano primal está no interior da Terra, em cima do Mundo Interior (*Ucku Pacha*).

Segundo alguns *Hamawttas*, o grau de evolução de um planeta é expresso pela sua distância do Sol, quanto menor a distância maior é o desenvolvimento espiritual. Quando uma pessoa nasce em nosso Planeta, isso indica o seu nível de desenvolvimento. Se um espírito quer voltar à Terra, poderá fazê-lo apenas se o seu grau de evolução permitir; mas se o seu desenvolvimento espiritual progrediu, ele renascerá em outro planeta com um nível espiritual mais elevado. Quando um Ser realizou sua jornada em todos os planetas que estão em torno do Sol, funde-se com o astro-rei, e segue evoluindo em outra estrela. A evolução continuará por milhares de ciclos, até o momento em que nos tornamos seres luminosos.

Na Tradição Iniciática Nativa Andina, as duas forças que governam os diferentes planos do Cosmos foram representadas pelos animais que compartilham essa composição. Portanto, não é de se estranhar que se tenha afinidade entre alguns agentes atmosféricos. Por exemplo, a Serpente, nesse caso, parece ser uma deidade de potencial celeste. As serpentes *Yacumama* (Mãe Água) e *Sachamama* (Mãe Árvore), segundo alguns mitos, são os elos entre esses mundos. *Yacumama* é o poder das águas e da fecundidade. No *Hanah Pacha* é o raio, no *Kay Pacha* o rio e no *Ucku Pacha* a Serpente. Já *Sachamama* é o poder da fertilidade, que no Mundo Superior é o arco-íris; aqui no terrestre a árvore e no subterrâneo é a Serpente de duas cabeças, uma em cada extremidade. Estas duas serpentes simbolizam as *saywas*, colunas de energia que sustentam e fazem a ligação entre esses mundos. No mito, a afinidade entre as serpentes e os fenômenos atmosféricos de caráter ígneo masculino é notada. Além disso, *Sachamama*, a árvore-mãe, nos faz pensar sobre a árvore cósmica, também identificada com o arco-íris.

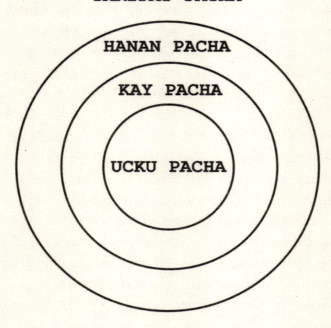

Esses mundos são representados como círculos concêntricos. Cada um deles está habitado por seres espirituais. O futuro, presente e passado não se concebe como uma estrutura linear, mas como um mundo tridimensional no qual os seres humanos podem acessar qualquer um deles. Em *Runasimi* a palavra "Pacha" significa tempo e espaço. Na Tradição Iniciática Nativa Andina, além desses três mundos apresentados, existe outro que é o *Taripay Pacha*: o Mundo além do tempo e espaço, a dimensão do Grande Mistério, o útero do Cosmos que abarca tudo e todos. Lá é o lugar onde o *Kawsay*, a energia original da criação do nosso mundo respira. Enfim, é o local onde podemos acessar o conhecimento do passado e do futuro, e também visualizar destinos alternativos. Também é conhecido como o Mundo do *Spíritu* que todos nós alcançaremos quando o nosso Campo de Energia Luminosa adquirir e irradiar as cores do arco-íris. Quando atingirmos esse objetivo, a energia divina fluirá através de nós e seremos capazes de nos transformar em *Illapa Runas*, Seres de Luz.

A cosmovisão está principalmente ligada à cosmografia, que é a descrição do Cosmos, nesse caso, corresponde ao céu do hemisfério austral, cujo eixo visual e simbólico é a constelação do Cruzeiro do Sul, denominada *Chakana,* cujo nome se aplica à cruz escalonada andina, símbolo ordenador de *Wiracocha.* Como já foi visto, no Mundo Andino existem mundos simultâneos, paralelos e interligados, em que são reconhecidos a vida e a comunicação entre as entidades naturais e espirituais.

Chakana

A *Chakana* é o símbolo polissêmico mais importante e antigo da cosmogonia nos Andes. Ela é usada para sustentar a estirpe andina e sua história de vida em um anagrama de símbolos, com significados de concepção filosófica e científica dessa cultura.

No ano de 2009, foi descoberto no Complexo Arqueológico de Ventarrón, distrito de Pomalca, em Lambayeque, um templo datado de 5.000 anos com um grande salão no formato de uma *Chakana,* sendo esse o registro mais antigo desse símbolo milenar encontrado nas Américas, provando que esse não era um elemento meramente incaico, no entanto, foram encontrados registros dele em outras culturas, *Caral* (5.000 anos), *Chavín* (3.000), *Moche* (2.000), *Tiwanaku* (1.500). Em todo caso, o importante de Ventarrón é que é a primeira vez que a cruz andina está integrada na mesma construção de um templo, o que dá um destaque especial em matéria de cerimônias espirituais e pode converter-se no centro cerimonial mais importante de seu tempo. Por essa obra arquitetônica estar afastada do centro administrativo da cultura Lambayeque, demonstra a ideia de separação cósmica entre o Mundo e o Ordenador, o imanente e o transcendente.

Cientistas dizem que em sua geometria, a *Chakana* encerra o conceito do número irreal "Pi", chamado *Katari* pelos andinos. Porém, para a nossa Tradição, esse símbolo é uma ponte, um nexo comunicante com outra dimensão. Não é à toa que uma civilização agrocentrica tenha que ser cosmocentrica dentro de seu afã por dominar a natureza. Consequentemente, não é estranho descrever que o conteúdo da *Chakana* inclua elementos estelares.

Mas a cosmografia andina não é produto de um primordial interesse científico, e sim de um esquema sacro, oracular, teúrgico e mântico. Em outras palavras, o cosmográfico engloba a história de sua espiritualidade e seu afã pelo numinoso. Não há dúvida de que a *Chakana* descreve uma situação limite do homem, o saber revelar o sagrado cósmico e trans-histórico, que repete indefinidamente os arquétipos celestes. Decididamente, a *Chakana* é o registro do que os *yachacs* conseguem ver ou conhecer no transe extático ou na meditação.

A *Chakana* é um símbolo milenar recorrente nas culturas originais dos Andes, sua forma é de uma cruz quadrada escalonada de doze pontas. A palavra vem do *Runasimi*: *chaka* (ponte ou escada) e *hanan* (acima). Podemos dizer que ela é a ponte para o *Hanan Pacha* (o Mundo Superior), ou seja, é um símbolo de ligação com o Cosmos. Seu nome também representa para os povos originários dos Andes a constelação mais importante do hemisfério austral que é o Cruzeiro do Sul (os *Aymaras* chamam de *Pusi Wara*, quatro estrelas), formada pelas estrelas Alfa, Beta, Gama e Delta, (Gacruz, Mimosa, Acruz e Pálida) que foram utilizadas pelos sábios andinos (*Hamawttas*) para o estudo da Astronomia, a qual a cruz quadrada andina, a *Chakana*, simboliza. Os sábios, ao observarem essa constelação, perceberam um sistema geométrico de medidas, cujo fator de mudança foi a relação matemática "Pi", sintetizada na fórmula geométrica da cruz quadrada, quando descobriram que a proporção sagrada entre os braços do Cruzeiro do Sul, o menor era de um lado do quadrado e o maior a diagonal dele, resultando na raiz quadrada de dois, repararam também que as quatro estrelas dessa constelação estavam dispostas de tal forma que seus extremos estavam orientados aos quatro pontos cardeais.

Como se pode ver, o símbolo da *Chakana* representado em diversas obras arquitetônicas, petróglifos (pinturas rupestres), tecidos, cerâmicas e esculturas nos Andes, não foi uma forma encontrada ao acaso, mas fruto de observação astronômica. A interpretação dela é de grande importância para aqueles que trilham o Caminho Xamânico. Considerando a cruz andina como a imagem da cosmologia, podemos descobrir os seguintes aspectos:

- O princípio da correspondência, a relação vertical entre a parte superior e a inferior dela;
- O princípio da complementaridade, a relação horizontal entre a direita (*paña*) e a esquerda (*lluq'i*);
- O curso cíclico do tempo, as extremidades da figura em conjunto formam uma roda que gira.

Podemos imaginar a dinâmica do símbolo escalonado, e com isso a do espaço-tempo da cosmologia como uma roda que gira dentro do qual ocorre uma confrontação constante entre as dualidades complementares (superior/inferior, direita/esquerda) que resulta num processo contínuo de transição e fusão destas partes. O lugar do ser humano é no centro, como o eixo da roda, permanentemente tentando equilibrar as forças. O espaço-tempo gira em torno dele de uma forma cíclica. Além disso, o ser humano encontra-se como intermediário tanto simbólica como fisicamente entre as dualidades complementares, que por meio dele transpassam a um estado diferente. A utilidade dessa posição é que ele proporciona a capacidade de assegurar a procriação da vida por meio das relações vitais.

No sentido metafórico é um lugar magnífico. O ser humano é o umbigo de um símbolo que se parece com uma figura humana que está explicitamente encarregada de continuar a vida. Podemos afirmar que ela é o *Axis Mundi*, a Árvore da Vida Andina. Assim como o cordão umbilical constitui uma ligação com a nova vida, a *Chakana* não só mostra o método para a criação da vida, mais do que isso, ela é um símbolo que expressa a transição das coisas. Além dos momentos de mudança, tais como o nascimento, casamento e morte serem importantes de ser acompanhados de formas ritualísticas, também há fenômenos naturais que formam parte da relação com o Cosmos e que indicam momentos de transição. Tal como o arco-íris que é a entidade entre o Céu e a Terra, e une os dois.

A chuva pode ser vista da mesma maneira, como um fenômeno de alteração que determina a diferença entre a fertilidade e a infertilidade. Os fenômenos dentro da extensão horizontal da *Chakana* são a relação entre a parte superior e a inferior, enquanto que na faixa vertical são os caminhos de transição entre o feminino e o masculino na natureza. É por essa razão que nos Andes, a celebração ritualística, seguida de fenômenos naturais, são métodos importantes para contribuir com a transição dos fenômenos com o fim de criar um ambiente equilibrado. Seguir a ordem natural do ano agrícola é muito importante para os dois métodos. A *Chakana* expressa claramente esse ano cíclico. Os Andes estão no hemisfério austral, por isso que trilhamos o círculo no sentido anti-horário, já que na caminhada do Sol, do Leste ao Oeste, ele faz via Norte. Enquanto que no Hemisfério Norte, o Sol passa pelo meio do Sul até o Oeste, no sentido horário.

As datas do calendário solar mais importantes nos Andes são os quatro momentos do ano em que ocorrem os equinócios e solstícios, representados nas pontas de cada braço da *Chakana*. Elas indicam a queda e ascensão do Sol, como também as estações climáticas, o que é de grande importância para a fertilidade da terra e para quantidade de calor ou frio que uma família necessita resistir. Sendo também uma indicação concreta da experiência cíclica do tempo e uma referência para o nascimento e a morte da vida, tal como interpretado nos mitos andinos. É exatamente nessas datas que são realizadas a quatro celebrações primordiais da TINA, são elas:

- *Inti Raymi* (Festa do Sol) – o Ano Novo Solar, geralmente celebrado na primeira lua nova após o Solstício de Inverno, mas nos dias atuais é festejado no dia 21 de junho. A Festa do Sol é a mais importante entre os Andinos;
- *Coya Raymi Killa* (Festa da Lua) – no Equinócio de Primavera, 23 de setembro, nesse dia se realiza uma série de curas ao nascer da Lua. Celebra-se também o casamento de *Mama Killa*, a Lua, com *Tata Inti*, o Sol;
- *Capac Raymi* (Grande Festival) – no Solstício de Verão, 22 de dezembro, ocasião em que eram realizados os ritos de passagem para os jovens. Nesse dia fazemos uma limpeza psico-físico-espiritual, jejuando completamente, realizando um processo de introspecção profunda em completo silêncio procurando recapitular tudo que foi realizado desde o nosso nascimento e o que foi aprendido no decorrer do nosso processo de evolução consciente;
- *Pawkar Raymi* – no Equinócio de Outono no dia 21 de março, quando a Mãe Natureza floresce e madura.

Além dessas, existem mais outras quatro datas que indicam as festas do *Kapac Ñan*:
- *Chakana Raymi* (Festa da Estrela) – em 3 de maio, homenageando a constelação do Cruzeiro do Sul. Nesse dia é realizado um *wilancha* (despacho) pedindo proteção e forças para enfrentar as condições adversas do inverno que se aproxima;
- *Pachamama Raymi* (Festa da Mãe Terra) – em 1º de agosto, porém essa festividade se estende durante todo mês. Na ocasião, enterra-se num local próximo à casa uma panela de barro com comida cozida, junto a folhas de coca, vinho, cigarro e *chicha* (cerveja de milho) para alimentá-la. Em seguida agradecemos a tudo que nos foi ofertado durante o ano e colocamos milho, quinoa, cervejas e vinhos por cima da panela com a comida cozida, depois jogamos confetes, cobrindo de terra o buraco feito;
- *Ñawpakuna Raymi* (Festa dos Ancestrais) – em 2 de novembro, onde são realizados grandes banquetes aos espíritos antigos que viveram na Terra. É um momento para se recolher em estado meditativo e procurar se conectar com os seres ancestrais;
- *Tasay Raymi* (Festa da Abundância) – em 2 de fevereiro. É o momento de colher o milho sagrado e outros frutos que foram semeados na primavera, agradecendo pela abundância de frutos recebidos da Mãe Terra.

ELEMENTOS SIMBÓLICOS

Sendo o Símbolo mais importante e ancestral da Cultura Andina, a *Chakana* aparece nas gravações *Chavín*, nas estrelas de pedra *Tiwanaku*, nos tecidos *Wari*, nas cerâmicas *Nazca*, nos bordados Inka, nos templos de *Caral* e *Lambayeque*, entre tantas outras comunidades (*ayllus*); hoje em dia são vistas em camisas, joias, objetos de decoração, potes medicinais, portas de casas e igrejas, propagandas políticas, etc. Podemos afirmar, portanto, que esse instrumento não só tem conotação simbólica, como tem um significado muito mais amplo na vida dos povos andinos que, inexplicavelmente, tem sido negado nos materiais didáticos. A representação da *Chakana* mais comum é a chamada de três níveis, mas os *Hamawttas* (sábios) não se limitaram somente a esta, abarcando-a até o número sete. Para os *yachacs*, o Cosmos é uma grande tecelagem, no qual tudo está conectado por todas as direções; o espírito não pode ser encarcerado em nenhuma delas, e com as *chakanas* podemos explorar o mundo numinoso Andino.

Sua forma sugere uma pirâmide como uma escada pelos quatro lados, possuindo uma profundidade muito significativa. Seria a união entre o inferior e o superior, a Terra e o Céu, o ser humano e o Divino. Ela é uma ponte até o mais elevado. É um símbolo que representa sinteticamente o Cosmos. Os sábios andinos trouxeram do Céu até a Terra esse símbolo que engloba componentes opostos que explicam a cosmogonia do mundo andino: o masculino e o feminino, o Céu e a Terra, o Sol e a Lua, o Norte e o Sul, em cima e em baixo, o tempo e o espaço. É considerada a ponte que permitiu que os povos andinos mantivessem seus Cosmos latentes de ligação, um anagrama de símbolos, definindo em si a filosofia de vida, a ciência, a cultura andina. Para essa cultura haveria dois espaços sagrados criados pelos braços que se opõem um ao outro, mas estão em equilíbrio. O horizontal representa o feminino, a Mãe Terra, e o vertical representa o masculino, a força que vem do céu e a fertiliza com suas sementes.

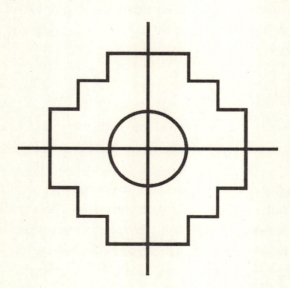

Numa primeira representação, a *Chakana* é uma cruz quadrada, e como tal possui quatro extremos que representam as quatro direções e estações. Os segmentos das extremidades são formados por três degraus, representando os três mundos presentes em todas as partes; o Mundo Superior, o Terrestre e o Profundo. Segundo Ribas (2008, pág. 64) "cada um dos quatro cantos inicia um ciclo de três degraus, que ao quarto passo, dá início a um novo ciclo". Ou seja, estas quatro escadarias (duas superiores e duas inferiores) nos levam a uma nova fase da vida humana (infância, juventude, maturidade e velhice), do caminho xamânico (curador, guerreiro, professor e visionário) e as estações do ano (primavera, verão, outono e inverno). Cada um dos doze degraus também representam um mês do calendário anual andino, sendo os braços verticais os solstícios e os horizontais os equinócios. O centro circular da *Chakana* representa a dualidade interna do "Universo", o vazio, o inimaginável, o verdadeiro e o sagrado.

A *Chakana* também encerra uma profunda relação do ser humano com o mundo espiritual, permitindo ordenar os pensamentos na busca do contato com as vibrações do Cosmos. Podemos considerá-la a árvore da vida dos *yachacs*. *Hanan Pacha* é a esfera superior que contém toda *Chakana*, é o mundo espiritual que a envolve. *Kay Pacha* é a esfera central, o mundo físico, e *Ucku Pacha* é a esfera profunda. O núcleo central é o *Axis Mundi* (eixo central) no qual o xamã transita pelo Cosmos para outros níveis. Foi a partir desse espaço que o *yachac* descobriu os caminhos que o levaria a desvendar mistérios maiores. Em sua jornada, ele encontra diferentes esferas de existência e cria a sua cosmovisão. Mas depois de percorrer as seis direções sagradas (os quatro pontos cardeais, mas também acima e abaixo), descobre que tem que olhar para seu interior, atingindo o seu autoconhecimento, despertando e desenvolvendo sua consciência superior.

A trindade

O *llankay* (ação ou trabalho), *munay*, (vontade e amor) e *yachay* (conhecimento intelectual), são três fatores do desenvolvimento humano nos Andes em que, cada fator, deve acompanhar o aperfeiçoamento dos outros dois para o desenvolvimento integral do Ser. Assim se integram os três mundos, *llankay* se atrela ao *Ucku Pacha* (Mundo Profundo), *munay* ao *Kay Pacha* (Mundo Mediano) e *yachay* ao *Hanan Pacha* (Mundo Superior). Quando cada mundo se polariza de forma harmônica, existe um alinhamento que reflete a Cruz Andina, a *Chakana*, quando nos tornamos pontes entre as forças celestes e telúricas, entre o imaterial e o material.

A evolução

A razão de nossa vida neste mundo visível e objetivo é a evolução, sem a qual nossa vida não teria sentido sob o ponto de vista da Cosmovisão Andina. Essa evolução é integral em todos os planos de existência.

Viver a Cosmovisão Andina é vivenciar uma vida equilibrada e humana. Todo mal que se faz a outro ser detém a evolução. Essa evolução fica gravada em cada uma de nossas células e em nossa consciência, nós somos responsáveis pelos nossos atos e juízes de nossos feitos quando passamos de um plano para outro.

Pacarinas

Nos Andes, cada etnia ou *Ayllu* afirmava descender de uma divindade ancestral comum que havia surgido na Terra por mandato divino. Os antepassados mais remotos haviam saído de um local especial que todos reconheciam como seu lugar de origem ou *pacarina*, que podia ser um rio, caverna, montanha, vulcão, lago, lagoa, manancial, etc. Narra a lenda que eles antes de serem humanos haviam sido parte do *Ucku Pacha* e que povoaram a Terra através das *pacarinas*, de onde surgiram ao mundo terrestre. O vínculo que liga a *pacarina* e os membros da comunidade é sumamente forte. Cada habitante do *Ayllu* se sente parente de outras pessoas da sua comunidade, esses laços se mantêm de geração em geração. O lago Titikaka é uma das *pacarinas* mais adoradas por se acreditar que ali surgiu *Wiracocha* e o primeiro Inka. *Pacarinas* também é o nome dado aos seres elementais da Água, que conhecemos pelo nome de Ondinas.

Huaca

Uma *huaca* é um lugar onde há um véu entre os mundos, em que as percepções ordinárias de tempo e espaço são obscurecidas. *Huacas* são lugares onde o *Kawsay*, a energia original da criação do nosso mundo respira, onde os xamãs podem ver os eventos que aconteceram no passado e ler nossos destinos.

Denomina-se *huaca* tudo aquilo que é considerado sagrado, como objetos que representam algo a ser venerado, tal como monumentos, múmias de defuntos incaicos e também lugares naturais, como o cume de uma montanha ou a nascente de um rio.

Segundo Tupayachi (2000, pág. 120) a *huaca*:

> *Encontrava-se sempre em cima das montanhas, no ponto mais alto onde o céu se une com a terra, essa forma de ver o mundo estruturou a base da espiritualidade andina constituindo-se as montanhas em templos onde se manifesta o Apu.*

Paña e Lluq'i

Os *yachacs* dizem que *paña* é tudo que associamos com o mundo material, é a realidade comum. *Lluq'i* é o que está associado com o mundo espiritual, é a realidade não comum. Através do *lluq'i* o xamã se conecta com o Grande Mistério, e o desdobramento de energias desconhecidas que estão sempre presentes em todas as coisas.

Pachakuti

O conceito de *Pachakuti* tem a ver com os eventos cíclicos das experiências humanas e do Cosmos. Refere-se ao contato com o passado e o reencontro com a sabedoria ancestral que busca o equilíbrio, a harmonização e um reordenamento planetário. A palavra *Pachakuti* significa "retorno ao espaço-tempo" ou "tempo de mudança", sendo este último termo o mais apropriado.

Os *Hamawttas* andinos nos legaram sua concepção cíclica do tempo, que junto a dialética dos opostos complementares e o *ayni* (lei da reciprocidade) constituem o ordenamento da realidade. Para os povos andinos o tempo maior é chamado de "Sol" e corresponde a mil anos. Cada "Sol" consiste de dois *Pachakuti* ou "tempo de mudança". Sendo cada um deles igual há 500 anos, o primeiro é considerado de ordem natural ou positivo, e o outro é negativo pela ordem natural ser invertida.

Na cosmovisão andina, o tempo-espaço é cíclico, na forma de uma espiral que muda e gira. Como se deu no passado, assim será no futuro; tudo isso gira num presente que adverte os tempos anteriores. Eles utilizam a palavra *ñawpa*, que significa "tempo adiante", para designar as origens como também o fim. Para os andinos o passado é o tempo que está diante de nós, porque já o conhecemos, e o futuro está atrás de nós, porque não o conhecemos. O passado e o futuro se unem para indicar tudo de novo. O mesmo vale para os ciclos agrícolas, no qual *Pachakuti* é a força renovadora que emerge dos níveis internos da Mãe Terra.

Para os xamãs andinos, uma nova era luminosa começou em 1992, em nossa cronologia atual, no qual se deu início ao décimo *Pachakuti*, quando haverá uma manifestação das culturas nativas e restituição da ordem natural das coisas. Segundo os *yachacs*, este novo tempo é feminino, estando vinculado ao reencontro espiritual e ao ressurgimento da sabedoria ancestral. Ou seja, uma época em que olharemos para dentro de nós, escutando o nosso coração e desenvolvendo a nossa consciência.

4

DIVINDADES, ENTES E ARQUÉTIPOS

Cada um dos deuses ou deusa personifica atributos, qualidades, defeitos e características facilmente compreendidos e aceitos pelos seres humanos. Os povos antigos os viam como pais, mães, avós, irmãos, irmãs, amigos, companheiros, conselheiros ou mestres a quem podiam apelar ou recorrer em caso de necessidade. A humanidade percebia a empatia e a proteção demonstradas pelas divindades como o resultado de suas próprias trajetórias e aprendizados, semelhantes as vivências humanas.

Mirella Faur

Como a maioria dos panteões, o andino origina-se da interação de dois princípios cósmicos universais: o Pai Céu (*Pachatata*), princípio masculino, com o feminino, a Mãe Terra (*Pachamama*). Dessa relação, como bem escreve Faur (2005, pág. 53), foi gerada "formas energéticas secundárias, polarizadas pela influência das forças cósmicas, telúricas, planetárias e fenômenos da natureza", que ao serem vistos pelas culturas tribais, passaram a manifestar arquétipos divinos, imbuídos de qualidades específicas, sendo seus nomes variantes de acordo com o lugar de origem do povo que as vê. Antes de começar a falar sobre cada deidade, realizaremos uma introdução de como entendemos o panteão andino.

É certo afirmar que o panteão superior andino poderia ser descrito como um conjunto divino aglutinador, constituído por uma infinidade de aspectos individuais que poderiam combinar e permutar entre si em um número definido de formas, entendidas como subconjuntos ou grupo de aspectos. Os *Inkas* davam grande importância a três subconjuntos de deuses do firmamento: um organizador, *Wiracocha*; o deus sol, *Inti* e o deus do trovão ou do tempo, *Illapa*.

Como falamos anteriormente, a divisão binária do Pariverso Andino culmina em duas partes: *Hanan* (a de cima, a masculina) e *Hurin* (a de baixo, a feminina). É importante antes de analisarmos as divindades esclarecer que, o fato de os andinos, em sua cosmologia, verem o mundo de uma maneira dual, como Superior e Inferior, não é de uma maneira pejorativa, nem quer dizer que um seja mais do que o outro, mas complementar. Na maioria das vezes, o Mundo Inferior ou Inframundo, passa uma ideia negativa deste nível cósmico. Porém se engana quem pensa dessa maneira. Na verdade, ele não é inferior a nada, é apenas mais uma camada do Pariverso Andino.

Para começar a análise, notamos que as divindades situadas no *Hanan* se caracterizam por se vincularem com os poderes sobrenaturais masculinos, relacionados com o fogo celeste, raios, arco-íris, relâmpago e trovão, e com aquelas hierofanias (manifestação do sagrado) surgidas na atmosfera, enquanto as de *Hurin* são as telúricas femininas. Não nos baseamos na divisão entre deuses maiores ou menores, mas nas qualidades que eles têm e o meio em que a desenvolvem como narrado nos mitos. Embora percebamos que o Cosmos é uma entidade com vida, com transformações ou movimentos que provocavam o deslocamento dos seres e as atribuições nos diferentes planos. Desse modo, uma divindade ou um ser, está localizado num determinado nível, mas não é uma forma permanente, porém em constante transformação. Portanto, observamos que temos que destacar a complexidade das formas da cosmovisão andina, que fluem e infiltram-se no Pariverso.

Os mitos narram que existiu uma deidade suprema ligada ao elemento Água, devido os Andes serem uma região árida e seca. Para fertilizar essa terra, é necessário a presença das deidades que tragam a chuva e produzam o sustento do homem andino.

Como observado anteriormente, as formas da natureza como as manifestações das divindades celestes e do inframundo, são exemplos de energia do "Ordenador", hierofanias das forças antagônicas que regem o ordenamento atual. As estrelas são consideradas arquétipos dos seres da Terra. Os *yachacs* acreditam que para cada espécie terrena existe um "Criador" nomeado. Para cada criatura terráquea encontra-se uma similar no Céu que frequentemente participa da conservação e procriação deles, atribuindo esse cargo a várias constelações estelares. Nesse caso, as energias celestes se relacionam com um animal, que por sua vez, assistia como um arquétipo os seres que se encontram em *Hurin*.

De todos os traços culturais, se pode afirmar que o felino se faz presente desde as primeiras manifestações materiais da cultura andina. Infelizmente, não podemos afirmar qual felídeo se refere às cerâmicas, desenhos e textos, por esse motivo preferimos generalizar a palavra felino a nomear um que não seja o correto, apesar de acreditarmos que tanto o Jaguar quanto o Puma eram e são reverenciados separadamente em diversas região dos Andes como, por exemplo, o Puma nas montanhas e o Jaguar na Amazônia, sendo este último encontrado nos artefatos da cultura de *Chavín* que fica dias de distância da selva. Esse é um animal que faz referência tanto ao mundo celeste como ao inframundo, portanto não é de se estranhar que seja considerado uma expressão animal da energia da divindade criadora, já que o felino mítico, igualmente como *Wiracocha*, podia se mover pelos diferentes planos do Cosmos. Consideramos a ideia de que o felino fosse uma manifestação dos poderes sagrados do Cosmos com qualidades bipolares que o caracterizam como um animal de grande conteúdo sobrenatural. Ele representa tanto a água como a escuridão, princípios da Criação.

Existem numerosas hipóteses sobre a identificação da deidade, ou deidades supremas. Por exemplo, *Wiracocha* é o mesmo que *Illapa* ou *Inti-Illapa*. Embora possamos afirmar que *Wiracocha* foi um herói cultural, que aparece no céu como o Sol, Inti, fazendo-nos crer que estas divindades são formas sinônimas de um mesmo conceito. Encontramos semelhanças entre *Illapa*, *Inti* e *Wiracocha*, porque são divindades, formas sagradas da região celeste, mas entendemos que são manifestações (hierofanias) diferentes de um mesmo "Criador". Portanto são entidades celestes, mas representam diferentes perfis na cosmovisão. Por exemplo, o Sol não produz chuva, enquanto *Illapa* sim. Porém, *Inti* marca o início de um novo período. Talvez essa deidade não seja o deus da água, mas poderia existir uma diferença entre os fenômenos atmosféricos, como fracionamentos do poder primordial, pois desfrutavam de poder sobre os fenômenos diurnos identificados como diferentes divindades: *Illapa, Inti,* o felino voador, etc. E uma potência que habita um "Universo" distante. Dessa maneira, todos os fenômenos visíveis do céu podem ser identificados como um só. Ou seja, para nós da Tradição Iniciática Nativa Andina, a deidade máxima pode ser identificada como *Pachacamac, Wiracocha, Yaro, Libiac, Tunupa, Illapa, Piricaca, Inti, Chuquilla*. Enquanto alguns fenômenos atmosféricos respondem a uma única localização, o *Hanan*, alguns destes têm conotações femininas e surgiram no *Hurin*, como é o caso das chuvas, nuvens e granizos, mas, ao se moverem pelo espaço, ficam masculinizadas.

Porém, se analisarmos o raio, o Sol ou qualquer outro fenômeno caracterizado com atributos de *Hanan*, observaremos que também possui atributos femininos. Por exemplo, o Sol se transforma, perde força e se introduz no *Hurin* ao se pôr a Oeste, como o raio que desce do céu e se introduz na Terra. Podemos interpretar que, embora o Cosmos tenha sido segmentado em algumas formas e leis determinadas, este por sua vez responde a uma determinação genética que caracteriza as divisões como forças vivas, sagradas e andróginas. Dessa maneira, podemos localizar os deuses como formas femininas e masculinas, porém não podemos afirmar que são compostos de uma essência humana, mas de formas cambiantes e ambíguas, como o arco-íris, ou seja, uma divindade não pode ser definida com parâmetros milimétricos ou exatos, mas como uma entidade que tem traços característicos com o Pariverso. Podemos entender, portanto, que as deidades têm vários aspectos: jovem, maduro e velho.

Assim, se entenderia que as formas que existem no Pariverso Andino se transformam e se adaptam segundo os planos nos quais se localizam, e de acordo com suas características primitivas. E, consequentemente, o plano celestial se localiza nas formas primitivas da existência de forma etérea. Por outro lado, o plano terrestre apresenta a energia com a forma material; no plano intermediário se manifesta com diferentes níveis de fluidos e equilíbrios sagrados. Essa ideia defende que os seres são compostos de diferentes formas. Estamos diante de um movimento que mostra a hierofania da criação, os passos de *Wiracocha*, ou qualquer outro nome que se dê ao "Ordenador". É uma constante metamorfose do Cosmos.

Abaixo analisaremos as características das principais deidades masculinas:

Illapa foi uma divindade adorada na costa e nas serras do Peru, sendo conhecida também pelos nomes de *Chuquilla, Catuilla* e *Libiac*. Era o senhor e criador da chuva, a divindade do trovão e relâmpago, retratado em sua manifestação como um Puma ou um Jaguar. Os traços dessa deidade estão perdidos nas brumas do tempo em toda a América Central e do Sul. O deus Jaguar é um mensageiro divino, que cria uma ponte para outros mundos, razão pela qual os xamãs desenvolvem a habilidade de se transformarem nesse animal. Seu nome significa raio e, segundo os mitos, acredita-se que ele faz chover com a água que guarda numa jarra. Em tempos de seca, os *Inkas* geralmente amarravam lhamas negras a um poste para que *Illapa* enviasse chuva. Ele é representado também como um jovem guerreiro, sendo considerado o deus da guerra, e tinha em suas mãos uma funda que representava o trovão, a pedra, o raio e o relâmpago, e o brilho de sua vestimenta feita de estrelas prateadas.

***Inti*,** o Sol, é a divindade que simboliza a ordem, o movimento constante e regular de calor e luz, sendo assim considerado o regulador do tempo. Nos mitos, Ele cria o tempo e o espaço dando sentido ao Cosmos. Entendemos sua jornada como uma hierofania da vida, *Inti* nasce e morre. Seu poder de transformação e regeneração energética foi à inspiração para os *Inkas* que o nomearam como a divindade suprema e pai da linhagem real. É através do seu poder que as plantas são germinadas. Essa deidade tem três aspectos, como três são as divisões do Cosmo Andino. Ele é chamado de *Apu Inti* quando surge ao leste com sua energia renovada, *Churin Inti* quando atinge sua plenitude ao meio-dia, e é *Punchau* quando retorna a *Hurin* com a energia fria. Era a deidade mais popular do panteão Inka e a ele dedicaram inúmeros templos. *Inti* é representado como um disco dourado com feições humanas.

Yacana é a lhama negra que caminha pelo centro do céu (a Via Láctea), e ao chegar à Terra bebe sua água evitando que ocorram enchentes, mantendo assim o equilíbrio cósmico. Observações astronômicas revelam que nas estações secas a "lhama sideral" desaparece no horizonte e reaparece na época das chuvas, controlando assim os ciclos hidrológicos. Seus olhos são as estrelas Alfa e Beta da constelação de centauro, que, entre os povos amazônicos, são considerados os olhos do Jaguar. Ela é percebida também como um cordão umbilical cósmico, um canal de comunicação entre o Céu e a Terra. A Via Láctea é reconhecida por alguns estudiosos como o caminho feito pelos espíritos, de uma margem a outra do rio da vida.

Pariacaca era uma divindade relacionada com as chuvas torrenciais e os ventos, cultuada pelos andinos da serra central. Era considerada também como uma deidade criadora. Narra a *ñawpa-rimay* (mitologia andina) que nasceu de um falcão (*huaman*) e com o tempo se transformou em humano. Segundo alguns mitos, foi o deus que inundou a Terra, porque os homens eram malvados e ingratos.

Ai Apaec ou ***Aia Paec*** foi uma divindade terrível, sedenta de sangue, que segundo os mitos exigia sacrifícios. Sua representação é de um ser antropomorfo, com a boca felina e tentáculos rodeando sua cabeça. Em outras representações aparece com um cetro de poder ou empunhando um *tumi*, faca cerimonial, com o rosto selvagem e aterrador. Era adorado como o deus criador e protetor dos *Moche*, sendo o provedor da água, alimentos e triunfos dos guerreiros nas batalhas.

Tunupa ou ***Tauna-Apac*** era uma divindade anterior a *Wiracocha* que foi cultuada na região do lago *Titikaka*, na costa e serra sul andinas. Era considerada uma deidade suprema para os povos *aymaras* e *kollas*, criando a natureza. Tal como *Illapa*, tinha os poderes do trovão, raios e relâmpagos. Essa deidade estava relacionada ao fogo e a chuva que fecunda a terra. Para muitos estudiosos é o deus dos bastões de *Tiwanaku*. Para a Tradição Iniciática Nativa Andina, o raio é a força sagrada do fogo, cujo corpo é uma Serpente luminosa que avança pelas nuvens até entrar na Terra. É também um guerreiro celeste que ao sacudir sua funda em uma das mãos, produz um estouro que gera fogo, luz e estrondo. Em sua outra mão leva uma clava que produz chuva e granizo. Essa divindade porta um bastão que atribui à deidade o poder da chuva e das manifestações atmosféricas em geral. Ao entregar esse símbolo de poder a *Manco Capac* (o primeiro Inka), outorgou-lhe uma relação direta e particular com as forças celestes. Sua forma atual é representada pelo *Ekeko*, o deus da prosperidade dos povos do altiplano andino.

Wiracocha e **Pachacamac** para todos os estudiosos são considerados a mesma deidade, sendo o primeiro nome dado a ela na região da serra e o outro na costa. Essa é uma divindade considerada nos Andes como superior as outras. Na TINA a consideramos no mesmo patamar de *Pachamama*, pois juntos formam o casal cósmico criador do Pariverso Andino. Sua figura suplantou a de *Tunupa*, e muitos creem que a imagem encontrada na Porta do Sol em *Tiwanaku*, segurando dois bastões, é de *Wiracocha*. Lehmann-Nitshe, Robert (1928), explicou que *Wiracocha* era o nome de um vulcão, que segundo antigas crenças havia se transformado. Assim é entendido que, *Illa Ticsi Wiracocha*, seja traduzida como "lago de lava brilhante". Robert Lehmann-Nitshe explica que, *Cacha*, onde está o templo construído em homenagem a essa divindade, não foi um pico da montanha e objeto de devoção, e sim uma lagoa, onde nasce o rio *Willkamayu* e o *Pukara*, que alimenta o lago *Titikaka*. Mais ao norte, o *Willkamayu* se ramifica em *Urubamba* e *Ucayali* e formam o manancial do rio Amazonas. Portanto, se opina segundo essa teoria, que *Wiracocha* participa dos princípios vitais de fogo e água, e essa foi uma divindade da lagoa *Vilcanota*.

Na figura de *Pachacamac*, essa divindade era conhecida como deus dos terremotos, cujo sincretismo atual é de Senhor dos Milagres. *Illa Ticsi Pachayachachic* é um dos nomes da deidade criadora do Cosmos, sendo caracterizada como um ser invisível e incorpóreo, força motora do espaço-tempo. É considerado o "Ordenador", o *Yachachic*, do Pariverso Andino. Embora *Wiracocha* ocupasse o mais alto posto na hierarquia dos deuses, *Inti* era o mais popular e era tido como o ancestral da família real incaica. Foi de *Inti* que o povo Inka recebeu o nome de Filho do Sol. Os *Inkas* acreditavam que se fossem virtuosos, juntar-se-iam com o deus Sol no Céu.

Para alguns estudiosos, *Wiracocha* é um princípio metafísico assexuado, no tempo e no espaço. Remonta-se que tinha inúmeros nomes que correspondiam aos diversos papéis por ele representados no ciclo da criação. Alguns dos seus epítetos eram: *Callya* (o sempre presente), *Pachayachachic* (mestre dos mundos), *Illa* (luz) e *Ticsi* (princípio). Acreditava-se que ele tinha emergido do lago *Titikaka* para criar o Sol, a Lua e as Estrelas. Em certos mitos, *Wiracocha* aparece com vários disfarces, frequentemente com feições felinas ou o rosto pálido e com barba; com este aspecto humano ele é um mestre e herói cultural.

K'uychi, o arco-íris, é o deus multicolor visto como uma entidade "masculina", mas que se insinua como uma divindade bipolar, relacionada com as duas forças que dominam o Cosmos. Em um dos casos poderíamos dizer que o arco-íris é uma deidade celeste, em outro, tem os atributos da Terra. Conforme a interpretação do complexo sistema classificatório dos fenômenos naturais, entendemos que *K'uychi* é uma formação bipolar cujo equilíbrio depende de sua essência intrínseca. Estes se formam essencialmente de duas substâncias. Dentro dessa "luta" cósmica, o *K'uychi* surge da Mãe Terra em ocasiões excepcionais, portanto, não é um evento cíclico, não é previsto, não podendo ser observável como um movimento dos astros para saber seu possível surgimento e ascensão. *K'uychi* ao se movimentar pela energia do Sol e força da Terra, cria as cores do mundo. A unidade incorporada no princípio solar, com *K'uychi*, torna-se uma expressão dos vários aspectos da luz e da vida. Essa divindade era tão respeitada que foi escolhida pelos *Inkas* para ser a bandeira do *Tawantinsuyu*.

Analisaremos a seguir as características das divindades femininas do panteão andino:

Pachamama é a principal divindade feminina. Os mitos narram que na ocasião do Grande Dilúvio (*Unu Pachakuti*), ela escondeu seus filhos em suas entranhas (cavernas, subterrâneos e lagos), e quando as águas baixaram pariu a humanidade. É o princípio feminino de todas as coisas, origem de todo mundo material, o sustento da natureza e realidade. Para os andinos, ela é uma deidade imediata e cotidiana, que atua diretamente por presença, e com a qual se dialoga permanentemente e se pede apoio ou desculpas por alguma falta cometida contra ela e a agradece por tudo que nos fornece. *Pachamama* é uma divindade protetora e provedora; defende os seres humanos, possibilita a vida e favorece a fecundidade e a fertilidade. Os povos originários dos Andes sempre realizam uma cerimônia de agradecimento (*despacho*) para ela por tudo que lhes é ofertado pela Mãe Terra.

Essa divindade representa a Terra, mas não só o solo ou a terra geológica, tampouco apenas a natureza, mas o Todo em seu conjunto. Ela não está localizada num lugar específico, porém se concentra em certos mananciais, vertentes ou *apachetas* (lugares sagrados de pedras construídos pelos andinos). *Pachamama* como todas as deidades andinas, personifica-se como uma entidade viva. Ela é a criadora de certos cultivos que fornecem sustentos às comunidades; é a representação da fertilidade do ventre da Terra. Consequentemente, a divindade possui um caráter materno, sendo a guardiã do reino dos mortos, deusa da fertilidade, da vegetação e das plantas cultivadas. Muitos estudiosos chegaram à conclusão de que *Pachamama* era representada por diferentes entidades divinas: *Mama Killa*, *Mama Cocha*, *Chaupiñamca*, etc. Essas são personificações femininas dos elementos relacionados com os poderes fertilizantes da Terra, do ventre criador. Mas *Pachamama* não é o mesmo que *Mama Cocha*, se bem que são aspectos de *Hurin* (mundo debaixo), o corpo de água e o de terra, a Lua, cada uma delas deve ser entendida de maneira caracterizada.

Para os povos originários dos Andes, *Pachamama* é a Mãe da Humanidade. Por seus dutos o "Ordenador" enviou as pessoas e as colocou no local que seriam geradas. Esses buracos foram as *pacarinas*. Nos mitos, *Pachamama* é personificada como uma tecelã ou canibal; essa caracterização faz referência às qualidades que temos no *Hurin*. Por outro lado, está vinculada aos animais tectônicos e com a região fértil da terra. Os *yachacs* concebem a origem do mundo de *Pachamama*, a Mãe Universal que possuía a faculdade de transformar-se na Grande Serpente Cósmica. As formas que as divindades possuem na região terrestre são identificadas no plano celestial com fenômenos atmosféricos, como raios, trovões, relâmpagos, a chuva, o arco-íris e o vento. Estas expressões naturais revelam o conceito circular que tem as comunidades andinas sobre o Pariverso e sua inter-relação. Enquanto no interior de *Pachamama* se abriga a vida, e por ela correm as águas, estas, por sua vez, masculinizam-se e se convertem em chuva ou outros fenômenos atmosféricos.

Depois de analisar os mitos e informações recolhidas com povos andinos, entendemos que nenhum ser humano pode ser analisado como uma única entidade alheia à Mãe Natureza, mas como um ser criado por ela. O vínculo que mantém com o contexto ao seu redor, é mais do que um simples observador, pois o ser humano, como os outros seres, participam da Mãe Natureza. Nós somos filhos de *Pachamama*. Não é uma questão de encontrar uma inter-relação entre o homem e o ambiente que o circunda, nós participamos igualmente, como o resto de todas as coisas e seres criados, da criação. Além disso, o ser humano possui uma relação mútua de reciprocidade (*ayni*), e sua relação de sacrifício está relacionada com o cultivo de plantas que alimentam e fortificam as comunidades.

Killa, a Lua, é a irmã e esposa de *Inti*, o Sol. Segundo os mitos, tem a cor acinzentada porque brilhava mais que seu irmão, que com inveja do seu brilho jogou cinzas nela quando eram mais jovens. Essa relação cósmica entre os irmãos divinos fez com que os *Inkas* se unissem matrimonialmente entre irmãos para gerar um herdeiro de "sangue puro". O suor do Sol quando fazia amor com sua irmã-esposa, ao tocar a terra, virou ouro, enquanto as lágrimas de felicidade da Lua deram origem à prata, e dessa união nasceu os seres originários andinos que têm a cor do bronze. Ela também era considerada como mãe do firmamento, da fecundidade e maternidade, sendo invocada sua proteção para as mulheres e bebês durante o parto. Os andinos celebram em sua honra uma grande festa denominada *Coya Raymi*. Culturas pré-*Inkas* idolatravam essa divindade, e por ser irmã e esposa de *Inti* foi incluída em seu panteão como divindade suprema.

Os *yachacs* nos contam um mito da criação da Lua, narrando que, na jornada humana pela Terra, os homens foram seduzidos cada vez mais pelo mundo material, deixando de lado a conexão que tinham com o espiritual. Para solucionar esse problema, *Pachamama*, a Mãe Terra, colocou uma grande parte do seu poder de atração e magnetismo nos minerais que formavam uma pequena parte de seu corpo e o arrancou de si, interrompendo o mergulho profundo dos seres humanos no plano material, o que impedia a evolução desses seres e, consequentemente, seu retorno até as estrelas. Essa parte que *Pachamama* sacrificou, é *Killa*, a detentora das energias da Terra. Ao colocar a Lua perto do Sol no espaço, a Mãe Terra conseguiu controlar a forma de atração que os homens tinham pelo mundo material, de forma que possamos trabalhar com os fluxos energéticos do espírito para a matéria e desta de volta para o espírito.

Mama Cocha (Mãe das Águas) é uma deidade que representa todo o feminino e ao mesmo tempo dá equilíbrio ao mundo. Ela é a divindade das águas para qual os povos andinos rendem culto para acalmar as marés bravas e para a boa pesca. *Mama Cocha* é reverenciada por toda costa do Peru, Equador, Colômbia e Chile, onde a pesca é especial para a vida. Ela representa o mar e suas marés, estando relacionada com lagos, rios e fontes de água, e sendo os mananciais considerados como seus filhos. Tem o aspecto de uma mulher pálida e bela. Frequentemente se identifica com a água da chuva que cai e fertiliza a terra.

Ela é uma das quatro mães elementais, as outras três são: *Pachamama*, a Mãe Terra; *Mama Nina*, a Mãe do Fogo e *Mama Wayra*, a Mãe do Ar. Ao lado de *Mama Killa* e *Pachamama*, constituíam a trindade lunar entre os *Inkas*, representando as três fases lunares. Narra uma lenda incaica que ela era filha do Sol e da Lua, sendo também irmã do Inka que surgiu do lago *Titikaka* para ensinar os humanos a viver e trabalhar em paz. Ao conhecê-la, as pessoas a reconheciam como sua mãe protetora e sob sua liderança lavravam a terra, que daria frutos em pouco tempo. Outra manifestação de *Mama Cocha* é a divindade *Copacati*, a deusa dos lagos cujo culto foi centrado em *Tiwanaku*, próximo ao *Titikaka*.

Chasca ou Vênus é uma divindade estelar que se manifestava ao amanhecer e ao entardecer, acompanhando sempre o Sol nessas horas do dia, relacionando-se com os poderes de *Hanan* no surgimento de *Inti* e de *Hurin* ao desaparecimento dele, sendo considerada também a mensageira do Sol. Era chamada de deusa da alvorada e do entardecer. Considerada também a protetora das virgens.

Outras divindades ligadas aos poderes sagrados femininos da fertilidade e da procriação são encontradas no panteão andino, são elas: *Saramama*, a Mãe do alimento mais importante dos Andes, o milho; *Axomama*, divindade das batatas; e *Mamacoca* (*Mama Kuka*), a deidade da coca que era considerada também a deusa da saúde e da felicidade. Todos esses alimentos citados são primordiais para os povos andinos.

Acreditamos que esta seria a "lista oficial" do panteão andino, sem menosprezar as demais divindades. Porém, queremos expressar outras que achamos importantes, apesar de não serem consideradas deidades.

Apus são os espíritos sagrados tutelares das montanhas, uma das manifestações do *Kay Pacha* mais importante da cosmovisão andina. São lugares de diferentes planos do Cosmos, tendo uma grande relação com o *Hanan Pacha* (cume das montanhas) e também com *Ucku Pacha* (interior das montanhas). Eles são considerados os mais poderosos de todos os espíritos da natureza. *Apus* são geralmente energias de natureza masculina, com exceção de algumas femininas como *Mama Simona* e *Salkantay* em Cusco, *Wakaywillka* no Vale Sagrado, e *Putukusi* em Machu Picchu, entre outras. O *Apu* pode auxiliar qualquer pessoa, perto ou longe, que solicite sua intervenção. É um lugar carregado de energia sobrenatural, sendo uma via de conexão com os diferentes níveis do Cosmos. Nas culturas andinas de língua *aymara*, estes espíritos são chamados de *Achachilas*. Em suma, podemos considerar que os *Apus* têm aspecto bipolar; por um lado é um vértice, ligado aos poderes sobrenaturais celestes, onde são realizadas oferendas para as divindades celestiais; por outro, a parte interna da Montanha, fornece passagem através de uma caverna ou outra abertura para a região inframundana. Um sistema inteiro conectado por túneis subterrâneos que liga o submundo para o nosso mundo. Esse fato nos faz pensar que como o resto da criação, os *Apus* são manifestações sagradas, compostas de duas formas antagônicas básicas da criação, mas possui uma forma mental, ligada ao homem através de um vínculo sagrado. O interior da montanha é um lugar de "Sementes" de formas prototípicas e o *Apu* termina fazendo a ligação entre os dois mundos (o de cima e o de baixo) As duas hierofanias regem o Cosmos, os dois não se complementam, mas se fundem para formar os seres vivos. Os *Apus* também são percebidos como as montanhas que protegem e sustentam as comunidades, tendo em seu interior as sementes da germinação, contêm as chuvas e na maioria das vezes recebem em seu ventre os defuntos.

Supay, o Senhor do Submundo, foi erroneamente identificado pelos invasores espanhóis como o diabo, mas no vocábulo *runasimi* quer dizer sombrio, o que significa que o *Ucku Pacha* pode ser definido como o Mundo Obscuro, das sombras. Ele é originário da mitologia aymara, kolla, e inka, e corresponde a um ser que habita as profundidades da Terra, o inframundo dos mortos, que tem um caráter dúbio e grande capacidade de transformação. Lembrando que na cosmovisão andina, tudo tem uma contraparte (masculino/feminino). A vida só é criada quando o masculino e o feminino se unem. O aspecto feminino dele é *China Supay.*

Entes míticos

A história da humanidade está repleta de seres que têm sua origem na tradição de diversas culturas, e algumas podem ter vivido num passado distante, porém, cada cultura está associada as mais diversas criaturas, chamadas nos Andes de *Encantos* (*Encantados*), muitas delas antropomorfas, fitomorfas, minomorfas, zoomorfas, etc. que podem ter presumidamente espreitado nossa Mãe Terra. Podemos dizer que, paralelamente a essa linha de evolução por nós percebida, e da qual participamos, há outros seres vivendo e se desenvolvendo de uma forma que não estamos acostumados. Nosso sistema cognitivo não compreende esses entes, porém alguns humanos conseguem ver e sentir sua presença. Devemos lembrar que, ao ampliarmos nossa consciência, temos acesso a mundos desconhecidos. Muitas dessas entidades são criadas por nós, e vivem só pelo período em que a alimentamos. Dentre esses exemplos separamos, em ordem alfabética, alguns que as referências são bem claras no Pariverso Andino.

Achikee é uma anciã que devora os caminhantes durante a noite. Ela habita as montanhas escuras andinas, esperando o momento em que pessoas inocentes, principalmente crianças, cruzem o seu caminho para devorá-las sem misericórdia. Dizem que quando está muito furiosa é capaz de arruinar as plantações de toda comunidade.

Awka sirenas são sereias que vivem dentro de rochas e quando alguém tenta capturá-las, elas simplesmente desaparecem dentro delas. As pequenas poças de água acima de suas rochas são como espelhos solares que podem ser transformados em fortes *lasers* capazes de capturar até mesmo o mais poderoso dos inimigos.

Ayamanchare é considerado o espírito do medo que surge a partir do vapor da terra. Ele tem qualidades extraordinárias que auxiliam os vegetalistas em seus trabalhos de cura.

Chiro é uma entidade das alturas geladas, geralmente lugares inóspitos e distantes. Apresenta-se como um homem de alta estatura, com cabelos negros bem grossos, que rapta seres humanos e os fazem se perderem nas montanhas, ou produz *espanto* com a consequência da perda da alma, a *sombra* nos Andes.

Chullachaqui é um ente fantasmagórico guardião dos bosques. Geralmente aparece para as pessoas que caminham solitariamente pelas trilhas. Algumas vezes se apresenta como um ser amistoso e oferece presentes da selva, porém outras vezes aparece agressivamente. Segundo as lendas, ele sequestra crianças das comunidades para brincar com elas, sem machucá-las. Sua aparência é de um velho com o rosto enrugado, de onde se destaca um grande nariz, orelhas pontiagudas e olhos vermelhos, tem cerca de um metro de altura e veste trapos muito sujos. Caminha encurvadamente e tem as pernas tortas. Porém sua característica principal são seus pés: um é humano e o outro é de um animal. Tem o costume de aparecer para caçadores e lenhadores que destroem a mata, como um velho de chapéu de palha que faz sinal para segui-lo, levando-os até uma floresta fechada e escura, de onde saem loucos e nunca mais maltratam a natureza.

Chununa é um ser com características femininas, de baixa estatura, que habita lugares isolados onde não existe presença humana: platôs, bosques impenetráveis, algumas cachoeiras e fontes. Ela tem longos cabelos vermelhos, olhos azuis deslumbrantes, cujo olhar emana uma fascinação tão intensa e fatal que faz com que o caminhante não consiga resistir aos seus encantos sexuais.

Japiñuñu é um ente maligno que mora em lugares desabitados e aparece à noite para os transeuntes solitários, tem a figura de uma bela mulher com seios fartos que afoga suas vítimas entre eles.

Kimat é uma ninfa, a rainha do mundo subaquático, que é chamada pelos curandeiros como meio de defesa contra os *maleros*. Ela surge geralmente quando as tempestades se iniciam.

Mukis são pequenos seres atarracados, de cinquenta centímetros, que vivem nas minas. Na Bolívia são conhecidos pelo nome de *Anchanchos*, os Guardiões das Minas. Sua cabeça está unida ao tronco, mas eles não têm pescoços. Sua voz é grave e rouca. Seus cabelos são compridos, de cor vermelha intensa. Têm o rosto coberto de pequenos pelos e possuem uma barba grande, orelhas pontiagudas, olhar penetrante, agressivo e hipnótico, com reflexo metálico. Eles são vistos em lugares escuros, como escavações abandonadas ou perto de poços de água. São considerados os donos das minas, e aparecem também na forma de um cachorro negro ou de um homem muito branco e louro para apresentar-se aos mineiros e enganá-los. Outras vezes aparecem com dois chifres na cabeça que servem para quebrar as rochas. Gostam de assoviar estridentemente no interior das minas para anunciar e salvaguardar os mineiros de sua simpatia. São muito comunicativos, inclusive nos sonhos.

Os *Mukis* influem constantemente no destino dos trabalhadores das minas, gratificando uns e punindo outros. A sua vontade faz aparecer e desaparecer os veios de ouro. Estão sempre atentos as obsessões, ressentimentos, ambições e frustações dos mineiros. Enquanto demonstram simpatias para uns, geram castigo e escarnecimento a outros. Muitas vezes estabelecem pactos com os trabalhadores, e os cobram pontualmente, oferecendo boa sorte a eles. O mineiro que não cumprir com sua promessa termina perdendo a vida. A crença em sua existência se deve às antigas tradições andinas sobre demônios e pequenos seres que vivem no "Ucku Pacha", o Mundo Profundo, como dos próprios temores e da necessidade dos trabalhadores de encontrar explicações às coisas extraordinárias que ocorrem diariamente no trabalho nas minas para o qual não encontram resposta.

Nina runa são entes conhecidos pelo nome de "Povo do Fogo" que vivem no interior dos vulcões, geralmente são vistos como luzes voadoras em cima das crateras antes destes entrarem em erupção.

Phausi runa é uma pequena divindade que habita os córregos, riachos e cachoeiras. É chamado de "Espírito das Águas".

Puka-bufeo é o golfinho cor-de-rosa que habita os rios. Espírito mágico que se transforma num homem garboso e seduz as mulheres que habitam as vilas próximas a rios e lagos.

Puma-sirenas são criaturas míticas com o corpo e cabelo de uma mulher, mas a face de um Puma, com caudas hipnóticas. Elas são utilizadas pelos *vegetalistas* para pegar os golfinhos cor-de-rosa que às vezes roubam as mulheres e as engravidam, salvando-as.

Sacharuna é um ser visto nas matas com dons telepáticos, que tem os pés para trás, muito similar ao Curupira.

Sachamama ou *Satchamama* na mitologia andino-amazônica é a mãe das florestas. Quando chega a superfície ela torna-se a árvore da vida. Confundida muitas vezes com *Yakumama*, as duas são parecidas em força, comprimento e espessura, mas a última vive exclusivamente na água, enquanto *Sachamama* vive na terra. Seu nome significa Mãe Árvore ou Mãe Selva. Nos mitos originários é considerada uma deusa na forma de uma Serpente com duas cabeças, que tem o poder da fertilidade.

Sirena é um ente com a parte superior de mulher e a inferior de peixe, que protege os rios ao lado de seu esposo, *Yacuruna*. Sua personalidade é ambivalente, por um lado são protetoras do meio que habitam, e por outro são consideradas maléficas, enfeitiçando os homens que pescam mais do que o necessário, afogando-os. Alguns, ao verem sua beleza, mergulham em uma nostalgia e tristeza profundas, e se não voltam a vê-la, se sentem atraídos pelas águas do rio e lagos, onde a viram anteriormente.

Runamula é um ente fantasmagórico, metade humano e metade mula, que galopa a noite relinchando descontroladamente e cuspindo fogo pela boca e nariz, que pune homens e mulheres que praticaram adultério.

Tutapure é visto como uma sombra caminhante que pode apresentar-se em forma de animais, podendo ser reconhecidos pelo brilho intenso dos seus olhos incandescentes. Este é um ente esfomeado e caso não tenha sua fome saciada pela pessoa a quem aparece, pode roubar a *sombra* (alma) dessa pessoa. Devido a isso, grande parte dos andinos levam consigo algumas sementes e um pouco de *chicha* (cerveja de milho) para oferecer a este ser. O roubo da *sombra* nos Andes é chamado também de *tapiadura*.

Ucumar*, *Ucu ou ***Ukuku*** é uma criatura humanoide mitológica de grandes proporções e coberta de pelos, que habita cavernas incrustradas nas montanhas andinas e aterroriza aqueles que cruzam o seu caminho. Seus grunhidos são ensurdecedores. Seu nome deriva do seu grito ululante *uhú* ou *ughuú*.

Urco é um pequeno anão albino do *Ucku Pacha*, que habita o interior das montanhas. Ele se transforma muitas vezes num jovem que seduz as moças e as leva para o interior da terra.

Wayra é uma entidade sobrenatural presente no vento. É por meio do vento ou ar (*aire*) que se transmite o *contágio*, um poder negativo emanado de certos lugares e coisas, que é evocado pelo *malero*. A síndrome cultural andina chamada *susto* é causada pelo *viento* temperado, frio ou quente, que ataca e deixa a mente perturbada. A paralisia facial também se dá pelo *malo viento* (vento mal).

Wayramama é uma Serpente que se move como um vento forte, sendo reconhecida pelos povos amazônicos como a "Mãe do céu e do ar". Narram às lendas que, quando ela toma banho, um som de trovão é ouvido entre as nuvens, mas sem que esteja chovendo. Quando um xamã pede seu auxílio, ela vem numa forte ventania, surgindo com seus olhos brilhantes e sua boca que irradia ondas violetas que irá curar aquele que está enfermo.

Yacumama é uma Serpente gigante, considerada pelos povos amazônicos como a "Mãe das águas e dos rios", que tem o poder da fecundidade. Ela espreita e devora aqueles que despreocupadamente sujam os rios e lagos.

Além destes seres aqui abordados, ainda existem uma série de espíritos tutelares das *huacas* (locais de poder), lagoas, lagos e montanhas, que se apresentam como seres antropomorfos em sua maioria, e às vezes como zoomorfos, como é o caso do lago *Titikaka* que se assemelha a um Puma com olhos incandescentes que habitava as rochas ao redor desse local, dando origem ao nome que em *aymara* significa "Puma da Rocha", sendo *Titi* (Puma) e *Kaka* (rocha). Segundo alguns mitos do altiplano andino, esse animal era conhecido como "Felino do Fogo", e era ele que iluminava a Terra antes do nascimento do Sol. São estas entidades tutelares dos locais que auxiliam os xamãs em suas atividades nos Andes. Falaremos mais delas no capítulo "Arte curativa".

Animais arquétipos

Os animais têm um papel fundamental na cosmovisão andina, pois equilibram o movimento do Cosmos como um todo. Tendo em conta que toda manifestação é uma hierofania da Criação Primeva, e que todos os seres participam das forças que regem o Cosmos, pode se afirmar que tudo é sagrado. Em nossos estudos da Xamaria Andina, observamos que todos os seres e formas são manifestações das forças que regem o Pariverso Andino em constante transformação, pois o sagrado é eterno, se transforma, mas não se extingue. Possivelmente, as "realidades", a materialização do criado é percebida de forma diferente em cada plano de segmentação espacial.

No Xamanismo, os animais são vistos também como arquétipos que podem se manifestar em nosso Ser. Cada um deles traz sua própria medicina, seus talentos ou essência espiritual e transmite-nos sua sabedoria. Os grandes arquétipos na Tradição Iniciática Nativa Andina são as forças que chamamos para criar um espaço sagrado. Na nossa tradição, procuramos sempre meditar com cada um deles, para que obtenhamos o nosso próprio senso de conexão com cada animal arquétipo. Eles são os guardiões das quatro direções sagradas da Roda da Medicina dos Ventos, e cada um representa um arquétipo, além de serem os próprios.

Cada um dos animais arquetípicos exala um tipo diferente de energia. No Norte, a Serpente simboliza o conhecimento, a sexualidade e a cura. Talvez seja o arquétipo mais universal, esse animal sempre representou o poder de cura da natureza. O símbolo da medicina, ou caduceu, é formado por duas serpentes entrelaçadas em torno de uma vara. No Oriente, a Serpente é associada a energia da *Kundalini*, a qual é chamada nos Andes de *Kamaq (Camac)*. A Serpente representa a ligação primordial com o feminino e, portanto, é um símbolo de fertilidade e sexualidade. Ela simboliza a força vital essencial que busca a união e a criação. Podemos chamar o princípio criativo convidando o arquétipo da Serpente. É chamada de Mãe das Águas; arquétipo do curador em muitas culturas, que nos ensina a jogar fora nosso passado pessoal da mesma forma que ela deixa cair sua pele. Ela é a força vital primária, que mergulha até o fundo – que sabe o caminho para os lugares mais profundos dentro de nós mesmos. Aquela que anda com beleza encostando sua barriga na da nossa Mãe Terra, e que sabe o caminho de volta para o Jardim, o lugar da inocência.

O animal do Oeste é o Jaguar. Dependendo da região, pode ser o Puma. Ele renova e transforma a vida da floresta. Trabalha com a transformação súbita, o caos e a morte. Pode parecer estranho para nós que a força transformadora no Cosmos também esteja associada com a morte. Mas lembre-se de que tudo aquilo que resiste, foi sempre mudando e se renovando. Aqueles que permaneceram imutáveis pereceram. Os antigos ameríndios reconheceram no caos e na ordem, a expansão e contração como o ciclo natural da vida. Podemos transformar o nosso corpo para que ele se cure mais rapidamente. Crescemos acreditando na metáfora que o gato tem nove vidas. Nós também temos nove vidas. Quando chegarmos ao fim de uma destas vidas (outras pessoas chamam de etapas ou fases na vida) é importante dar um sepultamento do velho *self* decadente, e depois saltar como um felino para aquilo que estamos nos tornando. Caso contrário, podemos passar anos caminhando como um decrépito. Esse felídeo sabe o caminho até o outro lado da ponte do arco-íris para o Mundo do Mistério. É aquele que engole o sol no crepúsculo da noite, ensinando-nos a ir além do medo e da morte. A ligação arquetípica com a força da vida da selva, tudo que é verde, guardião da força da vida. O guerreiro luminoso que não tem inimigos neste mundo ou no próximo. Representa a Vida e a Morte, o princípio de renovação.

Na direção Sul da Roda da Medicina dos Ventos, adotada pela Tradição Iniciática Nativa Andina, o Dragão simboliza a sabedoria ancestral dos grandes mestres cósmicos que ajudam na evolução da raça humana. O Sul é o lugar dos nossos ancestrais, avós e avôs, as memórias antigas da sabedoria ancestral do Dragão, daqueles que pisaram fora do tempo, que deslizam pelo véu para nos ajudar a lembrar das formas antigas. Arquetipicamente, esse animal mítico é a simbiose da Serpente, do felino e da ave, o ser alado que traz o fogo sagrado dentro do coração. O Dragão simboliza também o conhecimento oculto e divino, a imortalidade e o renascimento. Seu nome significa em todas as tradições "O sábio que vê e vigia". Narram os mitos que os grandes iniciados da Raça Lemuriana tinham como símbolo esse animal e eram chamados de "Filhos do Fogo Sagrado".

O Fogo Sagrado para os andinos encontra-se numa vara, o bastão de mando dos imperadores, o cetro dos deuses, o caduceu de Hermes, a varinha mágica dos magos, que para nós da TINA é a coluna vertebral do ser humano, onde em sua base está a "Chama Sagrada", *Willka Kamaq*, que ao ser despertada transformará o homem e elevará sua consciência. Segundo o Tantra, esse "Fogo Divino" aprisionado na matéria determina revoluções insólitas extraordinárias e auxilia o homem em sua evolução.

Outro animal arquétipo da direção Sul é o Beija-flor, que representa a coragem necessária para embarcar em uma jornada épica. Os beija-flores migram sobre o Atlântico, viajando todos os anos do Sul do Brasil para o Canadá. A energia do Sul nos ajuda a embarcar na grande viagem, apesar das dificuldades. Esse animal fornece a coragem e a orientação necessária para o sucesso. O caminho do Beija-flor nos ensina a beber diretamente do néctar da vida. Uma vez tocado pela energia desse arquétipo somos impelidos a realizar a nossa própria jornada épica que, eventualmente, leva-nos de volta à nossa origem, onde o nosso espírito foi gerado.

Condor é o animal arquétipo que representa a direção Leste, sendo substituído pela Águia ou Harpia em algumas regiões andinas. O Leste é o lugar do Sol nascente, o local do nosso devir. O princípio de ver a partir da perspectiva do alto, ter a visão, a clareza e enxergar a beleza em todas as coisas. As grandes asas do Ser Alado nos ensinam a ver perspicazmente com os olhos do coração. A Águia percebe todo o panorama da vida sem se fixar em seus detalhes. A energia da Harpia nos ajuda a encontrar a visão de orientação das nossas vidas. Os olhos do Condor podem ver o passado e o futuro, ajudando a saber de onde viemos e o que estamos nos tornando. Esses seres nos ensinam a superar as batalhas mundanas que ocupam nossas vidas e consomem a nossa energia e atenção, e nos fornecem suas asas para voar acima dos nossos problemas do dia a dia, nos levando a altos picos. A Águia, a Harpia e o Condor representam o princípio de autossuperação na natureza. São seres que nos empurram para fora do ninho para abrirmos nossas próprias asas e podermos voar lado a lado com o Grande Espírito.

Trabalhando os animais da Roda da Medicina

A Roda da Medicina Andina começa na direção Norte, e é representada por *Yacumama*, a Grande Serpente do Amazonas, conhecida pelo povo da Amazônia pelo nome de Anaconda. O Norte é o lugar em que nos livramos do passado da mesma maneira que a Serpente se livra de sua pele. É um ato de poder e de amor, que tem a Terra e o Céu como testemunhas. O Caminho da Serpente nos ensina como caminhar com a barriga na terra, que é a mãe de todos nós. Esse animal nos ensina a caminhar com beleza e trazê-la para todas nossas relações. Ensina-nos também a deixarmos cair a nossa antiga pele, livrando-nos do passado e renascendo. O Trabalho do Norte é um caminho de purificação no qual nos livramos de tudo aquilo que não tem mais sentido em nossas vidas. O lixo tóxico do nosso passado que, na maioria dos casos, continuamos cultivando por comodismo, hábito e por receio de abandoná-lo. Se assim fizermos, começaremos a caminhar novamente com beleza e graça sobre a Terra. O Norte é o "Caminho do Curador", o caminho em que levamos beleza para tudo que tocamos. Assim trazemos equilíbrio e harmonia para nosso corpo e a relação com *Pachamama*, nossa *Madre Tierra*.

Saindo do Norte, realizamos o Trabalho do Oeste, representado pelo Jaguar, conhecido pelos nativos peruanos pelo nome de *Otorongo*. Como falamos anteriormente, outro felino, o Puma, também pode representar essa direção. O Oeste é um lugar onde enfrentamos a morte. Quando se faz o Trabalho do Oeste, é necessário que passemos por uma morte ritual, dando um fim simbólico a tudo que fomos antes. Um ritual comum no Trabalho do Oeste é a Cerimônia do Fogo, quando uma flecha que simboliza recordações de eventos passados e tudo aquilo que atravanca a nossa vida é queimada. O Oeste é onde pisamos além do medo, da raiva, da violência e da ira. A raiva e a ira perpetuam o medo dentro de nós, assim, temos que aprender o modo de ser do guerreiro pacífico, praticar a não violência, fazendo dela uma prática constante em nossa nova vida.

Quando fazemos o Trabalho do Oeste, perdemos nosso medo ao enfrentar a morte. A partir desse momento, nos libertamos das garras do medo e requisitamos uma vida de plenitude, pois a morte já não pode nos requisitar. Trilhando o "Caminho do Guerreiro" iremos além da morte, de forma que ela já não nos assombrará, uma vez que a teremos como uma companheira. No Trabalho do Oeste, quando chegamos ao fim de uma de nossas vidas, aprendemos a saltar com graça para a próxima. Nossa jornada nos levará além do horizonte, no tempo e no espaço, e vivenciaremos mistérios que serão só nossos, entrando num novo ciclo e deixando o que se foi para trás. Ficaremos frente a frente com o nosso próprio conhecimento e poder, podendo conhecê-los e analisá-los em vez de procurar o seu significado. Passamos a compreender que uma das tarefas do xamã é trazer a harmonia para toda situação. Nesse ponto, estamos participando da criação.

Na Roda da Medicina dos Ventos, o Oeste vem sempre depois do Norte, e o Trabalho do Sul não pode ser feito até ser completado o Trabalho do Oeste.

Aprendi com minha Mentora, que o Sul é o local de ensino dos mistérios e das tradições. É o lugar onde pisamos fora do tempo ordinário em que vivemos e os peregrinos da roda se tornam pessoas de conhecimento. É lá que eles aprendem a ficar invisíveis. Onde nós, como buscadores do conhecimento sagrado, não temos nada a esconder ou a defender, e poderemos deixar as pessoas nos verem como realmente somos. Como falamos anteriormente, um dos animais dessa direção da roda é o Beija-flor, *Q'enti* que migra anualmente por milhares de quilômetros com sua aerodinâmica que não parece ser feita para voar. Ele representa o retorno à fonte e a habilidade para fazer o que não pode ser feito. É dito que *Q'enti* sussurra nas orelhas dos iniciados uma doce canção de conhecimento. Sua melodia é uma canção de mistério, amor e poder. A lenda nos conta, que todo telhado dos edifícios em *Machu Picchu* foi coberto com penas de Beija-flor, e que a luz do sol matutino que reflete sobre eles lançou um brilho de conhecimento em cima dos *Apus* circunvizinhos.

O Sul é o "Caminho do Mestre", onde entramos na caverna de cristal habitada pelo Dragão, que após alguns testes irá compartilhar seus conhecimentos, mas, além disso, nos ensinará a usá-lo com sabedoria. Em sua caverna aprenderemos a ouvir e escutar as vozes dos ancestrais. Lá teremos a habilidade para pisar fora do tempo, influenciar eventos que aconteceram no passado e cutucar o destino, trazendo para nós o destino que gostaríamos de ter, um destino que tenha realmente significado e propósito. O hálito quente do Dragão nos aquece e desperta a nossa energia latente, que faz com que aprendamos a fazer o que tem que ser feito para nossa evolução.

O nome do Dragão foi perdido na memória do tempo, ou não pode ser revelado, mas alguns andinos o consideram como uma divindade mítica que era representada como uma Serpente alada, com garras felinas e com a cabeça em chamas. Os povos amazônicos o chamam por *Wayramama* (a Serpente do ar), e os da costa e da serra simplesmente de *Amaru*.

Quando estava prestes a trilhar o Caminho do Mestre, escrevi em meu diário:

> *Estou indo de encontro ao Caminho do Sul, em direção à terra dos antepassados, pretendo aprender com seus ensinamentos ancestrais. Não será uma jornada fácil, como não foi nenhuma delas anteriormente. O Vento do Sul é intenso e machuca, e, para quem não está preparado, pode ser bem doloroso. É lá que todos os buscadores pretendem encontrar o "Sonho Sagrado", aquele que nos dará as chaves dos portais do Vento Leste, que é a jornada mais difícil que o peregrino empreende. No Leste, desenvolvemos o presente da sabedoria e empregamos isso para pressentir um mundo no qual haja harmonia, equilíbrio e paz. Esse é o Caminho do Visionário, que nos auxiliará a desdobrar o "Sonho Sagrado" da evolução que as estrelas, árvores e humanos obedecem. Lá passamos a entender a grande lei cósmica realizada pelo Grande Mistério.*

Os que conseguem realizar o Trabalho do Leste se tornam visionários. O Leste é o lugar onde utilizamos nossos conhecimentos com sabedoria e recebemos o poder para realizar o bem aos outros. É o lugar onde pressentimos o tipo de mundo que queremos quando somos crianças, e o mundo que elas irão herdar. Esse é o caminho mais difícil de trilhar. É lá que nos sentiremos iluminados por uma luz ardente dentro de nós, fazendo galgar um degrau na nossa evolução, necessária para nos conectarmos de vez com a energia cósmica. Para que tudo isso ocorra, temos que sentir o fogo interno de outros estados de consciência que nunca antes experimentamos devido aos valores e crenças que nos foram impostos nesse mundo. Esse é o local de poder onde a magia do mundo é levada para nossa vida cotidiana. Sua energia arquetípica é representada pelo Condor, *Kuntur*, o ser que vive sobre as nuvens e de quem a visão se estende além do horizonte, além do tempo e do espaço. Esse ser alado nos ensina a planar por lugares em que nunca estivemos anteriormente.

No Leste, o usual não é aceito, em vez disso tornamo-nos os agentes da transformação e visionários. Esse é o "Caminho do Visionário", que ajuda a desdobrar o "sonho sagrado" da evolução que as estrelas, árvores e humanos obedecem. No Leste, passamos a ter completa responsabilidade pela pessoa que nos tornamos. Olhamos em nossas mãos as linhas do destino e as entrelaçamos. Encontramos a Senhora do Destino e dançamos com ela, conduzindo-a pelos salões do tempo e espaço. Nossa tarefa é pressentir o possível para todos nós, e chamar isso para o tempo presente. O xamã do Leste é o homem ou a mulher que volta da montanha para sua aldeia trazendo o conhecimento para sua comunidade, praticando-os e tornando-se agente da transformação, mudando as organizações e estruturas de onde vive. É a tarefa mais dura porque é onde tentamos trazer essa sabedoria para o contexto de nossa vida diária e do nosso mundo.

Em nossos estudos, descobrimos que a Roda da Medicina dos Ventos é uma jornada de conhecimentos e esclarecimentos que são passados aos iniciados. No Norte, o aprendiz joga fora seu passado como uma Serpente deixa sua pele cair, tudo de uma só vez, como um ato de amor e de poder. No Oeste, o iniciado segue *Otorongo*, o Jaguar do Arco-Íris, pela fenda entre os mundos, onde ele vê a face da morte e é reivindicado pela vida.

No Sul, ele se encontra com os Ancestrais, aprende os ensinos do Grande Mistério e utiliza-se da energia desperta com o hálito do Dragão a fazer o que não pode ser feito. O Leste é o lugar do visionário, é lá que o iniciado aprende a voar nas asas do Condor e a trazer os presentes de magia e visão ao nosso mundo.

Trilhando essa rota, que é a Roda da Medicina dos Ventos, descobrimos que para encontrar os mistérios da nossa alma temos que olhar para dentro de nós, pois é ali que encontraremos a maior sabedoria de todas as Eras. Somos mestres em transformar os rios em eletricidade e distribuí-la para as nossas cidades, assim dominamos a energia no mundo exterior. Já os *yachacs* são mestres em fazer a mesma coisa, mas no mundo interior. Eles levam energia interna, a energia do coração, e a transforma distribuindo-a para a cura de seu povo. Eles alcançaram o equivalente do que nós temos no mundo exterior, mas fizeram isso com o mundo da alma e da mente. De acordo com os andinos, desde 1992, ingressamos no décimo *Pachakuti*, uma era de luz onde o todo será transformado. Talvez aqueles de nós que buscam curar-se ao longo do "Caminho do Xamã", aprenderão a transformar não só a si mesmo, mas toda a nossa espécie.

Ao olhar para dentro de si, o ser humano é capaz de despertar suas faculdades adormecidas e despertar sua consciência. No oráculo de Delfos existe uma frase que é uma verdade cósmica: "Conhece-te a Ti mesmo e conhecerás todo o universo e os deuses, porque se o que procuras não achares primeiro dentro de ti mesmo, não acharás em lugar algum."

Ao percorrer a Roda da Medicina, o peregrino aprende com a Serpente o ciclo da vida, morte e reencarnação, que se exemplifica com a mudança de sua pele. Dela recebeu a energia da totalidade, a consciência cósmica e a capacidade de experimentar qualquer coisa de bom grado e sem resistência. Aprende que todas as coisas da vida são iguais e que pode transmutar-se, caso se encontre num estado mental apropriado. Segue sua jornada com o Felino de Poder e descobre que tendo autocontrole, se torna a expressão das forças internas da terra, e possui o poder desta, que pode ver sem ser visto. Aprende a viajar entre mundos e descobre que esse felídeo é o alter ego dos *yachacs*. Constata que sua jornada é solitária e que deve seguir assim até o grande despertar. Ao entrar na caverna de cristal do Dragão, sente que a energia da Serpente, ao chegar ao mundo espiritual se converte em sabedoria, compreensão, plenitude e conexão com os ancestrais e com as mensagens do *Spíritu*. Na dimensão do Condor, aprende a sua capacidade de elevação e aprende com esse animal alado a perceber as coisas holisticamente, a ver com claridade seu passado e futuro, entendendo de onde veio e até onde vai. Neste momento, descobre que para se tornar um ser de luz, um *Illapa Runa* deve olhar para dentro de si, despertar a energia criadora vital na base do seu cóccix, o *kamaq*, e escutar o seu coração. E é então que o peregrino volta à fonte, ao *Taripay Pacha*, o grande útero cósmico.

Chacha Puma

Narram os mitos que quando *Manco Capac* chegou a *Cusco*, procedente do lago *Titikaka*, instalou-se num local onde posteriormente seria construído o *Qorikancha*, o Templo Dourado, que guardaria o Disco Solar que havia sido dado por *Wiracocha* a ele. Esse local seria o umbigo da cidade que, devido a conhecimentos astronômicos, tomou a forma de um felino, no qual o centro sagrado (*q'osqo*) foi o *Qorikancha*, de onde parte os *cekes*, as linhas energéticas invisíveis que sinalizam todas as *huacas*, locais de poder andino. A cidade tomou a forma arquetípica da Constelação de *Choquechinchay* (*Qoachinchay*), o Felino de Ouro, conhecida mundialmente por Plêiades, que é relacionada no Andes com o deus *Illa Ticsi Wiracocha*.

Qoa, Titi, Chacha, Otorongo, esse felino é o senhor dos fenômenos meteorológicos, o felídeo mítico que voa pelos ares, lança raios pelos olhos, urina chuva, cospe granizo e exibe o arco-íris. Em última instância, ele representa a manifestação de *Wiracocha*. É um animal que possuí a qualidade igual a de *Amaru* (a Serpente Galáctica), de poder se mover pelas três regiões do Cosmos, embora sejam percebidos como animais inframundanos. O felino, o *Qhoa*, é considerado o senhor das montanhas e da selva, o alter ego do selvagem, que se precipita pelo ar com seus poderes sobrenaturais. Sua morada se localiza nas montanhas, o que lhe permite obter poderes de seu ventre e ter clarividência das forças noturnas.

O precioso felino está intimamente ligado a *Killa*, a grande tecelã. Ele também é considerado uma deidade tectônica que manifesta em seu ser a luz interna da Terra.

A representação de um felino-Serpente ou puma-águia se repete nas culturas andinas, principalmente em *Tiwanaku*, e como fala Loma (2007, pág. 67), está vinculada a tremendos processos psicofisiológicos que devem produzir-se no interior profundo de cada ser humano para poder "religar-se" com a Divindade para chegar a se converter em um ser superior, um Homem Solar, Filho do Sol, o *Chacha Puma*, um ser de luz, o *Illapa Runa* da nossa tradição.

Esses processos psicofisiológicos ao qual se referiu Loma, seria a eliminação total e definitiva de todos os aspectos infra-humanos que são: traumas, defeitos e vícios como a mentira, ganância, luxúria, orgulho, gula, inveja, medo, ciúme, preguiça, ansiedade, vaidade, depressão, etc. Nos Andes, a extirpação destes aspectos que constituem em seu conjunto o nosso *yoe* ou ego psicológico, está representada pela decapitação, simbolismo esse que foi mal interpretado sendo associado a sacrifícios, castigos e penas de morte. Em verdade, as esculturas de pedras e desenhos em cerâmicas encontradas têm um *Chacha Puma* ou *Pumaruna*, em *runasimi*, que tem a cabeça de um felino e corpo de homem, tendo uma cabeça humana numa das mãos e um *tumi*, faca cerimonial, na outra.

Essas obras de importância simbólicas evocam a ideia central do homem que superou sua humanidade, substituindo-a por uma nova realidade divina através da máscara que reflete o poder espiritual do Puma. Essa é uma realidade representada em várias tradições de que o nascimento do homem espiritual está sujeito a uma superação do homem inferior, paixões e instintos mais baixos. A faca cerimonial está relacionada em várias tradições com o instrumento da vontade que permite aniquilar finalmente o eu inferior.

Essa icnografia se repete em quase todo Andes, como podemos verificar em *Chavín de Huantar*, *Tiwanaku*, *Nazca*, *Pukara* e nas cerâmicas *Mochicas*, sendo toda essa simbologia e significado inspirado na cultura mãe *Tiwanakota*.

Segundo Loma (2007, pág. 92-93):

Este símbolo mítico, o Chachapuma, encerra os velhos ensinamentos psicológicos do mundo. Refere-se à transformação interior do ser humano por meio da morte da natureza maligna que aparece no fundo psicológico do homem, após a caída edênica ou pecado original. Essa natureza é conhecida com o nome de ego psicológico pelas escolas herméticas do Oriente e Ocidente. [...] O ego, nesse caso, se faz representado pela cabeça decapitada que o Chachapuma detém. [...] esse trabalho de autotransformação implica na eliminação de todos os aspectos que fazem do homem comum e atual um ser enfermo e infeliz, sem conhecimento real, limitado e ignorante de seu verdadeiro destino e potencialidades. [...] esta guerra interna e solitária que o iniciado deve travar consigo mesmo, contra seus defeitos psíquicos, traumas, temores e complexos, estão representadas em quase todas as culturas andinas pelas insistentes cenas de decapitação. Por esse fato, os Chachapumas são o que Hércules, Teseu e Perseu são para a mitologia grega.

Loma (2007, pág. 225) complementa:

Perseu e a decapitação da medusa simbolizam na mitologia grega, a luta de toda pessoa que almeja profundamente despertar sua consciência. [...] A decapitação grega, assim como seu protótipo andino, alegoriza a "morte mística"; isto é, a extirpação dos defeitos e vícios psicológicos que carregamos em nosso interior e que mantém dormindo a nossa essência. [...] O Puma deve devorar o ego do homem para transformá-lo em Chachapuma ou Pumaruna, o Homem-Puma, superior.

Essa mensagem icnográfica deixada pelos sábios andinos transmite ideias arquetípicas que auxiliam na evolução do ser humano a estados elevados de espiritualidade, que contribuem para descobrir o seu propósito na vida. Como pudemos ver, a Roda da Medicina dos Ventos nos ensina a romper esquemas mentais antigos e transmutar como a Serpente, em seguida aprender a ter a estabilidade e o controle do Puma, adentrar a caverna do Dragão para aprender conhecimentos ancestrais que irão nos auxiliar a empreender uma jornada épica e voar como o Condor que nos mostra o equilíbrio e controle necessário para olharmos dentro de nós e retornar ao nosso lugar de origem, reencontrando o Divino que habita nosso Ser.

5

O CAMINHO XAMÂNICO

O Caminho é estar disposto a subir montanhas, descer vales, caminhar em desertos, cair em abismos e sair de lá com a força do intento.

WAGNER FROTA

Há três possíveis caminhos para alguém se tornar um *yachac* na tradição andina. O caminho tradicionalmente clássico é seguido de uma maneira formal, recebendo ensinamentos e as transmissões de energia correspondentes a partir de um Mentor. Existem outros caminhos que são informais e que não se sabe muito sobre eles. Por exemplo: ser atingido diretamente por um raio e sobreviver. Nesse caso, o indivíduo foi iluminado, incorporou a energia cósmica e passou a ter o reconhecimento da comunidade e as bênçãos do Cosmos. Muitas pessoas dizem que ele estava morto. O raio o separou, dividindo-o e permitindo-o encarnar um poder cósmico. A transmissão também pode vir do mundo espiritual, que se manifesta como um sentimento interior do indivíduo dizendo que ele foi chamado para se tornar um *yachac*. Todos os três caminhos são estranhos e difíceis.

Apesar de uma pessoa ser atingida pelo raio e passar a ter o poder cósmico, além do reconhecimento da comunidade há outras linhas de conhecimento e níveis de desenvolvimento que só um Mentor pode lhe dar. Por exemplo, uma das habilidades fundamentais que a pessoa tem que aprender para ser um *yachac* é "ver", tornar-se um vidente. Há uma distinção muito clara entre olhar e ver. Quando olhamos, só visualizamos a superfície, as cores e detalhes superficiais de um objeto. Mas "ver" é visualizar o campo de energia entre os objetos. O Mentor ensina o aprendiz a despertar a visão e a usá-la para ter melhores conexões dentro dos campos de ação e a interagir com esses campos. Ensina também outras técnicas: meditação para se conectar com o *kawsay*, a energia que vive em todas as coisas; como meditar no colo de *Pachamama* para atrair a força da terra e a leitura de folhas de coca que é um método de adivinhação para ler o destino das pessoas, mas também é utilizado para diagnosticar enfermidades. Essa Iniciação pode durar dois ou três anos e, de repente, ele ou ela aprende a ver.

Durante essa fase, outra habilidade fundamental que o futuro xamã deve aprender é a do cultivo do Campo de Energia Luminosa (*poq'po kawsay*), a bolha energética que envolve o corpo. É nesse estágio que o Mentor ensina o aprendiz a despertar, limpar e curar o Campo Energético. Ele tem que aprender a trabalhar com a energia e transmutá-la. Para os *yachacs*, as energias são neutras, nem boas nem más. O pupilo deve aprender a discernir entre as qualidades de energia: *hucha* (densa) ou *sami* (refinada). Para isso é necessário que tenha total domínio do seu *q'osqo*, – um "estômago energético" localizado ao redor da área do umbigo, por onde controlamos o fluxo de energia que entra e sai do Campo de Energia Luminosa (CEL). O *q'osqo* é usado para mover a energia. Ao executar o *hucha miqhuy*, que significa "comer a energia pesada", os *yachacs* removem as desarmonias energéticas do corpo do paciente e as doam à *Pachamama* ou aos outros comensais sagrados, para que sejam digeridas, eliminadas. Uma vez que o paciente (um indivíduo ou a comunidade) esteja livre da *hucha*, os *yachacs* retiram da Natureza, ou do *Hanan Pacha* – o Mundo Superior –, a energia refinada (*sami*) e a preenchem, reestabelecendo o equilíbrio e o fluxo energético harmonioso. Os *yachacs* são treinados para reconhecer o estado de seus pacientes, corrigir suas disparidades energéticas e manter a ecologia de seu sistema, dirigindo a *sami* para onde for necessária.

Esse treinamento gira ao redor do que se chama de *Kawsay*, a energia viva e dinâmica, pessoal e inteligente que influi diretamente no nível de consciência e de poder pessoal do *yachac*. Segundo a tradição andina, o Cosmos é definido como *Kawsay Pacha*, aludindo ao reconhecimento do aspecto vivo e inteligente do Infinito Sagrado que a tudo permeia e que dentro do Ser Humano existe de forma latente, a semente ancestral dos *Hamawttas*. Em base a essa percepção, a arte espiritual andina traz uma inestimável contribuição no manejo de energias que basicamente se definem em três praticas principais:

1. SAMICHAKUY: consiste em produzir um fluxo descendente de energia sutil (*sami*) procedente do Cosmos que atravessa nosso campo energético para limpá-lo da energia densa (*hucha*), a qual é entregue a *Pachamama* para que ela se alimente.
2. SAYWACHAKUY: baseia-se em produzir um fluxo ascendente de energia procedente da Mãe Terra, que atravessa nosso *poq'po*, Campo de Energia Luminosa, fortalecendo-o.
3. HUCHA MIQHUY: fundamenta-se em aprender a digerir a energia densa (*hucha*) utilizando o estômago espiritual (*q'osqo*) para criar fluxos energéticos, sendo um ascendente de energia sutil e outro descendente de energia densa.

Quando o aprendiz domina os fundamentos da energia, o próximo nível de formação é o de saber manusear as *kuyas* (pedras) para curar e usá-las na terapia medicinal. Existem diferentes formas de aplicação delas. A energia de cura pode ser transmitida através de uma *kuya* que tem o dom de limpar as energias densas do corpo. O espírito das pedras tem uma energia amorosa que destrói essas energias pesadas. Aprender a transmitir energia e poder através das pedras curativas é muito importante no treinamento do *yachac*. Por um processo de poder místico e mágico, aprendemos a usar nossa intenção para dar as pedras um propósito e significado, um uso dentro do Campo de Energia Luminosa do indivíduo. Sem dúvida, há interação entre a energia sutil de gênero humano e a da pedra. Também não há nenhuma dúvida de que uma pedra tem *sunqu*, coração. Pode incorporar os seus sentimentos, falar e transmitir pensamentos ao xamã.

As *kuyas* têm poderes diferentes, sendo utilizadas em diversas ocasiões. As consideradas mais poderosas são encontradas no alto dos Andes e o *yachac* pode ser guiado até elas em sonhos ou visões. O xamã também pode encontrá-las num rio, lago ou montanhas em suas jornadas. Outras caem do céu, como no caso dos meteoritos, e são consideradas sagradas por esse motivo. Aqueles que aprendem a manejá-las sabem realizar harmonizações energéticas e extrações de energias densas em pessoas doentes. Algumas rochas grandes são altares de pedra usados em locais sagrados onde o *yachac* invoca as forças da Natureza. Depois de aprender sobre as *kuyas*, o noviço torna-se capaz de usar os poderes das plantas para curar de uma maneira mais prática, passando a ser um perito na conexão com os espíritos das plantas e como usá-las na cura de enfermidades. Para isso, ele tem que aprender a identificar todos os tipos de ervas e plantas, saber a função de cada uma e prepará-las. Com esse conhecimento ele se torna um "Curandeiro Andino".

Ao atingir esse grau de conhecimento, o aprendiz aprende com seu Mentor a se conectar mais profundamente com a Mãe Terra, e utiliza suas energias em rituais para preservá-la. Trabalha também com animais, árvores, rios e outros aspectos da mãe natureza, cria e utiliza talismãs, mas, acima de tudo, ele ou ela torna-se um especialista em cerimônias de gratidão e honra à energia da Terra, particularmente a energia feminina de *Pachamama*. Paralelamente a esse aprendizado, o futuro xamã começa a ter relação com seres sobrenaturais, mas particularmente com os espíritos das montanhas, *Apus*. Aprende a falar diretamente com eles, dormindo, sonhando e recebendo suas instruções. Quando essas interações ocorrem, o *yachac* passa por um *Hatun Karpay* (a grande iniciação) pelas mãos de seu Mentor que o consagra a serviço de uma determinada montanha, tendo, deste ponto em diante, uma estrela (*c'haska*) como guia. A partir deste momento, em sua caminhada iniciática o aprendiz começa a trabalhar com o *Hanan Pacha*, o Mundo Superior, e com os filamentos celestiais, a energia divina. Trabalhando com energias celestiais, ele ou ela pode realizar curas milagrosas a grandes distâncias.

Karpay – Ritos Iniciáticos

Ser iniciado ou receber o *karpay* em nossa tradição sempre envolve transmissão de conhecimento e energia. Essas transferências realizadas pelos *yachacs* são como sementes energéticas que são plantadas dentro de cada ser humano. Cabe a cada um escolher como cultivá-las. Alguns as comem antes que elas brotem. Outros, que são mais pacientes, esperam até as sementes brotarem e cultivam grandes plantações de "milho dourado", que fornecem como alimentos para os outros, ou seja, para que possam retransmiti-las aos outros irmãos. Qualquer pessoa pode receber os ritos de iniciação, porém, o xamã distingue-se por ser capaz de saber o que fazer com a energia e conhecimento transmitido. *Karpays* contêm os ensinamentos de mistério que não pode ser dito, mas conhecidos. Recordo-me que ao ser iniciado pela minha Mentora, ela disse:

"Seja espontâneo, continue a ser quem você é. Compartilhe o conhecimento com todos aqueles que querem beber dessa fonte, mas veja se há sinceridade no coração de cada um deles, para que você não semeie numa terra onde não irá frutificar. Plante a semente no coração daqueles que possam também ser novos semeadores e guardiões de nossa Mãe Terra. Procure sempre viver em harmonia com tudo que o cerca e com você mesmo. Procure alimentar-se de coisas que lhe fazem bem, deixando para trás as coisas que não alimentam o seu Ser. Não busque caminhos já traçados, procure sua própria trilha e deixe sua marca. Caso algum dia você esteja angustiado, procure a paz no silêncio, medite, converse com o seu coração, procure auxílio na natureza e encontrará o equilíbrio e a força necessária para se acalmar e seguir adiante na sua jornada como um Guerreiro do Coração, um Filho do Sol."

Na Tradição Iniciática Nativa Andina, há uma série de nove transmissões de sementes energéticas que culmina com o *Hatun Karpay*, a grande iniciação. Cada rito iniciático recebe um nome específico, dependendo da sua cultura. Em nossa tradição eles foram nomeados da seguinte forma:

- *Ayni Karpay* – Corresponde ao intercâmbio de poder pessoal e conhecimento com o Mentor.
- *Wañuy Karpay* – Morte cerimonial.
- *Unu Karpay* – Purificação do Campo de Energia Luminosa (CEL) e transferência de poder pela Água.
- *Allpa Karpay* – Limpeza do CEL e transmissão de poder pela Terra.
- *Wayra Karpay* – Transmissão energética que permite conexão com o espírito do Vento.
- *Nina Karpay* – Transmissão de poder e depuração do Campo de Energia Luminosa pelo Fogo.

- *Ñawi Karpay* – Limpeza, energização e expansão dos cinco centros energéticos (chakras) do Campo de Energia Luminosa.
- *Apukuna Karpay* – Conexão com a linhagem espiritual ancestral e comunhão do feminino com o masculino.
- *Wiñay Karpay* – Conexão com o Infinito, manifestada com a expansão da consciência.

Como podemos ver, há muitos níveis de iniciação para o *yachac*. Cada iniciação dura semanas e até meses, e envolve o caminhar pelas altas montanhas, visitando locais sagrados (*huacas*) para aprender e vivenciar os ensinamentos. Durante esse tempo, eles participam de uma série de rituais destinados a conectá-los ao Cosmos, a *Pachamama*, aos ancestrais (*ñawpakunas*), espíritos locais (*awkis*), como também a receber transmissões energéticas destes lugares que são os receptores das forças cósmicas. Passam noites nas montanhas tendo somente o céu sobre eles e meditando com o Cosmos. Tomam banhos gelados em lagoas nos *Apus* para se purificarem. As salas de aula dos *yachacs* são as montanhas, os lagos e toda a natureza. Esse é o templo onde as pessoas conhecem as suas vocações. Há muitos testes duríssimos e cheios de sofrimento, verdadeiras provas de fogo que servem para determinar as aptidões físicas, a preparação dos seus corações, suas habilidades para serem compassivos, amar e venerar o conhecimento. O caminho é árduo. Às vezes a pessoa se sente caminhando sobre a lâmina de uma espada, mas ao concluir o *Hatun Karpay*, o *yachac* sabe que valeu a pena toda sua jornada até ali.

Na Tradição Iniciática Nativa Andina, os ritos de passagem ajudam a desenvolver o *Sumaq Kawsay* (uma relação harmoniosa com a natureza e viver a vida plenamente), que nos permite olhar para o processo da vida em espiral. O passado está à frente e tem importância substancial, pois ali está a acumulação de experiências e saberes. O futuro está atrás, por vir. E o futuro deve ser projetado em função da experiência milenar. Isto é, o passado é muito importante para ver o devir e a projeção do futuro. Os que conseguem participar da grande iniciação (*Hatun Karpay*) terão à disposição os elementos necessários para trilhar o seu próprio caminho com as bênçãos dos deuses andinos.

Instrumentos xamânicos

A principal ferramenta do *yachac* é o cultivo de seu próprio CEL (falaremos mais detalhadamente sobre ele no capítulo "Campo de Energia Luminosa") para saber usá-lo como um instrumento para direcionar as energias do campo físico e espiritual. Dentro dessa prática, o xamã faz uso de apetrechos reais que auxiliam na comunhão com os espíritos elementais da natureza e as frequências de energia cósmica.

Não menos importante que a chamada de um *yachac* é a eleição dos instrumentos que ele utiliza em seus rituais. Esses objetos são doados pelos espíritos ou por um fenômeno sobrenatural que elegeu o candidato. Consequentemente, se o ofício era herdado, os instrumentos também o eram. Caso os poderes fossem transferidos por um raio, este outorgava uma pedra imã. "Seus" espíritos auxiliares também fazem parte da parafernália xamânica, pois através destes, manifestam seu poder.

Os instrumentos utilizados pelos xamãs se apresentam como Entes que possuem *anima* (alma) e que os auxilia em suas jornadas. Eles são espíritos aliados que foram encontrados ou doados por uma entidade divina. Geralmente os ídolos, pedras e demais objetos de cura são herdados de seus mentores.

Para levar a cabo seu trabalho de cura e ativação energética, o *yachac* utiliza-se da *mesa*. Esta consiste em uma série de objetos de poder, enrolados numa manta, que funcionam como um altar portátil e é usado em pequenos rituais de grupo, pessoais e de grande porte. Para o seu uso, a *mesa* pode ser ou não desembrulhada pelo *yachac*. Quando aberta, o seu conteúdo é colocado ritualmente numa *mastana* (manta). Nelas estão incluídas as pedras de poder (as *kuyas*) que encarnam a energia de *Pachamama* e dos *Apus*. Elas podem ser grandes o suficiente para servir como altares em um local sagrado ou pequenas para serem dobradas. A *mesa* para o *yachac* é uma representação do Cosmos. As *kuyas* provêm de lugares sagrados, e os xamãs, ao pegá-las entre as mãos, podem chamar o espírito destes locais, ir ao seu encontro pedindo orientação ou pedir que imbua o artefato com sua energia.

Dentro da *mesa* do xamã existe um conjunto de *chumpi kuyas* (pedras energéticas) utilizadas especificamente para o trabalho como os *ñawis* (chakras) e *chumpis* (cinto de energia). Para cada um deles existe uma pedra, diferentes em sua forma e desenhos gravados. Estas *kuyas* são utilizadas para abrir os *ñawis*, extrair a energia densa e fechá-los, como também para tecer os *chumpis*, fechando as fissuras de nosso *poq'po* (Campo de Energia Luminosa) e criando uma armadura energética. Outros objetos também compõem a *mesa*, tais como: água florida, folhas de coca, imagens de ídolos, etc. A *mesa* é o altar do xamã andino. Quando ele a abre e estende todos objetos que existe lá dentro e os arruma sobre a *mastana*, ele está limpando o corpo físico e energético ao mesmo tempo. Este ato é descrito como *kuskachay* (manter o equilíbrio). O ato físico de ordenação torna-se evidente se considerarmos que estão sendo reorganizados de uma forma mais ou menos predeterminada.

O local correto de cada objeto é de acordo com a intuição do xamã ou da sua linhagem de poder. Em todos os casos, sua localização tem uma energia de impacto direto, porque a *mesa* intenta ser uma representação de *Kawsay Pacha*, a dimensão energética que nos rodeia. Como tal, as *kuyas* ou pedras de poder adquirem a energia dos lugares sagrados (*huacas*), dos *Apus* (espíritos da montanha), do Mentor que lhes deu, da *Pachamama* (Mãe Terra) que as levou em seu ventre, dos elementos das sete direções sagradas e, finalmente, da Divindade que no mundo andino é representada em pé de igualdade. Desta feita, quando o xamã arruma cada objeto numa determinada posição, ele está colocando ordem nessa dimensão.

Porém, os objetos que constituem a *mesa* não só possuem o poder inato que resulta da forma como eles foram encontrados ou obtidos, mas também acumulam o poder conferido pelo *yachac*. Podemos usar esses objetos para externar os aspectos de nós mesmos que queremos mudar. Eles são o que podemos chamar de impressões mentais de nossas ações passadas que nos levam a continuar a repetir os mesmos atos até transformá-los em hábitos. O objeto é, assim, transformado em uma expressão de nosso *alter ego*, permitindo que a força exercida pelo aspecto que estava escondido, torna-se visível. Através de um simples ato, toda a força do subconsciente que governa nossas vidas, agora é usada para transmitir energia para o objeto. À medida que esses objetos acumulam energia, transmutam à *mesa*, permitindo que o xamã a utilize para curar. O *yachac* transforma e canaliza a energia acumulada por sua *mesa* para curar os outros, enquanto que mediante o serviço desinteressado sana a si próprio.

Um instrumento muito importante da Xamaria Andina é o *pututu* (uma trombeta de concha marinha), que é tocada por três longos sonidos no início das cerimônias, solicitando a presença dos deuses e espíritos da natureza. Outra ferramenta muito utilizada pelos xamãs para se comunicar com o *kawsaypacha*, o mundo de energia vivente, são as canções sagradas (ícaros ou *tarjos*) ensinadas ao *yachac* pelos espíritos ou pelo seu Mentor. Cantar os ícaros é uma forma de chamar a energia do espírito que deu a música ao xamã, recebê-la e direcioná-la. Além destes existe um vasilhame ancestral feito de barro de uso ritualístico chamado *kinsacocha* (três lagoas), que consiste de três círculos concêntricos (representando os três mundos – *Ucku Pacha, Kay Pacha* e *Hanan Pacha* – como vimos no capítulo anterior) no qual se coloca três tipos de bebida diferentes, na do centro bota-se aguardente de cana, no meio, vinho e no externo, cerveja, que podem ser bebidos por meio de três dutos que ligam a cada um deles.

Caminhos alternativos

Na região da Costa e no Norte dos Andes, a jornada do xamã é um pouco diferente da que acabamos de narrar. Geralmente um "Mentor" escolhe um aprendiz para ensinar-lhe o ofício. Durante todo o aprendizado, são passados ao noviço todos os passos necessários para tornar-se um xamã. No início, ele apenas exerce a função de auxiliar, como separar o material que será usado nos rituais, ajudar no trabalho de limpeza e aprender a colher as ervas. Porém, não deve de maneira nenhuma executar o trabalho de sucção de energias intrusas até que o "Mentor" autorize, o que demora alguns anos. Ao aprendiz é ensinado a interpretar o significado das visões, conhecer o poder dos *Apus*, das lagoas, de entes dos outros mundos e os tipos de oferendas que devem ser feitas à natureza. Também tem que saber reconhecer os ataques de *maleros* (feiticeiros). Ele deve principalmente aprender sobre a finalidade de cada objeto da *mesa* do seu "Mentor", e também a entrar em contato com lugares sagrados.

A *mesa curanderil* do Norte do Peru, conhecida como nortenha, é chamada na Tradição Iniciática Nativa Andina como *mesa* mestiça (*mestiza*) pelo forte sincretismo religioso presente nela, o que termina diferenciando-a das outras regiões dos Andes. Em maio de 2001, Dona Julia Calderon uma curandeira de *Trujillo*, filha do famoso xamã Eduardo Calderon Palomino, nos explicou que:

> *A cerimônia conhecida como mesada, no Norte do Peru, incorpora uma série de elementos peculiares, como o emprego do cacto Wachuma conhecido também por San Pedro, que é tomado pelos participantes e também pelo "maestro" que o consome para "ver" e utilizar as "artes" (objetos ritualísticos) da forma mais conveniente. A disposição de um conjunto diversificado de artefatos como chocalhos, conchas, espadas, pedras, punhais, varas de madeira, entre outros sobre uma manta, configura um altar de poder à mesa do xamã nortenho.*
>
> *Os objetos da mesa possuem sua própria individualidade, poder e história pessoal, que justifica a escolha dele para formar parte dela. Os artefatos da mesa são depositários de um "poder" outorgado pelo Wachuma, que os equipara em sua natureza e trato com as lagoas e montanhas. Esses poderes são marcados por um caráter defensivo, protetor e até mesmo prejudicial, assim como pode efetuar limpezas cerimoniais e expurgo de todo mal ou feitiçaria que afete o paciente.*

As "artes" são nomes que se dão aos objetos de poder desse tipo de *mesa*, que são utilizados para nos conectarmos com as forças da natureza. Um aspecto peculiar da "Mesa Norteña" é a utilização de diferentes varas, espadas e punhais que são colocados em sua cabeceira. Boa parte dos objetos, junto a outros "encantos" da mesa, protegem o curandeiro e o defendem das "sombras" (duplos anímicos) dos "maleros", feiticeiros que pretendem agredi-lo.

A utilização do *San Pedro* (*Wachuma*) ativa os poderes dispostos na *mesa*. As virtudes que possuem só podem ser contempladas e manipuladas convenientemente sob os efeitos do *San Pedrito*. Os objetos são depositários de poder que o "Cacto Sagrado" mostra ao curandeiro. As "artes" adquirem uma relevância individual única, personificada em cada caso para intervir no problema que afeta os pacientes. Os "encantos" da *mesa*, encarnação física dos poderes utilizados pelo curandeiro, têm uma natureza semelhante aos espíritos dos locais sagrados, as lagoas e montanhas. A "mesada" é aberta com o florescimento (carga) dos objetos da *mesa*, para tal fim, o curandeiro cospe uma mistura de água florida, suco de lima, açúcar, tabaco e talco sobre eles. Esse tipo de oferenda é muito bem recebida pelos lugares sagrados, os espíritos das lagoas e montanhas, e os "encantos" da *mesa*.

As "artes" geralmente são distribuídas em três campos cerimoniais específicos. A parte esquerda da *mesa* é conhecida pelo nome de "Mesa Ganadera" e se relaciona com as forças escuras e malignas. A Mesa Ganadera é constituída tradicionalmente por pedras procedentes de ruínas arqueológicas, de locais de poder e por uma concha "Toro", de forma espiralada, também conhecida pelos nomes de Tríton ou de Netuno. Esse campo incluí uma série de varas e espadas. O lado direito da *mesa* é conhecido como "Mesa Justiceira", é o domínio de Cristo e Santos, as "artes" nessa parte da *mesa* contém as virtudes e poderes competentes para tratar as aflições dos pacientes. Imagens de Santos, cristais, conchas, maracás, perfumes, tabaco negro e crucifixo são elementos próprios deste "campo" ao lado de sete varas e espadas. No meio da manta se encontra a "Mesa do Meio", que atua como o fiel da balança entre a "Ganadera" e a "Justiceira". Geralmente na "Mesa do Meio", utilizam-se diversas pedras, espelho e uma imagem de San Cipriano.

Objetos como a espada maior, a vara de *chonta* (para defesa), o maracá, as conchas e caracóis marinhos são inseparáveis da *mesa* do curandeiro. Este, sem sua espada e sua vara, não pode defender a si mesmo e a seus pacientes dos ataques de "maleros" e de "vientos malos". Sem o maracá, ele não pode chamar seus espíritos auxiliares, e sem as conchas, não pode efetuar a "singada" de tabaco para proteger seus clientes.

Aprendi com a minha Mentora, que as "artes" devem ser harmonizadas por quem irá utilizá-las. Caso isso não ocorra, o poder do objeto torna-se perigoso, até mesmo para quem o opera. Consequentemente, cada "arte" deve ser ritualisticamente preparada por quem deverá manuseá-la. "Compactar as artes" é o nome que se dá ao ritual que é realizado com os objetos mágicos à beira de uma lagoa nos Andes. Seu objetivo é despertar cada uma das "artes" evocando o poder (espírito) que a anima e sintonizá-la com o operador. Na maioria das vezes, o curandeiro toma *San Pedro* para descobrir qual ente reside no objeto e, ao reconhecê-lo, descobre a função da "arte".

Cada artefato presente na *mesa* do curandeiro é o suporte visível de um poder invisível, o "encanto". Esse poder é derivado da presença do ente mítico (o espírito) que anima o objeto. As "artes" presentes na *mesa* são símbolos ativos de um universo de forças e meios para comunicar-se com elas, e a *mesa* em si é um mapa simbólico do Cosmos de acordo com cosmologia andina.

A *mesa* é um paradigma simbólico no qual o ritual de cura é jogado. Representa a luta entre as forças que tomam a vida e as forças que a dão, entre a esquerda e a direita. Porém, essa luta chega a ser uma resolução pela reafirmação do xamã acerca de seu domínio sobre a esquerda e a direita. Provando mais uma vez que o *yachac* é um balanceador de forças opostas. Para ele, o jogo ritualístico que a *mesa* representa em símbolos concretos, é um ato de harmonização realizado por um indivíduo que se mantém separado da competência por meio de seus domínios em ambos os lados. É assim que a luta, a oposição, chega a ser transmutada e as curas se realizam.

Na escolha das "artes" existem fatores determinantes tais como:

- A origem do objeto – se pertenceu a um curandeiro poderoso ou se foi encontrado em algum lugar de poder como determinadas montanhas, lagoas, cavernas, ruínas ou tumbas pré-colombianas.
- Se o objeto faz parte de um animal ou Planta Mestra.
- A forma do objeto – como é o caso de certas pedras cuja forma sugere figuras significativas dentro de um mundo simbólico ou mágico.

- A cor – entre elas a vermelha que é importante pela sua relação com o sangue; o branco com a pureza, auxiliando na desintoxicação dos contágios, proporcionando boa sorte e ligada à parte direita da *mesa*; o negro pela sua relação com a noite, a escuridão que impede a visão dos "maleros", a morte e o subterrâneo, a parte esquerda da *mesa*.
- As qualidades próprias dos objetos como a transparência e magnetismo.
- A função própria do objeto como cortar e defender-se, como as espadas e punhais.
- Nome – como é o caso da colônia Água Florida pela sua relação com a função de florescimento.
- Fatores psíquicos – como a ressonância afetiva que as "artes" têm com o curandeiro, tal como o momento em que este encontrou ou recebeu a "arte" das mãos de seu Mestre, e também o poder de evocação que o objeto exerce na psique do xamã.

Dona Julia Calderon nos ensinou que cada um dos objetos da *mesa*, adquire uma identidade funcional em relação com o mundo mítico no momento em que a sua "virtude" (espírito) se manifesta pela primeira vez ao curandeiro em visão.

Após a escolha dos objetos, ocorre um ritual chamado *compactar* (compactuar), palavra que expressa o pacto entre as "artes", a lagoa e o xamã que trabalhará com elas. Todos os objetos são submersos na lagoa, pedindo que esse local de poder assista o *yachac* em seus trabalhos. Feito esse ritual, toca-se um sino de bronze, prata ou de outro metal que tenha um som claro, na intenção de despertar os objetos. É efetuada então uma cerimônia de recomendação explicando a "arte", quando ela deverá intervir com seu poder, para que deverá servir e como auxiliar o Xamã. No capítulo "Arte Curativa" voltaremos a falar um pouco mais sobre a *mesa* mestiça e suas aplicações no processo de cura.

Xamãs da costa e do Norte do Peru carregam sempre com eles, além da *mesa*, um bastão de madeira de *chonta* como sinal de autoridade mágica como os antigos imperadores faziam com seus cetros reais. A *chonta* é considerada uma árvore mágica da floresta amazônica, e por isso é utilizada constantemente, sendo a maioria delas talhadas com diversos motivos icnográficos, mais frequentemente com Serpente, Lagarto, Águia, Lua, estrela, caveira ou rostos humanos. Os xamãs a utiliza para defesa e limpeza. É com ela que os espíritos são invocados por ele. Nas *mesas* dos *yachacs* há três tipos delas, uma mais clara à direita, uma mulata no meio e a mais escura à esquerda. A masculina é a mais escura e é usada pela maioria dos xamãs, incluindo curandeiros e *maleros*. Geralmente, a *chonta* é usada para se defender de um ataque enviado por um *malero*.

Malero é um feiticeiro especialista em fazer o mal. Em todas as comunidades andinas sabe-se que existe um, porém não se sabe onde ele está e tampouco quem é. Dentro da magia cotidiana andina, o *malero* expressa e maneja o lado escuro e mortífero do poder. Seu principal ofício é produzir enfermidades e desgraças por meio de seus espíritos auxiliares. Estes, porém, não são necessariamente entidades míticas negativas opostas aos *Encantados* positivos que auxiliam o curandeiro: são os mesmos *Encantados* utilizando suas potencialidades negativas. O numinoso andino é positivo e negativo.

Aqueles que trabalham como *malero*, são chamados de feiticeiros e também de *ganaderos*, pois visam ao lucro financeiro para si próprio, tirando vantagens com as enfermidades e as mortes. Entre seus "talentos", eles procuram obscurecer o progresso das pessoas, enfeitiçando-as com ossos ralados. Transformando-os em pó, escrevem o nome da vítima e o colocam na boca de um defunto, usam crânios e outras coisas mais. Adoram trabalhar nos cemitérios e realizam ritos para capturar a *sombra* das pessoas transformando-as em verdadeiros vegetais. Chegam até mesmo a matar.

Na eterna luta entre o bem e o mal, o xamã, por seu lado, conhece e usa seu poder para contra-atacar e neutralizar a ações dos *maleros*. Nessa luta não está descartada a possibilidade da destruição física do feiticeiro por parte dos espíritos auxiliares do curandeiro. Na ética andina, o que distingue o curandeiro do *malero* não são exclusivamente os rituais que eles fazem, e sim a intenção. O *yachac* jamais ataca, somente se defende e a seus pacientes, porém, para realizar essa defesa, ele se utiliza de espíritos aliados, rituais, objetos e até formulas idênticas às utilizadas por seu "inimigo". Muitos curandeiros têm uma *mesa* separada que chamam de "negra" ou G*anadera,* que serve para essa finalidade, e juntamente utilizam-se de uma *chonta* negra para esse fim. A diferença crucial da intenção entre os dois é que o *malero* não ataca para se defender e sim para ganhar dinheiro, por isso são chamados de *ganadero* ou *metalizado.* Ataca sem ser provocado, para realizar os malvados desejos de seus clientes. O *malero* existe e tem a função de ser o catalisador da maldade, do ódio, da raiva, das agressividades interpessoais e intergrupais. Gostaríamos de lembrar que todo poder é ambivalente, tanto pode ser usado para a cura como também para matar, tudo depende de quem o invoca, e nos Andes isso não é diferente.

Voltando ao processo iniciático do aprendiz, para se tornar um xamã, a coisa mais importante que ele precisa aprender é saber viajar entre os mundos e como agir e se defender nessas dimensões da realidade. Geralmente é lá que se realiza a cura do paciente que vem lhe pedir auxílio. Outra coisa muito importante para ele se tornar um xamã, é sobreviver ao ritual da morte através das mãos do seu "Mentor", que o levará até o Mundo Profundo, para que o noviço possa comprovar a sua capacidade de controlar suas visões. Essa experiência não é passiva, o candidato deve estar dormindo e ao mesmo tempo acordado para se livrar dos perigos e viajar além do tempo e do espaço. Para que isso ocorra, é imprescindível que o neófito aprenda a entrar em Estados Xamânicos de Consciência Ampliada (tema do nosso próximo capítulo).

A transmissão de poder se realiza quando acaba o período de aprendizagem, ou quando o "Maestro" está muito velho para aguentar as fadigas extenuantes impostas pelo ofício. A maneira oficial de fazer a transmissão de poder (a entrega da *mesa* e a vara de *chonta* ao aprendiz) é numa lagoa, onde o "Mentor" renuncia seu poder e lava todos os objetos antes de passá-lo ao seu sucessor. Esse momento trata da ruptura ritual do pacto do "Maestro" com os *Apus* e os *Encantos,* as entidades do mundo mítico andino. Após a despedida de todos, ele passa a *mesa* e a *chonta* ao aprendiz, que deverá então fazer seu pacto com os *Encantos* nessa lagoa ou num *Apu* de alguma visão anterior.

Parteiras

A visão cosmológica dos povos andinos recria a exaltação à vida, na qual o mundo está gerando e regenerando-se permanentemente. Na cosmologia andina, considera-se a morte como o nascimento em outra vida e a continuidade da existência. Talvez seja por essa razão que a gravidez, o parto e o puerpério sejam vistos com profundo respeito. Um evento tão significativo como este, possui uma ordem normativa com regras de comportamento definidas e sistemas ritualísticos, que servem como base para a organização da vida social de um grupo determinado. Nesse contexto, o parto transcende o âmbito biológico para se converter em um fenômeno social e cultural.

A diversidade geográfica andina foi cenário propício para o desenvolvimento de diferentes culturas, dando origem a uma diversidade de grupos humanos com suas próprias características culturais e sociais, existindo uma pluralidade de medicinas tradicionais (sistema de conhecimento adquiridos através da experiência e transmitidos de geração a geração). Nessa região pluricultural, multiétnica e plurilíngue, permite que sua riqueza cultural origine todo um sistema de concepções em torno da gravidez, parto e puerpério. Nas comunidades nativas, até os dias de hoje, as mulheres optam pelo parto assistido pelas parteiras em sua própria casa, buscando respeito aos seus costumes e modos de pensar. Dessa maneira, cada grupo humano cria e recria todo um sistema de conhecimento e práticas que dão significado à sua própria existência e o mundo que o rodeia. Essa realidade levanta a necessidade de conhecer o papel tradicional da mulher na saúde e os sistemas médicos com raízes autóctones.

Nos Andes, a definição das funções da parteira é muito mais ampla do que a do mundo ocidental. A *comadrona* (parteira) em suas ações, abarca o ciclo reprodutivo da mulher desde a menarca até a menopausa, assim como a atenção ao neonatal e a criança em seus primeiros anos de vida. Nessas tribos, o chamado para exercer essa profissão se dá através do sonho ou numa busca da visão, geralmente quando a mulher entra na menarca, mas existem casos que ocorrem mais tarde. Nos sonhos ou visões, um espírito aliado surge mais constantemente na forma humana de uma menina ou de uma mulher que a leva a um jardim de plantas medicinais e começa a ensinar a utilização de cada uma delas, e também como fazer um parto.

O ciclo reprodutivo é um dos âmbitos de ação da parteira. Desde a menarca até a consulta pela mãe da adolescente para que oriente o desenvolvimento desta. Mais adiante, será a própria interessada que irá recorrer à parteira em busca de "segredos" para evitar a gravidez ou para ter filhos. Desde o primeiro momento em que a mulher crê que ficou grávida, solicita a presença da parteira, a qual cuidará e aconselhará a sua cliente até o parto. Posteriormente, seguirá cuidando da parturiente durante o pós-parto e ao recém-nascido. Voltará a ter seus serviços solicitados pela mãe quando o filho estiver adoentado ou sofrer alguma síndrome cultural.

Mais de 80% dos partos do mundo são feitos por parteiras. Nas culturas xamânicas andinas elas são responsáveis por apoiar e cuidar da parturiente, prescrever remédios de ervas, dar banhos, aplicar massagens, conselhos sobre cuidados e nutrição para as crianças. Em algumas tribos, preparam beberagem abortivas e poções afrodisíacas. A maioria, antes do trabalho de parto, procura se sintonizar com seu aliado de poder e solicita ajuda a eles durante o processo.

Muitas parteiras terminam por se tornarem xamãs de núcleo feminino (apesar de realizar sessões xamânicas com os homens também), pois boa parte das tribos andinas vivem numa comunidade matri-uxorilocal, ou seja, as mulheres vivem ao lado de sua família (mãe, irmãs e filhas), tendo uma rede de ajuda na criação dos seus filhos. Por trabalhar quase que exclusivamente com mulheres, elas desenvolveram algumas cerimônias ao redor da consagração do seu útero, como também exercícios respiratórios, banhos de assento e de purificação.

Minha Mentora da Tradição Iniciática Nativa Andina disse certa vez, que a força vital da essência feminina se esconde no sangue escuro da menstruação e do nascimento. Essa força concentrada e misteriosa toca todas as mulheres. É durante a época que os ocidentais chamam de TPM (tensão pré-menstrual) que as mulheres entram num Estado Alternativo de Consciência biologicamente feminino devido ao aumento dos níveis de estrogênio, que por sua vez elevam os neurotransmissores e, consequentemente, a quantidade de adrenalina, o que auxilia as mulheres antes e durante a menstruação a exercerem com mais força o seu poder de cura e dons proféticos. As xamãs são conscientes da renovação mensal de sua energia por meio do sangue menstrual, pois o veem como uma materialização da energia vital, fornecendo a elas um caminho extraordinário rumo ao conhecimento espiritual e a cura.

Nas tradições xamânicas, as mulheres menstruadas são consideradas poderosas e sagradas, e não impuras como ocorre em algumas culturas e religiões. Aprendi com minha Mentora que as mulheres são iguais aos homens até o momento da menarca, a partir daí ela passa a purificar-se naturalmente uma vez ao mês, enquanto o homem tem que tomar um banho de purificação mensal de modo a manter o seu poder de cura e fortalecer-se espiritualmente. É por causa do fluxo menstrual mensal que as mulheres são consideradas xamãs mais poderosas de que os homens, pois quando se encontram menstruadas, elas são capazes de intermediar as forças adversas e a se conectarem com outros mundos, pois os véus entre eles sem abrem nessa condição em que se encontram, tal como o consciente e o inconsciente.

Estas sábias mulheres são conscientes de que a Lua rege de forma sagrada todos os períodos de nosso Planeta, dela depende as águas da Mãe Terra, nossas emoções, os ciclos menstruais e a vida intrauterina. O útero, a matriz primígena, é um centro energético exclusivo da mulher, do feminino. Ele é a fonte onde se nutre e nasce a vida, fonte de prazer e da sexualidade sagrada. Tanto o útero como a menstruação estão unidos aos ciclos lunares, pois a Lua não influi só nas águas do Planeta, mas também nas nossas águas internas. O útero é a sede da criatividade e da fertilidade.

Localizado na altura do primeiro chakra, o útero está conectado com a Mãe Terra. É nesse órgão que é guardada a memória de sua árvore genealógica, pois o útero de uma mulher se transforma no da sua mãe, e de sua avó e continua espiralmente até interconectar-se com toda as mulheres da linhagem matrilinear. Segundo minha Mentora, as mulheres nascem com essa fonte de vida que é o receptáculo que abriga as memórias de suas ancestrais, são nelas que se guardam as emoções, sensações e padrões que não se manifestaram, e que de geração em geração ficaram guardadas e reprimidas dentro de um útero que deixou de se mover, de dançar e respirar. É a partir deste ponto, que muitas vezes se manifestam dores, bloqueios, enfermidades e infertilidades. Nos Andes, quando homens e mulheres têm problemas de infertilidade, significa que existe uma grande ferida na nossa árvore genealógica que faz com que o útero se sinta intoxicado e não queira mais gerar vida.

Xamãs da TINA dizem que quando uma mulher deixa se penetrar inconscientemente, tanto por homens como pelo entorno, a sua natureza receptiva começa a receber energias desnecessárias que muitas vezes são prejudiciais e acabam aderindo-se a sua Matriz Energética Luminosa, como dutos vampirescos que sugam sua energia, deixando-a estagnada e causando uma série de enfermidades como câncer de útero, de mamas, miomas, abortos e infertilidade. No Cosmos, tudo é movimento e impermanência, é vibração constante, por essa razão, é primordial que a mulher recupere o movimento em todos os níveis da sua vida, se conecte com seu útero, enraíze-se conscientemente com *Pachamama* e conecte-se com os tempos sagrados do Planeta, pois, dessa maneira, as mulheres ativarão todo seu potencial criador e converter-se-ão em mulheres sagradas, guardiãs da linhagem sagrada do sangue lunar e da "Madre Tierra".

Antes de continuarmos a dissertar sobre a Xamaria Andina, é necessário conhecermos o que vêm a ser os Estados Xamânicos de Consciência Ampliada para entendermos como os *yachacs* realizam seus voos extáticos, conhecido nos Andes por voo da alma.

6

VOO DA ALMA

> *O Xamanismo baseia-se na capacidade inata do xamã para acessar estados de consciência ampliada, que o auxilia a se deslocar de um nível de realidade para outra mítica e obter a informação que deseja.*
>
> Wagner Frota

O suor escorre pelo rosto, os olhos ficam protuberantes, enquanto os pelos se arrepiam, o corpo treme, a respiração fica ruidosa, neste momento o xamã passa a ser insensível ao calor, ao frio e à dor. Essas são algumas das características do estado de transe xamânico. Apesar de ser perturbador para muitos, essas manifestações representam parte essencial de muitas das atividades dos xamãs. O estado extático parece envolver a concentração da atenção numa área, acompanhada de uma reduzida consciência de tudo o que rodeia o centro de atenção. A moderna discussão do transe se faz vulgarmente em termos de um ou mais "estados alterados da consciência" ou mesmo até de um "estado xamânico de consciência". Tanto para o Xamanismo como para a possessão, é fundamental que ocorra um tipo qualquer de transe, embora o de um xamã, contrariamente ao de um indivíduo possesso, seja altamente controlado. Isso se deve provavelmente à natureza da iniciação, que se desenrola e se repete em rituais.

Toda cultura xamânica desenvolveu dentro do seu próprio sistema, metodologias psicofísicas que permitem acesso a um estado alternativo de consciência. Preferimos usar a palavra "alternativo" em lugar de "alterado", porque usando o segundo termo, deveríamos definir o estado "normal" e, consequentemente, o conceito de "normalidade", e por contraposição, o conceito de "alteração". O problema é que o conceito de normalidade, que engloba o de "realidade", não é o mesmo para a cultura ocidental e para as xamânicas.

Entre os conceitos de Estado Alternativo de Consciência e os Estados Xamânicos de Consciência Ampliada, temos preferência pelo último, pois os xamãs combinam percepções intuitivas que ocorrem durante diversos estados alternativos (inclusive o êxtase e o transe) com percepções internas, que ocorrem enquanto estão cognitivamente cientes ou lúcidos. A combinação destes diversos estados mentais e a movimentação entre eles é que caracteriza a atuação do xamã.

Estados Xamânicos de Consciência Ampliada

Há inúmeros outros mundos "ocultos", que alguns chamam de dimensões, que podem ser acessados com um Estado Alternativo de Consciência. Um desses é o Mundo dos Sonhos. Para o sonhador, as informações, intuições e experiências vividas no sonho trazem para ele novas possibilidades e soluções dos problemas que podem e normalmente são aplicadas com êxito na vida diária desperta.

O que chamamos de voo da alma é outro modo de acessar os diferentes mundos. Da mesma forma que há inúmeros mundos ou dimensões, existem diversos Estados Xamânicos de Consciência, que são utilizados para acessar a criatividade, a transcendência e a revelação. Diferente dos sonhos, nos Estados Xamânicos de Consciência Ampliada (EXCA) as experiências são como no mundo físico, quando estamos despertos, onde podemos controlar nossas ações, ir para onde desejamos e temos plena consciência da experiência vivida, do que fizemos e de como interagimos com os outros seres.

Acreditamos que o desabrochar do Xamanismo foi a mola propulsora do surgimento da consciência humana na face da Terra, na sua necessidade de se explicar a si mesma. E com o passar das luas, todas as culturas ao redor do nosso Planeta desenvolveram formas de atingir Estados Alternativos de Consciência. Ao trilhar esse caminho, descobrimos que o voo da alma, do espírito ou viagem xamânica é a habilidade chave no Xamanismo.

O xamã é definido por essa jornada, além de ser caracterizado em relação a outros curadores, extáticos e místicos. Esse voo é uma bilocação consciente da alma (duplo anímico) fora do corpo. É essa habilidade que o faz ser considerado como um viajante do Cosmos. Falaremos um pouco mais sobre essa jornada extática do *yachac* nos Andes e da função da alma (o duplo anímico ou sombra) no capítulo "A Arte Curativa".

Certos autores referem-se a um estado religioso de consciência de caráter geral que caracteriza não só o Xamanismo, mas também a possessão. Outros identificam um estado xamânico de transe ou êxtase característico e que se baseia na experiência xamânica do voo da alma. Embora alguns autores falem apenas de um único Estado Xamânico de Consciência (EXC), como foi batizado por Michael Harner (1980), torna-se cada vez mais evidente que há muitos.

Consciência é um atributo do espírito, da mente e do pensamento humano. Ser consciente é ser no mundo e do mundo, para isso usamos a intuição, a dedução e a indução como meio para atingi-la de forma mais plena; usando-a de forma coerente, ou seja, aplicando-a às diversas situações que se apresentam em nossas vidas. Em suma, é o nível de relação do conjunto que define o indivíduo com o fenômeno externo. Algo que estabelece um vínculo entre o além e o aquém das pálpebras. Portanto, somos o que a nossa consciência perscruta. Assim sendo, expandir a nossa consciência é sair da esfera da percepção corpórea e da inferência criada por esse meio de análise e começar a "inferir" sobre especulações lógicas e totalmente dentro das Leis Cósmicas; esse é o senso de mensuração que nos faz sair da esfera do ego e nos lança no espaço cósmico.

Não é possível definir corretamente o que é consciência, porque ela é múltipla, existindo em vários níveis de percepção, ou seja, pode manifestar-se em várias realidades ao mesmo tempo. Melhor seria dizer apenas que a consciência é a mágica dentro de nós que faz com que tenhamos a capacidade de perceber tudo o que nos cerca, inclusive nós mesmos.

Desde sempre o ser humano busca alternar a consciência. Diariamente provocamos o Estado Alternativo de Consciência (EAC – doravante usaremos essa sigla ao se referir a ele) de forma espontânea, recorrendo à parte inconsciente da consciência, por meio de várias técnicas ditadas por nossa cultura. Algumas tribos alcançam os outros níveis de percepção através das plantas de poder, outras por meditação, controle da respiração, danças, exercícios e controle dos movimentos, música ritmada constante ou uma simples prece. Há ainda os que sofrem as influências dos espíritos, como os praticantes de religiões de matrizes africanas (candomblé, umbanda, etc.), ou que se comunica com eles, como os espíritas kardecistas. Mesmo tendo um forte apelo religioso nas experiências, elas se manifestam muito mais próximas da experiência pessoal, ou transpessoal. Já se conhece que emoções e dores intensas podem alterar o estado de consciência, como o orgasmo também.

Nos anos 1960, os relatos de uma nova geração de antropólogos sobre suas experiências pessoais no seio de culturas xamânicas e os estudos científicos sobre o coma superado, forneceram novos desafios à psiquiatria e à psicologia tradicional. Mesmo a psicanálise, antes tão resistente, tem adotado os métodos de alternação de consciência desde os anos 1960, e as pesquisas feitas nessa época sobre os estados de consciência descobriram que estes se manifestam de diversas formas. Em suas pesquisas, Stanley Krippner (*Apud White*, 1993), classificou vinte Estados Alternativos de Consciência. Devemos alertar que se entendem como EAC todos os estados mentais que um indivíduo ou mais percebam, e que representem uma alteração no funcionamento do estado psicológico de alerta. São eles:

1. Onírico – é o início do sono. As ondas cerebrais são lentas, e há movimentos rápidos nos olhos. É possível perceber uma alteração no relaxamento do corpo, mas a mente ainda está consciente.
2. Adormecido – ondas cerebrais ainda mais lentas e ausência de movimentos nos olhos. É um estado mais profundo que o onírico, mas ainda há atividade cerebral, embora de ondas lentas.
3. Hipnagógico – ocorre no início do sono. Advém alucinações visuais e auditivas vindas do subconsciente, cada vez com mais força, à medida que as ondas cerebrais diminuem a intensidade.
4. Hipnopômpico – ocorre no final do sono e apresenta alucinações visuais e auditivas que diminuem sua intensidade à medida que o corpo se prepara para acordar, aumentando gradativamente a velocidade da atividade cerebral.

5. Hiperalerta – estado desperto total, em capacidade máxima de concentração.
6. Letárgico – atividade mental entorpecida, sentimentos ruins, mau-humor, "sonolência", preguiça.
7. De arrebatamento – causado por emoções fortes, positivas e agradáveis, como iniciações, orgasmo e danças.
8. Histérico – é o estado contrário e negativo do arrebatamento.
9. De fragmentação – são estados temporários ou de longa duração onde o indivíduo não consegue estabelecer uma ligação entre os aspectos da personalidade total. Clinicamente pode ser classificado como psicose, amnésia, personalidade múltipla ou dissociação.
10. Regressivo – estado em que o indivíduo apresenta comportamento inadequado para sua idade cronológica. Pode ser temporário, como em caso de uma regressão hipnótica, ou um estado senil permanente.
11. Meditativo – caracteriza-se pela produção contínua de ondas alfa, apresentando ausência total de estímulos visuais e auditivos.
12. De transe – caracteriza-se pela ausência de ondas alfa contínuas, hipersugestão e concentração total em um único estímulo, contínuo e intenso, como o som de um tambor ou as linhas de uma estrada, quando em movimento.
13. De devaneio – ocorre de forma semelhante ao onírico, porém durante o transe.
14. De fantasia – ocorre quando o indivíduo se encontra em condições de isolamento, como o afastamento social, tédio, ausência de sono, ou de forma espontânea. Trata-se de uma onda de pensamentos rápidos que pouco tem a ver com a realidade comum.
15. De exame interior – ocorre quando percebemos em nosso corpo alguma sensação sem que haja a necessidade de uma análise consciente, quando, por exemplo, sentimos que estamos prestes a pegar um resfriado, antes mesmo de os sintomas aparecerem. Nesse exemplo, percebeu-se no corpo alguma mudança, sem analisar bem qual foi, apenas sentindo-a.

16. De estupor – redução da capacidade de perceber o ambiente e os estímulos, atividade motora e linguagens comprometidas. Pode ser causado por psicose ou drogas.
17. Coma – incapacidade de perceber estímulos. Sem atividades motoras ou uso de linguagem. Atividade mínima no cérebro. Pode ser causado por doença, trauma ou agentes tóxicos.
18. De memória armazenada – estado que evoca lembranças de experiências passadas através do acesso dos engramas (traços duradouros) presentes na consciência profunda do indivíduo.
19. Expandido de consciência – alteração da forma de percepção dos meios (interior e exterior). Pode ser provocado por hipnose, por um excesso de estímulos sensoriais, mas mais comumente é causado pelo uso de enteógenos e alteradores da consciência; manifestam-se em quatro níveis. No nível sensório, percebem-se alterações no espaço-tempo, sentidos e sensações. O nível evocativo-analítico apresenta ao indivíduo um bombardeio de análises sobre si mesmo, o Universo em que vive e sua relação com o meio, sua função. O nível simbólico propõe uma lembrança de fatos e momentos do passado, através da ligação com lendas, mitos e personalidades. E o nível integral, que é o estado de consciência cósmica, unidade, em que o indivíduo se sente confrontando Deus ou se fundindo ao Cosmos.
20. Comum de consciência – estado em que nos encontramos na maioria das vezes, é o estado consciente do desperto, do corpo. É nele que raciocinamos e realizamos nossas tarefas diárias.

Quando o pensamento próprio do ser humano sai de cena e ocorre à liberação dos estímulos externos, o cérebro também se libera dos cinco sentidos e, assim, podemos alcançar um estado de transcendência, adentrando em estados de lucidez, meditação, metafísico e contemplação. A percepção adquirida nesse estado transcende todas as limitações e passamos a perceber a teia energética que a tudo interliga, a unicidade que a tudo agrega no tempo e no espaço. O objetivo é abandonar a consciência com sua estrutura lógica e racional, interromper o diálogo mental, para entrar em interação direta e não especulativa com o mundo e fundir-se nele.

Os Estados Xamânicos de Consciência Ampliada (EXCA – eventualmente usaremos esse termo) estão incluídos nesses tipos de estados alternativos de consciência ou de experiência transpessoal.

O mais importante na prática xamânica é a jornada além da realidade ordinária, na qual atravessamos o limiar entre os mundos. O poder adquirido da experiência de visitar outras realidades e níveis de consciência. No Xamanismo, as experiências vivenciadas em outras realidades são tão convincentes e reais quanto as da vida cotidiana. É sobre isso que o mundo dos xamãs insiste tanto. Aprendi com uma das minhas mentoras que não há outra realidade senão aquela que sentimos, não importando se as nossas pálpebras estão abertas ou fechadas.

Em outra dimensão, se quero me comunicar com o espírito de um determinando animal, tenho que utilizar os meios de comunicação pertencentes a essa outra dimensão, o que somente é possível em um Estado de Consciência Ampliada. Neste mundo incomum, as experiências vividas entre nós são tão reais quanto no mundo físico, diferenciando-se apenas o nível de consciência que passa do Estado Comum de Consciência (ECC) para o EXCA, que é mais de acordo com a realidade incomum. Assim, essas experiências vividas não são fantasias, mas experiências reais como aquelas que vivemos no mundo físico e as do Mundo dos Sonhos, cada realidade acessada com o estado de consciência em maior conformidade com a natureza dessa realidade. A prática do Estado Xamânico de Consciência Ampliada permite que o xamã entre num ou noutro desses estados de consciência (EXCA e ECC), por livre escolha, no momento oportuno e acima de tudo para o bem maior da sua comunidade.

Nos EXCA são ativados recursos mentais aos quais não se tem acesso na presença do pensamento lógico-racional-consciente e a imaginação vai além do intelecto. Assim, obtém-se a chave para acessar um banco de dados com abstrações, símbolos e imagens subconscientes e supraconscientes, permitindo que o xamã seja senhor deste campo imaginário-curativo, trazendo do além o conhecimento e a percepção próxima da fonte.

Os EXCA não são passíveis de serem explicados com palavras e vocábulos, mas podemos evocá-lo por símbolos e, a partir de então, interpretá--los com os conceitos de uma cultura particular. Por isso, as realizações e as experiências pelas quais o xamã passa, nesse estado, são coerentes e organizadas de acordo com o propósito da jornada e as imagens que determinada cultura utiliza. Para apresentar as informações da sua viagem, o xamã utiliza um sistema para comunicação de uma realidade pouco compreendida por alguns, sendo os símbolos o modo utilizado com essa finalidade.

O xamã tem um pé nos Estados Xamânico de Consciência Ampliada, como também numa realidade multidimensional e contínua com a realidade ordinária e concreta. Para ele, há vários níveis da realidade e, de algum modo, ele existe em todos estes níveis, percebe a existência simultânea em um ou vários planos. Mesmo em transe, parte da consciência do xamã fica ligada à realidade física e material na qual ele se encontra naquele momento e, dessa forma, nos EXCA permite a recordação da experiência quando o xamã retorna ao ECC. Assim, traz de volta à mente suas descobertas para estruturar seus conhecimentos e ajudar outras pessoas e a comunidade.

Na opinião de Walsh (1993, pág. 245), tanto os xamãs como os budistas e os iogues, todos eles entram num Estado Alternativo de Consciência, e argumenta que, tal como a consciência xamânica se confundia anteriormente com estados patológicos do tipo da esquizofrenia, também agora se confunde com o os estados de consciência iogues e de meditação. A própria consciência xamânica varia desde a clara luz de uma alegre viagem ao Céu, até a terrífica jornada aos mundos subterrâneos. As medidas bioquímicas e fisiológicas não são necessárias, segundo Walsh (1993, pág. 246), caso nos concentremos no que as pessoas dizem experimentar, segundo uma forma de considerar o problema que permitiu aos místicos durante milhares de anos classificarem com grande precisão os estados de consciência nas mais variadas escolas e práticas.

É importante salientar que o xamã opera na realidade incomum apenas por um período pequeno do seu tempo e, ainda assim, só quando isso é realmente necessário. O xamã exerce outras funções tais como a participação nas questões sociais e políticas da comunidade na maior parte do tempo. Ele segue os princípios do Xamanismo quando empenhado nesse tipo de atividade e segue os preceitos da realidade comum quando não está envolvido em trabalhos xamânicos. O xamã se movimenta deliberadamente de cá para lá entre as duas realidades, o que é feito com sérias intenções. Seja qual for a realidade, o xamã pensa e age segundo os padrões próprios de cada uma delas, e tem como objetivo o domínio tanto da atividade comum como da incomum.

Os EXCA incluem vários níveis de transe e êxtase, que vão desde o essencialmente leve, ao muito profundo onde o xamã pode parecer que está temporariamente em coma. Para os ocidentais, o xamã parece estar atuando de maneira lúcida. Na realidade, a sua mente está ocupada com uma série de visões interiores. Vale a pena salientar, que êxtase no âmbito do Xamanismo não significa um estado de arrebatamento, mas de se afastar do estado normal e entrar num de sensações intensificadas.

Enfim, os EXCA são a condição cognitiva para o xamã perceber os outros níveis da realidade. É a perspectiva que caracteriza o trabalho xamânico e não envolve apenas um transe ou Estado Alternativo de Consciência, mas também um sábio discernimento dos métodos e suposições, bem como da missão específica que motivou entrar nesse estado.

Êxtase e Transe

Como vimos anteriormente, os xamãs utilizam combinações de superestimulação sensorial e privação que disparam elétrica e quimicamente a consciência extática ou o transe. Estudos científicos recentes afirmam que as atividades xamânicas afetam e são afetadas pelos trabalhos do cérebro e do sistema nervoso. O xamã utiliza práticas específicas ou tecnologias sagradas para entrar em uma estreita faixa de Estados Alternativos de Consciência. Essa categoria particular tem certas qualidades que permite ao xamã trabalhar em parceria com os seus espíritos aliados. Enfatizamos que estes estados de transe são essenciais e fundamentais para o trabalho xamânico. A parceria entre o xamã e os espíritos, seja no mundo físico, seja no espiritual, gera a energia para a cura xamânica e a condução do ritual. O transe do xamã não é um estado, mas uma gama de estados entre incorporação e o voo extático. Quando o xamã viaja para o reino do espírito, o estado de transe utilizado é referido pelo nome de voo da alma ou jornada do espírito. Para outras tarefas é mais eficaz para o espírito vir ao mundo físico por meio do corpo do xamã para trabalhar aqui no reino humano. Esse estado de transe é referido como "personificação" para distingui-lo claramente de possessão, que é em muitas culturas considerado uma "doença". Jornada (voo xamânico) e personificação (incorporação) são os estados de transe em extremidades opostas da estreita faixa de estados alternativos, que juntos, compõem Estados Xamânicos de Consciência Ampliada.

O transe está intimamente ligado ao êxtase. Estas duas palavras são por vezes utilizadas indiferentemente, ou então o transe as usa como termo médico, referido ao estado psicológico da pessoa, e o êxtase como termo religioso, essencialmente para o mesmo fenômeno. Todavia, o antropólogo americano Rouget (1985, pág. 128) argumenta que o transe e o êxtase deverão ser considerados como referentes a tipos muito diferentes de sensibilidade espiritual. Enquanto o êxtase implica a imobilidade, o silêncio e a solidão, o transe depende do movimento, do ruído e da companhia. O êxtase abrange a provação sensorial, enquanto o transe pelo menos envolve a hiperestimulação dos sentidos.

Mesmo que aceitemos essa distinção, o êxtase e o transe coexistem em muitas tradições espirituais, e até mesmo em indivíduos. Os xamãs podem muitas vezes fazer uso da contemplação, como no caso da busca das visões, caminhadas de poder e meditação. No entanto, a ideia da própria jornada cósmica, com a luta que a caracteriza para vencer inimigos e ultrapassar obstáculos, explica a razão pela qual a experiência xamânica tende a ser vigorosa, em especial na Xamaria Andina.

Tedlock (2008, pág. 86) diferencia os termos transe e êxtase quando diz que:

> *O Transe é um estado hiperlúcido de superestimulação sensorial provocada por uma música, barulho e odores. As imagens, audições e experiências de transe são geralmente esquecidas depois. O êxtase é um estado de privação sensorial e recolhimento. Pense em jejum, silêncio e escuridão. As experiências durante o êxtase não apenas são lembradas mais tarde, como podem ser rememoradas repetidas vezes. O sonho, o monitoramento de energia vital do corpo e o estado produzido pelas "drogas" psicodélicas são experiência estática em vez de transe.*

Em *Psychomental complex of the tungus* (1935), num dos estudos etnográficos sobre o Xamanismo Siberiano, o autor Shirokogoroff postula que o atributo mais básico de transe do xamã é o domínio dos espíritos, ou personificação do espírito aliado. Os *Tungus* distinguem entre um transe involuntário de possessão, que é uma "doença", e o transe de incorporação voluntária do xamã. O xamã possui intencionalmente espíritos aliados como uma parte da cura de "obsessões" em outros. Esse tipo de transe é relatado em diversas culturas xamânicas. Em contraste, outros estudiosos, o mais proeminente Eliade (1998) em *Xamanismo: Técnicas do Êxtase*, apesar de nunca ter encontrado um xamã e, portanto, ter dependido de fontes publicadas como informação, afirma que o verdadeiro transe do xamã é o êxtase visionário do voo da alma, ou a viagem xamânica. Nesse estado de transe, a alma do xamã realiza uma jornada para o reino do espírito. Eliade observa que a incorporação (personificação) é uma forma degenerada posterior do voo extático, apesar de sua observação de que esse tipo de transe do xamã seja um eficaz fenômeno, globalmente distribuído. O voo da alma ou do espírito, também é relatado em uma ampla gama de culturas xamânicas.

Tal como Eliade (1998) observa, o xamã distingue-se dos outros tipos de mágicos e curandeiros pelo uso que faz de um estado de consciência que ele, a exemplo da tradição mística ocidental, chama de "êxtase". Porém, apenas a prática do êxtase, como Eliade enfatiza com propriedade, não define o xamã, porque este tem técnicas específicas para atingir esse estado de consciência ampliada. Assim, Eliade (1998, pág. 50) diz: "Por isso, nem todo extático pode ser considerado um xamã; o xamã se especializa num transe durante o qual sua alma, ao que se crê, deixa o corpo e sobe ao Céu ou desce ao Submundo." A isso acrescentamos que, em seu transe, ele costuma trabalhar para curar um paciente restaurando seu poder benéfico ou vital, ou extraindo uma força nociva.

A questão não é o tipo de estado de transe, mas o domínio da arte de EXCA. O estado de incorporação não é encontrado apenas no Xamanismo, nem o voo da alma. No entanto, isso não impede o fato de que eles podem, e muitas vezes se relacionam, com o Xamanismo. Nem todas as possessões são realizações xamânicas, porque a posse por si só não cumpre os critérios para um "Estado de Transe Xamânico". Nem todo voo extático é uma jornada xamânica, porque entrar em uma "viagem" não cumpre os critérios para esse Estado de Transe Xamânico. Os seres humanos entram em transe, têm profundos sonhos lúcidos, e experimentam outros eventos espontâneos inexplicavelmente. É a sua natureza. Ambos os tipos de estado de transe são comuns no Xamanismo.

Em seu trabalho com o LSD em 1970, Stanislav Grof (1997, pág. 58) determinou que "ambos são fenômenos espirituais primordiais, pertencentes à cultura não em particular, mas para a humanidade como um todo". Incorporação animal, mediunidade espiritual e visões de viagens pelo Cosmos são desenvolvidas espontaneamente durante Estados Alternativos de Consciência induzido por LSD. Grof também descobriu que como em EXCA, a pessoa em transe permanece lúcida, mantendo controle das visualizações e mantém a memória da experiência em estado alternativo após o retorno à consciência comum. O tipo de transe usado por um xamã é determinado principalmente pelo que ele está tentando realizar através do transe e, secundariamente, pelas expectativas culturais. Qualquer definição abrangente de transe do xamã deve incluir o voo da alma e a incorporação pelos espíritos aliados.

Além disso, devemos entender que em um ritual de cura xamânica pode existir esses estados de transe separadamente ou coexistirem em vários graus. Transe é um termo amplamente utilizado, muitas vezes com conotação negativa, e imprecisamente definido. No uso geral, transe implica inconsciência e uma incapacidade para dirigir os pensamentos e ações com intenção. Transe pode significar um estado de animação suspensa, em parte ou incapacidade de funcionar, como um torpor ou estupor em que o indivíduo não tem conhecimento do ambiente e é incapaz de responder a estímulos. Em definições mais extremas, muitas vezes está associado com estados espirituais ou doença mental. Transe é definido como um estado hipnótico, cataléptico, ou sonolento, caracterizado pelo contato sensorial e uma incapacidade de manter a memória da experiência depois de voltar a consciência comum. Nenhuma dessas definições de transe se aplica ao Xamanismo.

O transe do xamã é um estado intencional de arrebatamento. O xamã deixa sua consciência comum no ambiente físico e foca sua consciência sensorial no ambiente espiritual invisível. O transe do xamã é caracterizado por uma atenção centrada na tarefa com a consciência reduzida de objetos, estímulos ou o ambiente fora do contexto experiencial do transe. Xamãs usam intenção e disciplina enquanto no estado de transe para ajustar o tipo e profundidade necessária para a cura e sucesso em sua empreitada. Estudiosos contemporâneos, especialmente aqueles que fazem extenso trabalho de campo sobre Xamanismo de forma consistente, observam xamãs fazendo uso do espírito aliado no voo da alma ou incorporando-os em seu trabalho.

O transe xamânico é uma ferramenta que é variável, podendo ir de um estado de diagnóstico a um estado de jornada profunda, ou para a plena incorporação pelo espírito. A proporção do EXCA varia de acordo com as necessidades do trabalho a ser realizado. Xamãs têm o controle em todos os tempos sobre a natureza, profundidade e qualidades de seus estados de transe. Na prática, os xamãs frequentemente passam por uma série de estados alternativos ou profundos do transe durante qualquer sessão até que atinjam o nível em que eles operam melhor ou que seja necessário para os diferentes estágios que, por exemplo, a cura ocorra. A capacidade de entrar em um Estado Alternativo de Consciência é uma habilidade humana, e é experimentado como qualitativamente diferente do normal para o indivíduo. Consciência, nesse contexto, é o padrão total de uma pessoa de pensar e de sentir em determinado momento. Consciência comum é o dia a dia da experiência de um indivíduo, independentemente se está acordado, dormindo ou sonhando. Consciência comum serve como a linha de base dele. Na consciência não ordinária ou estados alternativos, a mente processa as informações e registros de experiências de forma diferente. Em EAC, funções mentais operam o que não operam normalmente, e as qualidades de percepção são acessadas de forma espontânea.

Diversas culturas reconhecem diferentes tipos de consciência. Algumas delas têm uma consciência altamente refinada de diferentes estados de consciência, ao passo que a consciência da consciência em outras culturas é bastante limitada. Em culturas altamente espiritualizadas, acredita-se que os adultos devem cultivar a capacidade de entrar em estados alternativos específicos a fim de manter a saúde mental. Nas culturas ocidentais contemporâneas, a capacidade de entrar em EAC é um sintoma de doença mental. Meditação e yoga são exemplos de disciplinas tradicionais destinadas a produzir Estados Alternativos de Consciência específicos. Da mesma forma, existem disciplinas tradicionais utilizadas em culturas xamânicas que são projetadas para produzir Estados Xamânicos de Consciência Ampliada específicos. Esses EXCA têm qualidades diferentes das que são atingidas através da meditação e yoga. Em Estado Xamânico de Consciência Ampliada há um nível de conhecimento sobre o meio ambiente não ordinário, consciência de si mesmo nesse ambiente, de seres invisíveis e energias, e uma orientação muito elevada de se concentrar na tarefa.

O voo do xamã se distingue dos outros seres humanos pela sua capacidade de controlar e usar seus estados de transe. A maioria das pessoas não cultiva o domínio de sua capacidade inata de se conectar com o espírito através de estados alternativos. Quando o fazem, eles são muitas vezes incapazes de alcançar os níveis mais altos de maestria, acessível apenas através da iniciação e da disciplina exercida ao longo do tempo. Tal como acontece com canto, dança e pintura, o transe é uma arte expressiva. Somos todos capazes de cantar, dançar e entrar em transe, no entanto, alguns de nós somos dotados. Xamãs são mestres das artes antigas, as técnicas de êxtase utilizadas para induzir e utilizar os Estados Xamânicos de Consciência Ampliada. As características essenciais dos EXCA são o controle voluntário de entrada e duração do "estado alternativo", a capacidade de se comunicar com os outros durante essa jornada e ter a memória da experiência após o retorno à consciência comum. Estados Xamânicos de Consciência Ampliada também são caracterizados por um tipo de autoconsciência que permite o foco na tarefa, relação direta com o mundo invisível e relações de trabalho com os espíritos aliados específicos. Quando uma planta psicotrópica é ingerida para induzir transe, há também uma relação de trabalho entre o xamã e o espírito desse vegetal.

Há xamãs andinos da região serrana da Bolívia e Peru que alcançam total controle e domínio sobre seus estados de transe, sem qualquer referência às viagens espirituais ou aos espíritos encarnados. Para esses xamãs, os poderes de cura são originários de energia e magia de dentro do xamã, não dos espíritos. Mesmo nestas culturas, o estado de transe é reconhecido como um estado não ordinário alternativo de consciência. Esse estado de transe é necessário a esses xamãs para ativar e utilizar seus poderes de cura, como acontece com todos em outras culturas xamânicas. O elemento comum entre todos os xamãs é o seu domínio no EXCA, independentemente da origem percebida da energia não comum utilizada no estado de transe. Para exibir maestria, o xamã deve permanecer no controle do voo da alma ou do espírito incorporado. O xamã deve ser capaz de utilizar o estado de transe para as razões específicas e de controlar os poderes disponíveis no EXCA para realizar a mudança necessária no paciente ou comunidade.

Para o xamã, estados de transe são ferramentas. O tipo de transe usado é determinado principalmente pelo que é necessário fazer para o trabalho. No entanto, há uma variedade de expectativas culturais que podem influenciar os estados de transe do xamã. Por exemplo, a maioria das culturas xamânicas espera o domínio de voo da alma de seus xamãs, enquanto os povos amazônicos esperam o domínio de estados de personificação (incorporação) do espírito aliado. Mesmo com as expectativas culturais, o transe do xamã é ajustado de acordo com a tarefa. Não é simplesmente um recital de rituais antigos, uma dramatização das expectativas do público ou um reflexo condicionado. O transe dos xamãs oferece uma oportunidade para a conexão autêntica com o mundo espiritual.

Os símbolos, espíritos e histórias trazidas no transe do xamã são únicos e autênticos em cada ritual. Embora um xamã adapte as suas interpretações do mundo invisível para as expectativas da comunidade, essas não definem o que ele encontra no mundo invisível. Não basta o xamã ter visões e entrar em EXCA, ele deve ser capaz de interpretar os padrões de energia encontrados no Mundo dos Espíritos e dar-lhes forma que proporciona a cura eficaz ou serviço para a comunidade. O sistema simbólico utilizado pelo xamã para expressar a experiência de estado de transe é crucial para o contato com o Mundo dos Espíritos a ser traduzido para o público. Os símbolos devem ter significado e poder no contexto da cura, mas eles também devem ser precisos. Os símbolos, espíritos e histórias que emergem do transe do xamã são padrões coerentes de fluxo energético no grande mar que é o mundo invisível.

O transe do xamã permite que esses padrões de energia possam ser vistos no mundo invisível e interpretado com sutileza e precisão. Esse processo é muito parecido com a forma como todas as pessoas aprendem a identificar as formações das coisas no mundo físico. A realidade física também é composta por padrões de energia. A maioria das pessoas consegue identificar a energia da raiva, ou a energia amorosa de sua mãe. Da mesma forma, os *yachacs* são treinados para distinguir com precisão as diferenças sutis nos padrões de energia do mundo invisível para um espírito aliado e distingui-lo do espírito que induz doença ou um fantasma vagando por acaso.

Yachacs em transe podem distinguir fluxos de energia do mundo invisível com grande detalhe. Esses padrões energéticos são o que os xamãs chamam de espíritos. O transe extático do xamã é a ferramenta usada para ver os espíritos, ou padrões de energia, seja no mundo físico, seja no invisível. O voo da alma é a característica essencial do Xamanismo. O trabalho do *yachac* com os espíritos em EXCA define a cura xamânica em relação a todos os outros tipos de curandeiros tradicionais. A experiência do xamã durante o voo da alma é concebida como real, embora seja num reino não físico. Na jornada xamânica, o mundo invisível do espírito torna-se visível. Os problemas podem ser claramente definidos e as soluções para essas intempéries podem fluir para nós através do xamã.

Indutores do EXCA

Na Xamaria Andina, como na maioria das outras culturas xamânicas ao redor do mundo, existem métodos próprios para adentrar nos EXCA e realizar o voo da alma. Pode-se utilizar o recurso do jejum, de plantas psicotrópicas e do isolamento sensorial, bem como instrumentos como o maracá, flauta e o tambor, além da dança e do canto.

Dança

Dançar é uma forma poderosa de entrar em transe. Esse ato estimula a hiperventilação, eleva a produção de adrenalina e provoca uma diminuição dos níveis de glicose no sangue, fazendo com que o cérebro libere endorfinas que criam uma sensação de euforia e bem-estar semelhantes a alguns psicotrópicos.

A relação de um xamã com os espíritos é tanto corporal quanto espiritual. É por vezes difícil de saber onde os movimentos bruscos do transe de um xamã ou da representação das suas aventuras espirituais termina e onde a dança se inicia. Ao dançar, os xamãs imitam o movimento dos animais em geral. A dança exprime todas as qualidades que julgue conceder poder ao xamã. Enquanto algumas danças salientam o relacionamento com os animais, outras realçam o poder adquirido dos espíritos e em alguns casos de deuses.

Instrumentos

No Xamanismo, a experiência do reino do espírito está perfeitamente associada à música. Existe uma particular ligação entre o transe e a regularidade rítmica da percussão de instrumentos. O som constante e monótono dos instrumentos atua como uma onda que ajuda o xamã a entrar e a se sustentar nos EXCA. Os instrumentos básicos para tal façanha são o chocalho (*maracá*) e o tambor. Achterberg (1985, pág. 47) diz que outros sons, tais como os produzidos por assovios de cerâmica, encontrados no Peru e na América Central, também podem ter sido usados para auxiliar no voo da alma. Geralmente, os xamãs costumam restringir o uso destes instrumentos para a evocação e a manutenção dos Estados Xamânicos de Consciência Ampliada e, assim, sua mente inconsciente automaticamente associa seu uso a um sério trabalho xamânico.

Nos Andes, o instrumento musical mais utilizado para entrar em EXCA é o maracá, que simboliza a Árvore da Vida, ao passo que o volume oco do instrumento propriamente dito simboliza o Cosmos. Na maioria das culturas sul-americanas as sementes, pedras ou cristais contidos no seu interior são considerados espíritos ancestrais. A agitação do maracá torna os espíritos ativos que, a partir daí, prestam assistência ao xamã. Outras culturas acreditam que as sementes e seixos que estão dentro da cabaça do chocalho representam a semente primordial da criação que são despertas após serem chacoalhadas.

Cantos xamânicos

Usualmente, os cantos são fonemas que se encadeiam. Não existe para eles uma interpretação imediata ou uma tradução viável na linguagem da realidade ordinária, apenas nos estados sensoriais. Entoados ritualisticamente, ou não, eles podem servir para ultrapassar a parte lógica de nosso cérebro, responsável pela linguagem, e tocar a intuição. Os cantos ditos sacros, como os gregorianos, são um bom exemplo dessa situação.

Achterberg (1985, pág. 47) diz que:

Os cantos podem ter vindo à consciência do xamã na solidão da busca da visão, podem ser uma dádiva de uma Águia que passava ou podem ter sido ouvidas em sonhos. Podem também ser cantos tradicionais de cura ou de poder, cuja fonte original é desconhecida. Eles têm um ritmo pulsante que, a exemplo das batidas do tambor, sincronizam-se com as funções e movimentos do corpo.

Os *vegetalistas* da Amazônia utilizam uma série de cânticos mágicos chamados *ícaros*, que vêm de plantas psicotrópicas que incorporam os próprios poderes do xamã. Segundo alguns xamãs, os psicotrópicos propiciam visões, mas são os *ícaros* que contêm a sabedoria vinda delas. Certa vez, Dona Julia Calderon disse: "Um homem é como uma árvore. Sob as devidas condições, desenvolve ramos. Os ramos são *ícaros*." Esses cantos mágicos auxiliam os *vegetalistas* a entrarem em EXCA sem o uso de alguma Planta Mestra, para se comunicarem com o Mundo dos Espíritos e exercerem seus poderes.

Para os *payés yaminahuas*, das regiões amazônicas da Bolívia, Brasil e Peru, os cantos são a essência do poder, da sabedoria e da capacidade curativa dos xamãs. Já para os xamãs *shipibo-conibo* do Peru, afirmam que a doença é uma alma fragmentada que pode ser restaurada pelo canto xamânico.

A melodia também desempenha um papel importante. Nos cânticos sagrados guaranis, os *Purahei*, onde todas as melodias são elaboradas a partir de uma mesma escala pentatônica, cada uma delas tem a sua melodia. Esses cantos realizados na Casa de Reza (*Opy*) podem levar a exaltação ou introspecção, ou seja, ao Mundo Superior ou Profundo. Na verdade, o *Purahei* não é somente um canto sagrado, mas segundo os *Guaranis*, é a Canção Original que entoou no Princípio de tudo, e por isso, ecoa até hoje em tudo que existe. Não é algo que se cantarole por aí, a qualquer momento. Só se canta o *Purahei* na *Opy*, com toda a comunidade, ou ao nascer do sol, depois de banhar-se no rio ou no lago de noite, voltado sempre para o leste, para saudar *Kuarahy* (o Sol). Em síntese, esse canto é a busca do som primordial. É como se o indivíduo buscasse o eco daquela canção original dentro de si mesmo para remiti-la. Ao cantá-lo, a pessoa o vive e se torna eco dele no presente. O *Purahei* também fortalece o *Karaí* (pajé) durante as cerimônias.

Psicotrópicos

Grande parte dos xamãs da atualidade não faz uso de psicotrópicos, como acontecia nos tempos primórdios, pois utilizam outros métodos e técnicas de expandir a consciência. Muitos chamam essas plantas e fungos de alucinógenos, mas, no nosso entender, alucinação é algo que não coincide com a verdade, o certo seria chamá-las de enteógenos, pois induzem a "manifestação interior do divino". Falaremos mais sobre o assunto no capítulo sobre "Plantas Mestras".

Endorfinas

Embora o bater do tambor, o balançar do chocalho, cantar, dançar e a utilização de plantas psicotrópicas constituam um meio externo de despertar EXCA, mantém-se a questão de saber como o organismo e o espírito se comportam perante os mesmos. Durante a década de 1970, os biólogos referiram que certos tipos de estimulação do organismo dão origem a produção de substâncias específicas chamadas endorfinas, semelhante à morfina e que reduzem a sensibilidade do organismo à dor ligando-se aos receptores de células nervosas. A função das endorfinas na indução de EXCA e na produção de atos de resistência física continua por se esclarecer. Porém não explicam de modo algum o conteúdo ou o tom emocional da experiência do xamã junto às forças misteriosas da natureza e do Cosmos.

7

FORÇAS MISTERIOSAS DA NATUREZA

> *Cada ser vivo, animais, plantas, possui um espírito que o representa; e cada espécie possui, além disso, o seu próprio. Cada entidade criada, viva ou não, possui um protótipo, a substância primeira que a criou.*
>
> Julia Flores Farfan

Ser atingido por um raio não implica somente num ato, mas na ideia de morte e ressurreição de um indivíduo. Toda a iniciação de um xamã envolve a fase da morte, quando ele renasce como um ser espiritual com o poder de contatar os planos cósmicos. O futuro *yachac* deve sair do seu corpo para adquirir um ser novo, regenerar-se para se converter num outro ser com qualidades sobrenaturais para desenvolver seu ofício. O iniciado tem que morrer para ressuscitar num estado diferente, com dons sobrenaturais. Aqueles tocados pelos raios possuem a capacidade de tocar o tempo e dominar os fenômenos meteorológicos.

Para o futuro *yachac*, o raio deve tocá-lo três vezes; na primeira ele desmaia, na segunda é esquartejado e na terceira se recompõem como um novo ser dotado de dons especiais: a comunicação com todos os tipos de espíritos e a capacidade de explorar outros mundos.

O xamã é considerado uma pessoa com poder sobre as forças atmosféricas. A capacidade de abastecer a comunidade com chuva para suas plantações determinou que ele fosse o indivíduo encarregado da distribuição e comunicação com os agentes do Pariverso Andino, sendo indispensável para a manutenção do equilíbrio da comunidade.

Se um indivíduo é tocado pelo raio, podemos dizer que ele adquire propriedades que vem do Mundo Superior, *Hanan Pacha*. Dessa forma, o xamã passa a ser o mediador dos planos do Cosmos andino. O mesmo ocorre quando o raio atinge uma mulher grávida e cria assim um futuro *yachac* ou a transforma numa.

Como podemos ver, os xamãs andinos têm uma vinculação muito forte com os poderes meteorológicos, sobretudo com o raio, há evidências de que não só no campo de ação das águas celestiais, mas também das terrestres. Alguns têm o dom de baixar ou elevar o nível das águas de uma lagoa. Como falamos anteriormente, as lagoas, como os demais corpos de água, servem como um meio de acessar o *Ucku Pacha*, afinal, elas são o céu deste mundo. Dessa maneira, o *yachac* aparece como o viajante dos túneis que interconectam o Cosmos Andino. Além disso, as lagoas são os locais onde o futuro xamã é submergido no rito de purificação do *Unu Karpay*. E com isso, se faz menção ao mito do surgimento de *Wiracocha* no lago *Titikaka*. Ao ser purificado pelas águas, o noviço volta a seu estado original. São elas que ajudam o *yachac* em sua conexão espiritual.

Os xamãs ocupam-se do bem-estar da sua comunidade, e uma de suas funções como mediador entre o Céu e a Terra é a de negociar a chuva com as deidades celestes. Os *chachapumas* ou homens-puma dos *aymaras*, são os "chamadores de chuva", carregam bastões em forma de Serpente, ou um machado. O machado está intimamente ligado a deuses de outros lugares das Américas, como são os casos de *Tlaloc* no México, e nos Andes com *Illapa* e *Tunupa*, as deidades que dominam os fenômenos atmosféricos. Outro elemento muito relacionado com os *yachacs* é a antítese da água, o fogo.

Em algumas regiões dos Andes, o elemento Fogo era adorado como uma entidade que se alimentava com milho para que o povo não passasse frio. Uma das principais características do *yachac* é sua função sobrenatural como intermediário com os poderes de outros planos. Entendemos que o fogo é um agente comunicador entre os diferentes níveis do Cosmos. Oferendas aos mortos são queimadas no fogo, que as consome em seu lugar e as oferece aos destinatários em outro mundo. Nos Andes, quando uma fogueira chispeia, dizem que os espíritos de seus antepassados estão com fome e sede, derrama-se então *chicha* e comida no fogo para alimentar seus ancestrais. O fogo é considerado um elemento terreno com um destino celestial, portanto é considerado um bom mediador. É utilizado também como agente purificador, semelhante ao mergulho do xamã nas águas das lagoas. E é considerado sagrado por ser uma entidade criada por uma deidade e por servir de vínculo entre os diferentes planos. O fogo é um meio pela qual os comensais sagrados se alimentam, pois tem a faculdade de transmutar a matéria em alimento para as divindades.

Outras funções xamânicas

Para que a comunicação entre os homens e a natureza seja realizada durante seu aprendizado, o candidato a xamã deve aprender a desencaixar o agente anímico (seu duplo ou sombra) localizado na "geografia" humana, pois em nenhum dos planos que ele realiza o voo xamânico é permitido um corpo material. Sendo assim, é necessário a separação da alma do *yachac*. Sua capacidade de sair do corpo físico e fazer suas viagens extáticas faz do xamã um indivíduo destacado na sua comunidade, pois de certa forma ele é um ser eleito para tal.

O *yachac* é o encarregado de comunicar-se com os deuses para realizar a cura e restabelecer a alma do enfermo. Ele conhece o entorno, a geometria do Cosmos e acompanha os indivíduos da comunidade tanto na vida como na morte.

Como já falamos anteriormente, concebemos o Cosmos Andino como um grande globo atravessado por diferentes túneis, pelos quais os xamãs podem ascender ou descender. O fim de todas estas explicações reside na contínua busca de um *axis mundi* que eleve o indivíduo a estratos superiores do plano cósmico. Dessa maneira, o voo não só se concebe através da ingestão de plantas psicotrópicas, como por meio de outros métodos de entrar em Estados Xamânicos de Consciência Ampliada.

O sonho é outro fator determinante para o ofício do *yachac*, que permite a ele ter acesso a diferentes segmentações do Cosmos Andino. É pelo sonho que o espírito aliado anuncia o dom de cura do eleito. Dessa forma, podemos dizer que o sonho é um agente mediador do ofício do xamã com seu espírito auxiliar. Ele é um estado alternativo no qual é liberada a entidade anímica.

O sonho adquire uma dimensão complexa e se apresenta como um agente comunicador dos diferentes planos do Cosmos. Durante o sonhar, o duplo anímico realiza cura e viagens, enquanto seu "dono" dorme. O sono representa o repouso do corpo, mas não da composição anímica. Durante o estado onírico, existe uma multiplicidade de perigos que a *anima* (alma) deve ultrapassar, porém, é nos sonhos que os espíritos ancestrais se comunicam. Inúmeros xamãs receberam seus dons por meio de entidades, em um plano paralelo, através do sonho. Do mesmo modo, curas, adivinhações, inclusive a morte pode ser levada a cabo por meio do sonho.

Transmutação (mudança de forma)

Entre os povos andinos, uma característica muito importante do xamã é a sua capacidade de transmutação. Esse poder permite a ele adquirir as qualidades necessárias para "viajar" como uma ave, saltar como um Jaguar, nadar como um peixe, apreciar os acontecimentos que ocorrem em outras terras, saber onde se encontram coisas desaparecidas. O *yachac* utiliza estes poderes vindo dos animais para desenvolver o seu ofício. Todo xamã possui um animal como espírito aliado e, na maioria das vezes, se transforma neles para acessar esses outros níveis de realidade. Os mais importantes deles, principalmente na região amazônica, são a Serpente e o Jaguar. A Serpente é um ser que se regenera e se transforma constantemente. Por ser ovípara, esconde os ovos debaixo da terra, o que nos remete ao tempo primevo do Ovo Cósmico que deu origem ao Pariverso Andino. Já o Jaguar é a expressão das forças internas da terra, possui o poder desta e tem também poderes de clarividência. Ele pode ver sem ser visto. Nos Andes, esse felino é considerado uma divindade que veio da Amazônia e é considerado o alter ego dos *yachacs*.

A transmutação é, portanto, uma característica importante na função de um xamã. Este tem que viajar, voar, descer ao Mundo Profundo (*Ucku Pacha*) e sair de lá, por isso possuí uma aptidão intrínseca que o distingue do restante da comunidade. Na Mesoamérica, se qualifica o ato de possuir um "duplo animal" como o *tonalli*. Embora esse seja um termo mesoamericano, é um aspecto muito importante da cosmovisão que pode ser geral na América pré-hispânica, porque reflete os domínios extra-humanos que necessita o xamã para poder realizar suas viagens extáticas. Esses domínios requer forças sobrenaturais que os unem com aspectos divinos. Assim, a Águia, por exemplo, ajudará a conexão com os domínios dos seres alados, talvez com o Mundo Superior, o *Hanan Pacha*. Através dos dados coletados e observados, podemos afirmar que se aprecia uma vinculação entre a alma do animal e a do *yachac*. Existe uma crença andina que diz, que dentro das montanhas, vivem os *awachas*, as "entidades animais gêmeas" do homem, ao menos no caso do xamã.

A transmutação é entendida como um ato de adotar os poderes da Natureza, no caso os animais, ou uma manifestação dos espíritos das montanhas nos Andes. Ou seja, o xamã não se converte em um Puma, mas ele é esse felino em sua essência, podendo em até certo ponto compartilhar a sua natureza nesse animal. O *yachac* age como um animal, desde que assume o poder deste em seu ser. Assim, o xamã assimila as atitudes do animal auxiliar como se fossem suas, porque as atitudes e os hábitos do aliado são herdados e marcados pelo Poder Supremo (*Spíritu*) para pôr ordem na Criação; como um processo de desenvolvimento do Ser. Devemos recordar que no interior das Montanhas Sagradas são encontradas certas formas anímicas que compõem o estado selvagem dos seres. Algumas lendas narram que nas montanhas vivem espíritos que têm o dom de se transformar em Beija-flor ou Condor, e aparecem para os xamãs como espíritos aliados. A capacidade do *yachac* para se transformar em ave, por sua condição etérea, permite subir à árvore cósmica e viajar a outros níveis do Cosmos.

O tempo é a principal diferença entre os homens e os deuses, dessa forma, o tempo humano é finito e o das deidades é infinito. Para o xamã, viajar para outros aspectos da conformação cósmica, atravessando os diferentes túneis entre os mundos, é sair do tempo do plano terrestre para entrar em "outra ordem", a dos planos da Eternidade. Assim, os ciclos temporais se convertem em um instrumento para transformar o presente vivido no caminho de acessos às forças que estabelecem a ordem no passado, a fim de organizá-la no presente, por meio da linguagem e do movimento ritualístico realizado pelo *yachac*.

Animais de poder

O *yachac* recebe sempre ajuda dos espíritos ou entidades anímicas, localizadas em outros planos do Cosmos Andino. Estes são os ancestrais, as plantas, os animais, etc. Podemos afirmar que o xamã pode ter acesso a todas entidades anímicas que se localizam em diferentes dimensões, pois ele é o grande viajante dos túneis do espaço-tempo. Porém, cada xamã se vincula a um espírito em particular.

Entre as culturas xamânicas andinas, os animais e vegetais são percebidos como seres sobrenaturais que velam pela segurança e prosperidade da comunidade. Na verdade, são a essência ou força sobrenatural que possui esses seres, que ajudam os *yachacs*. A natureza se apresenta ao xamã carregada de força, de fluidos que ajudam a comunidade por meio dele. Dessa maneira, a interação com o ambiente e a manutenção de suas relações de reciprocidade, no mundo andino, representa uma relação do homem com o Cosmos.

No Xamanismo, os seres de todos os reinos possuem um espírito, uma alma, uma consciência, e como tal, carregam inatos dentro de si talentos específicos que auxiliam no processo de cura física, emocional energética, mental e espiritual. No nosso mundo, existem quatro reinos principais que são considerados perceptíveis (incluindo o *fungi*, que não é nem animal, nem vegetal), e poderíamos ainda incluir o vírus que tem um papel de suma importância no desequilíbrio da raça humana. Os animais, assim como as pedras, os fungos e vegetais, têm espíritos poderosos, cada qual com seus próprios talentos, e têm a qualificação singular de ajudar as pessoas em áreas específicas.

Em nosso estado "normal" de consciência, o reino mineral é considerado inerte e que não tem vida, mas o fato é que os minerais têm um nível próprio de consciência que são acessados pelos xamãs em seu trabalho. Por outro lado, os vegetais têm outro nível de consciência. Falaremos mais especificamente sobre as plantas no próximo capítulo.

No Estado Xamânico de Consciência Ampliada, o xamã geralmente se transforma ou se deixa possuir por um animal selvagem, e se comporta como tal. Dessa forma, o *yachac* incorpora em si os poderes da natureza, ou seja, ele não se converte num Jaguar, mas o é em sua essência. Assim, o xamã assimila as atitudes do animal como suas próprias, pois os hábitos são herdados e marcados pela Força Suprema da Criação Cósmica.

Quando o xamã se transforma em Jaguar, por exemplo, possivelmente evoca a tempos primordias. Nesse período, existiu um vínculo de comunicação entre os animais e humanos. Consequentemente, o *yachac* é capaz de se transformar em animal para realizar uma tarefa em outro plano do Cosmos, que como humano não poderia realizar. O xamã também pode transformar-se em fogo, ou num fenômeno atmosférico como um raio ou chuva. Na Xamaria Andina existem espíritos aliados com mais importância que outros, sendo destacados os jaguares, serpentes, águias, condores, corujas, corvos, pumas, sapos e lhamas. Todos eles têm o poder de transladar-se com mais facilidade pelas vias de comunicação do Cosmos Andino. O animal e o xamã formam um binômio anímico, uma simbiose perfeita.

Quando o aliado é um animal, ele serve de veículo, transportando o *yachac* às costas. Eles previnem o xamã de obstáculos e inimigos que surgem durante a jornada e ajudam-no a removê-los ou a combatê-los. É frequente proporcionarem aos *yachacs* as habilidades mágicas e a força correspondentes às suas capacidades físicas e mentais. Muitas vezes os xamãs enviam os aliados de poder como emissários ou batedores, em vez de viajar em todas as ocasiões.

Acima de tudo, os espíritos aliados proporcionam ao *yachac* o conhecimento. Dão-lhe instruções em técnicas mágicas e melhoram a sua percepção com o intuito de auxiliar no processo de crescimento moral e espiritual. A identidade do xamã parece muitas vezes misturar-se de um modo estranho com a do espírito aliado. O auxílio de um animal ou a circunstância de "cavalgá-lo" são formas de fazer uso das propriedades do aliado de poder e abranger uma forma de pensar e de sentir de certo modo semelhante a ele. Nessa altura, as várias propriedades mantêm-se externas à pessoa, e um simples passo a frente é o que basta para se tornar o animal e receber totalmente as suas propriedades na sua própria essência.

Harner (1980, pág. 79) afirma que:

Sem um espírito guardião é praticamente impossível ser um xamã, porque o xamã deve ter essa sólida fonte básica de poder para tratar e dominar os poderes incomuns ou espirituais, cuja existência e ações ficam normalmente ocultas para o ser humano. O espírito guardião costuma ser um poder animal, um ser espiritual que não só protege e serve o xamã como também se torna outra identidade ou alter ego para ele.

Os aliados anseiam pelo contato e cooperação conosco, pois eles não consideram os seres humanos como externo a si mesmos, como nós fazemos. Os animais, minerais, vegetais e também os elementos, sabem que os seres humanos fazem parte deles e eles de nós. O corpo humano é composto de matéria animal, mineral e vegetal, além de termos uma grande parte de água, respiramos ar e produzimos calor dentro de nós. Esse fato é uma prova de que fazemos parte do Todo. *Patahoiri*, a Mãe Natureza, como todos seus elementos, são extremamente pacientes conosco, e apesar de tudo que fazemos, eles continuam a oferecer sua ajuda e assistência quando convocados. Aprender a reconhecê-los como nossos irmãos é a chave para o poder xamânico.

Na maioria das tradições xamânicas, o espírito guardião é um animal. Elas se referem a ele como Animal de Poder, uma expressão apropriada, pois enfatiza o aspecto do poder, bem como a frequência que é percebida como animal. Outras vezes eles assumem a forma humana. Essa dualidade animal-humano é marcante na vida do xamã. Entre os *Shuar*, esse espírito aparece nos sonhos como humano e nas visões como animal. Nessa tribo, quando um animal fala com um indivíduo da comunidade, é uma prova de que esse espírito é o guardião da pessoa.

Para um xamã, um ser humano não é melhor nem mais consciente do que um animal, embora os seres humanos dependam largamente dos animais como fonte de alimento. A relação do xamã com os animais aliados é benéfica para ambos. O *yachac* oferece ao animal de poder respeito e devoção, enquanto o animal lhe dá orientação e assistência em um grande número de tarefas que está além da capacidade pessoal do xamã. Um dos principais dons oferecidos pelo poder dos animais é a proteção, assim como a tutela para o *yachac* em suas tarefas difíceis. Os animais de poder também estão disponíveis para ajudar a encontrar objetos perdidos, mediar relações problemáticas e, de maneira geral, para a realização de um objetivo desafiador.

De acordo com Harner (1980, pág. 80):

> *Além do espírito guardião, um xamã poderoso normalmente tem vários espíritos auxiliares. Cada um deles constitui um poder menor comparados com o espírito guardião, mas pode haver centenas deles à disposição de um xamã em particular, fornecendo grande poder coletivo. Esses espíritos auxiliares têm funções diferenciadas para propósitos específicos. Um xamã costuma levar anos para acumular um grupo grande deles.*

Cada animal de poder tem uma especialidade, portanto, o xamã talvez precise consultar vários deles se um problema tiver inúmeros aspectos. Para o *yachac,* animais físicos são apenas a forma exterior do Grande Espírito daquele animal. Por exemplo: o totem ou animal de poder do xamã é o Falcão, e não aquele falcão. Ainda assim, a forma exterior do espírito desse animal pode ser venerada e honrada. Caso negligenciemos a nossa relação com nosso animal, não a cultivando, o xamã dirá que estamos em uma posição vulnerável e frágil. Que perdemos o contato com nossa própria natureza animal.

Não é o *yachac* que escolhe o animal de poder e passa a ter uma relação com ele. O contato é feito ao inverso. O espírito do animal que o escolhe. Historicamente, se um xamã sobrevive a um ataque de um animal selvagem, acredita-se que aquele animal era realmente o totem espírito deste, colocando a prova sua resistência e força. Todavia, nem todos os animais de poder aproximam-se desta forma dramática. Os xamãs costumam descobrir seus animais de poder permitindo que aflorem durante uma dança espontânea ou tendo uma visão do animal. Outros animais de poder mostram-se em sonhos.

Os espíritos dos animais não são coisas estáticas, mas seres interessados na evolução e crescimento. Tal como gostamos de auxiliar alguém que necessita, eles também fazem o mesmo. Contudo, eles apreciam ser agradecidos e tratados com respeito. Se não o fizermos, eles procurarão alguém que o faça. Os Animais de Poder mantêm todas as características e comportamento de sua espécie na Terra. A única diferença é que eles são capazes de se comunicar conosco de uma maneira mais profunda.

Não se deve ter uma relação de posse quanto a ele. Um animal de poder é um batedor e um guia do xamã em outros mundos, sendo uma fonte de força constante para este. Eles têm habilidades que os seres humanos não possuem, como a capacidade de mergulhar no rio ou oceano, camuflar-se, correr velozmente, voar nas alturas, ter uma visão ampla e percepção aguda.

Nas culturas xamânicas mesoamericanas, acredita-se que, da mesma maneira que um indivíduo nasce com certos dons inatos (facilidade para idiomas, cantar, dançar, etc.), ele também tem um espírito (um *tonalli* – essência espiritual ou alma) que o acompanha desde o seu nascimento e geralmente toma a forma de um animal que é conhecido dentro do Xamanismo como Animal de Poder ou Animal Guardião que age como um protetor. Algumas culturas chamam esse espírito de Animal Totêmico, aquele que auxiliará o indivíduo durante sua jornada na Terra e na viagem a outros mundos. Para esses povos, o Animal de Poder nasce em outro mundo no mesmo momento em que uma pessoa nasce neste, e cresce da mesma forma, mas em determinado momento da vida ele se apresenta ao ser humano e começa uma interação. É importante salientar, que nessas tradições xamânicas, o Animal de Poder é um duplo do ser humano que vive em outra esfera. Se um for ferido ou morto, o mesmo acontecerá com o outro.

A relação entre um xamã e um animal de poder é muito complexa para ser descrita em palavras, e deve ser abordada com todo cuidado e discernimento, pois muitos xamãs chegam a morrer quando seu Animal de Poder é ferido ou morto. Comungamos a ideia de que não se deve revelar nosso Animal Guardião. Entre os xamãs das Américas, esse é um segredo muito bem guardado, só partilhado dentro de seu clã. O Xamanismo é um campo feroz, onde verdadeiros combates podem ser travados, e assim como um homem pode prender e escravizar outro homem, um feiticeiro deturpado pode também capturar o Animal de Poder de um xamã resultando em desequilíbrio e doença para a vítima.

É importante lembrar que não apenas nós encontramos "nosso" animal de poder, ele também nos encontra. O Animal Guardião não é um bicho de estimação ou outro que nos serve. Podemos trabalhar com inúmeros espíritos animais, mas o nosso Animal Guardião sempre estará presente. Conforme a situação, solicitamos a ajuda de um deles ou de vários para que possamos cumprir o objetivo que necessitamos naquele momento. Algumas vezes o utilizamos como um avatar em outra esfera, ou nos transformamos nele, mas caso sejamos feridos numa luta e algo aconteça com o animal, o mesmo acontecerá conosco.

O Animal de Poder é uma parte de nós e devemos sempre confiar nele, pois ele só quer o nosso bem. Esses aliados podem nos ensinar muito mais do que imaginamos. Ao abrir o coração e a mente para cada um dos irmãos que a Mãe Terra nos presenteou como Aliados de Poder, de Vida, de Amor e de Conhecimento, muita coisa se explica, e com isso, podemos alcançar o tão sonhado equilíbrio emocional, físico, mental e espiritual.

Despacho e k'intu

Despacho é uma oferenda andina tradicional para *Pachamama*, outros deuses e entes de poder. Realizá-lo faz parte de quase todas as cerimônias dos xamãs andinos. É a maneira formal de dar graças e honrar as energias de *Pachamama*, os *Apus* e as forças da natureza. Já o *k'intu* é uma oferenda de folhas de coca que pode ser usado de diferentes maneiras. É feito de três folhas de coca e é uma forma de partilhar a coca, que é um ato sagrado de união espiritual e energético. Durante o *despacho*, um participante recebe um *k'intu* dado pelo xamã, reza, sopra-o e o coloca na boca, mastigando-o levemente e deixando-o ao lado da bochecha. O ato de soprar é conhecido como *samay*, e repete simbolicamente o momento sagrado da criação feito pelo *Wayña Spíritu*. O *k'intu* nem sempre é mascado. Ele pode ser usado como um veículo para *ayni* no *despacho*. As orações, respiração e energia enviada ao *k'intu* são oferendadas em sinal de reciprocidade pela ajuda e orientação recebida dos espíritos da natureza. Carregada dessa maneira, os *k'intus* são devolvidos ao *yachac* que os incorpora ao *despacho*. Chocalhos, apitos, *chicha* (cerveja de milho), vinho e pisco também são usados para chamar os espíritos da natureza e estabelecer uma relação sagrada com eles durante uma cerimônia sagrada.

O *despacho* (*dispachu*) é a cerimônia básica em toda a Xamaria Andina, conhecida também pelos nomes de *haywarikuy*, *haywarisqa*, *wajt'a*, *wilancha* ou *pago*, que são oferendas aos comensais sagrados: *Apus* (Espíritos das Montanhas), *Pachamama* (*Madre Tierra*), *Kuntumamani* (guardião do lugar), ao *Supay* (Senhor do Submundo), *Chullpas* (seres espirituais que habitaram os Andes Eras atrás). É um ato de amor e um lembrete da conexão que compartilhamos com todos os seres, elementos, espíritos e lugares sagrados. No nível mais profundo, é uma oportunidade para entrar na unidade essencial de todas as coisas. Há pelo menos trezentas variações de *despachos* nos Andes (principalmente no Peru, Bolívia e Equador). Embora existam certos elementos comuns a todas oferendas, a intenção de cura particular, como trazer harmonia e equilíbrio para com a terra, honrando novos começos, ou se livrar de uma doença, determina o desenho da oferta e até mesmo a maneira que os elementos são adicionados. Segundo Williams (2013, pág. 102) "o *despacho* tece fios de sacralidade à nossa vida cotidiana".

Iniciamos essa cerimônia abrindo uma *Mastana* (manta andina) e em seguida estendemos um papel branco, para maior clareza. Apanhamos cravos vermelhos para oferecer a *Pachamama* e brancos aos *Apus*. Fazemos uma cama com suas pétalas, colocando-as padronizadas de forma circular. Logo depois são distribuídas folhas de coca (no Brasil substituímos pelas folhas de louro) aos participantes, para fazerem um *k'intu*. Enquanto eles montam e rezam colocando sua intenção sobre eles, o xamã deposita no centro do *despacho* uma concha branca que simboliza o útero da Grande Mãe Cósmica. À medida que o grupo traz seus *k'intus*, o *yachac* os recebe perguntando o nome da pessoa, reza sobre as folhas e as assopra com a intenção de que consiga sorte e sucesso nas coisas que pediu. Em seguida as depositam ao redor da concha.

Cada item do *despacho* representa uma parte da cosmologia andina, está imbuído de intenção para conexão com as montanhas e o Cosmos, e afeta a totalidade da energia no "Universo". Após a "cama" inicial ter sido criada, o xamã apanha um feto de lhama que representa o que está por nascer e não se manifestou, lambuza-o com a gordura desse animal e o enfeita com penas, algodão, papéis dourados e prateados. Durante esse processo, reza à Grande Mãe Cósmica. Depois deposita o feto cuidadosamente em cima da concha, o útero da mãe que irá nutri-lo e gerá-lo espiritualmente.

No *despacho* oferecemos à *Pachamama* seus próprios frutos: sementes de coca, passas, grãos, nozes, milho e quinoa. Depois lhe damos doces, que podem ser balas, chocolates e açúcar. Depositamos representações do mar como caracóis, conchinhas e estrelas marinhas. Colocamos pequenos bastões envolvidos em papéis dourados e prateados que representam a dualidade sagrada: o homem e a mulher, o Sol e a Lua, o ouro e a prata. Agregamos confete simbolizando a alegria, macarrão de letrinhas que representam todas as palavras. Incenso de copal ou breuzinho para purificação e pequenas notas de dinheiro para atrair riqueza. Por fim, é espalhado algodão branco, ou seja, as nuvens que rodeiam as montanhas e trazem as chuvas. E por cima dele são postas várias lãs coloridas, simbolizando a ponte do arco-íris que liga a Terra ao Cosmos.

Ao final, embrulha-se cuidadosamente o *despacho*, amarrando-o com um cordão branco. Pedimos aos participantes que façam uma fila enquanto é realizado um *pichay* (limpeza dos campos luminosos) com a oferenda, retirando a energia *hucha* e abençoando-os. Essa energia densa também faz parte da oferenda e será comida por *Pachamama*. Ao fim de cada limpeza e benção, o *yachac* encosta a testa em cada um deles e realiza um *Ayni Karpay*, uma troca de conhecimento e energia através dos *poq'pos*, Campos de Energia Luminosa. Em seguida, a oferenda é levada preferencialmente ao fogo para ser queimada, ou, quando não é possível, deve ser enterrada para que *Pachamama* e os outros "Comensais Sagrados" se alimentem.

Elementos doadores da Vida

Os povos originários andinos reconhecem os quatro elementos fundamentais, Terra, Água, Fogo e Ar, como princípios vitais da vida, e os consideram como avós que representam a constituição material do Cosmos. Para eles, estes elementos são padrões de energia que enquanto permanecerem em perfeita harmonia haverá vida no Cosmos. Sabem também que existe um quinto elemento sagrado, o éter, que é considerado a nossa ligação com a sabedoria divina cósmica, que se encontra dentro do nosso Ser.

A Terra (*Alpa*) onde estamos instalados, nos dá a estabilidade, conferindo solidez, e envolve-nos tanto no campo físico como no psíquico e espiritual. Ela é a nossa mãe que é capaz de converter seu corpo em alimento para seus filhos, e onde se encontra a carne e os ossos de nossos antepassados. Dessa forma, nossos ancestrais vivem também em nós, porque somos feitos de terra que é a legítima doadora de conhecimento, devido a estar aqui muito antes do aparecimento do ser humano.

A Água (*Unu*) tem o poder de unir, purificar, dissolver, nos ensina a fluidez e a capacidade de tomar qualquer forma. Ela nos permite ver e reconhecer a transparência que simboliza a vida e a geração de limpeza. Nesse sentido, é importante destacar que todas as tradições veneram a água de diferentes formas, podendo ser no ritual de purificação, de iniciação, batismo, entre outros. A água nos liga ao nosso corpo emocional.

O Ar (*Wayra*) que se expande, difunde e se refere ao sopro vital do ser humano e animal, é o canal e o meio pelas quais a vida é contada na Terra, como também a ligação com a luz divina e seu sopro na forma de vento é a voz das divindades. Esse elemento traz a conexão com o nosso corpo mental.

O Fogo (*Nina*) é o que energiza, transforma e liberta, sendo relacionado ao conceito de purificação, energia, vida e calor. É considerado a luz que ilumina nosso caminho interior. Num sentido mais amplo, é o Sol que rege desde o centro dos círculos cerimoniais e que tem o poder de reunir, convocar e magicamente se ver dentro dele. Nosso corpo vital está intimamente ligado a esse elemento. O Fogo serve como vínculo de união entre diferentes planos, tal como o xamã. Tem a capacidade de transmutar a matéria em alimento para as divindades. Sem ele não é possível manter o equilíbrio cósmico, por isso o Fogo Sagrado (*Willka Nina*) é sempre mantido aceso nos templos andinos. Na época do Império Inka, o Fogo Sagrado do *Koricancha* (Templo do Sol) estava aos cuidados das virgens do sol, as *acllas*, que o mantinham aceso dia e noite.

8

PLANTAS MESTRAS

Os notórios efeitos psicotrópicos das Plantas Mestras tais como perda dos limites do eu, intensificação da percepção do entrelaçamento de todas as coisas e um senso de reverência e temor, deram aos xamãs o insight e o reconhecimento pelo qual ansiavam do mundo além dos sentidos. Por causa dessas propriedades, as plantas são universalmente denominadas "medicinas" e referidas como "sagradas".

JEANNE ACHTERBERG

Em todas as Américas existe o conceito de que todos os seres têm um duplo espiritual, uma contraparte de natureza animada. A língua *runasimi* expressa com a raiz *kamaq* o espírito vital de todas as coisas. Como bem diz Meconi (1996, pág. 170) "*kamaq* é o coração (*soncco*) de toda existência, é a chispa do ser que permite as coisas existirem. É o poder espiritual que dá a vida, o centro da existência".

O poder de um lugar sagrado (*huaca*) ou de uma planta, para os andinos, é a manifestação de um espírito que reside no lugar, na planta ou em outra coisa. Todo o poder, nesse caso, vem da contraparte espiritual dessa coisa. Por exemplo, no caso das montanhas, estas são moradas de espíritos tutelares ou espirituais do lugar.

Na Xamaria Andina é imprescindível estabelecer um contato direto com os seres espirituais das coisas. Este se efetua de duas maneiras: por ação ritualística ou uma visão.

Para ter esse acesso é necessário entrar num Estado Alternativo de Consciência, transcendendo ao espaço-tempo em que vivemos. A necessidade de contatar estes entes sobrenaturais faz com que seja necessária a intervenção de um especialista nesse processo de comunicação, sendo a ponte entre o mundo material com o espiritual: o xamã. Para ser um *yachac*, um aprendiz necessita fazer um longo caminho de aprendizado, no qual aprende a conhecer as propriedades medicinais das plantas, a trabalhar com as pedras de poder, a ver o campo de energia luminosa e a entrar em Estado Xamânico de Consciência Ampliada. Ao mesmo tempo, deve aprender sobre os mitos e um complexo de rituais com métodos tradicionais de diagnósticos e curas.

Todas as culturas xamânicas desenvolveram técnicas para entrar em Estado Alternativo de Consciência (como vimos, preferimos o termo alternativo à alterado, pois o segundo significa algo fora da normalidade para os ocidentais, sendo que no Xamanismo qualquer estado faz parte da nossa realidade). No Caminho Xamânico, o voo extático é uma jornada na qual o xamã supera sua consciência sensorial, sem que seus sentido e personalidade sejam apagados.

É exatamente para manter sua função de ponte entre o mundo material e o espiritual que o xamã não pode perder o contato com este mundo.

Entre as várias técnicas para entrar em Estado Xamânico de Consciência Ampliada existe o canto, a dança, o jejum, a respiração e a ingestão de plantas psicotrópicas. Estas últimas nos Andes e na Amazônia têm um duplo espiritual que ensina o xamã, oferece cantos de cura e o leva a lugares fantásticos. Por essa razão, é conhecida como Planta Mestra. Muitas delas chegaram no decorrer da história a serem adoradas como deuses, pois pensava-se que outorgavam poderes sobrenaturais que permitiam o acesso a outras regiões do Cosmos Andino. Seu consumo era ritualístico e proibido ao resto da população. Os xamãs as utilizavam porque elas auxiliavam e facilitavam o acesso a outros espaço-tempo. Essas plantas passaram a ser veneradas por eles porque davam acesso a outros estados da consciência humana.

A capacidade visionária distingue o xamã de um simples herborista e estabelece a diferença entre eles. Enquanto o segundo prescreve ervas para seus clientes de acordo com ensinamento empírico, o xamã vê e conversa com o espírito da planta, que revela a ele o que deverá utilizar para seu paciente.

As Plantas Mestras têm quatro funções básicas que auxiliam os xamãs:
- Propiciar o diagnóstico;
- Permitir estabelecer a terapia adequada;
- Facultar o rompimento das dimensões do espaço-tempo;
- Facilitar o contato com entidades míticas.

Nessas jornadas proporcionadas pelas Plantas Mestras, o xamã geralmente estabelece contato com as entidades do mundo mítico responsável pelo contágio e descobre se sua intervenção foi causada por culpa, descuido da pessoa, ou enviada por feiticeiros. Além disso, desvenda a maneira correta de tratar o paciente.

Enteógenos

Grande parte da Xamaria Andina é marcada pela utilização de psicotrópicos, mas sua utilização não é essencial dentro do Xamanismo. Acreditamos que a utilização das Plantas Mestras é apenas um passo intermediário, pois ao atingirmos um determinado grau de poder pessoal, não necessitamos fazer uso dessas plantas. Elas só têm realmente valor quando usadas sob a orientação de um especialista no assunto, pois são extremamente perigosas. Entre os xamãs com quem convivemos, as opiniões se dividem. Alguns consideram que em uma fase do aprendizado o uso de plantas e fungos é necessário. Para outros, o seu uso é o mesmo que os dos remédios, naturais ou não, utilizados apenas para organismos com certas deficiências.

De acordo com Williams (2013, pág. 77):

Experimentar enteógenos é uma decisão pessoal. Geralmente aqueles que o fazem costumam negligenciar o fato de que os povos xamânicos utilizam tais plantas somente após longos e exaustivos treinamentos, pelos quais provam a si mesmo estarem aptos a encontrar tal Mestre.

Achterberg (1985, pág. 43) contribui com o seguinte ponto de vista:

Como há uma relação entre tradição xamânica e uso das Plantas Mestras, devemos levar em consideração seu uso e, certamente, qual papel podem elas ter no renascimento do xamanismo. Em primeiro lugar, como foi mencionado, elas são um meio rápido para alterar a consciência. Em segundo lugar, nas sociedades sem escrita, morte e sonhos prenunciam outros estados, e a resposta a eles, o maior dos mistérios, era mais provavelmente procurada na experiência e não no discurso intelectual. Os notórios efeitos psicotrópicos das Plantas Mestras, tais como perda dos limites do eu, intensificação da percepção do entrelaçamento de todas as coisas e um senso de reverência e temor, deram aos xamãs o insight e o reconhecimento pelo qual ansiavam do mundo além dos sentidos. Por causa dessas propriedades, as plantas são universalmente denominadas "medicinas" e referidas como "sagradas". É impensável usá-la com propósitos recreativos.

O termo Plantas Mestras se refere especificamente a um grupo de vegetais que foram utilizados por séculos pelas tradições xamânicas como medicina, e que ensinam aqueles que vão até elas com humildade e sinceridade no coração. Apesar de muitas vezes serem considerados vegetais, alertamos que os cogumelos pertencem ao reino *fungi*, e por essa razão são chamados de fungos. Aqui mencionaremos os enteógenos mais conhecidos e utilizados dentro da Xamaria Andina: *Ayahuasca*, *Coca*, *Misha*, *Wachuma* e o Tabaco. Lembrando mais uma vez, que algumas dessas plantas são extremamente perigosas, podendo levar à morte.

Ayahuasca

É um vinho produzido a partir de duas plantas amazônicas (*Banisteriopsis caapi* e *Psychotria viridis*) para fins ritualísticos utilizados na medicina tradicional de mais de setenta povos da Amazônia. Seu uso leva a visões e imagens, além de experiências telepáticas. Ela é também chamada por *caapi*, *daime*, *hoasca*, *mariri*, *natem*, *nepe*, *runipan*, *shori*, vegetal e *yagé*. Em *runasimi* seu nome significa "vinha da morte", porque supostamente leva as pessoas até os portais da morte e as trazem de volta. O uso dela e o ritual para fins visionários parecem estar enraizados na "pré-história" da América do Sul. Atualmente seu uso acha-se difundido entre os adeptos de diversos cultos praticados também fora da bacia amazônica, tais como o do Santo Daime, Barquinha, União do Vegetal e alguns círculos neoxamânicos como o do Fogo Sagrado de Itzachilatlan.

A *chacrona* (*Psychotria viridis*) tem como substância ativa o DMT (*N-dimetiltriptamina*), um psicotrópico extremamente potente e de ação rápida, que também é secretado naturalmente pelo cérebro humano em quantidade "subpsicodélicas". Os xamãs em suas manipulações "farmacêuticas" descobriram que para ela ter um efeito psicotrópico teria que fazer a fusão com o cipó conhecido como *mariri* (*Banisteriopsis caapi*). Segundo os cientistas, existe uma enzima, a monoaminoxidase, naturalmente existente em nossos estômagos, que destrói o DMT quando o tomamos por via oral, mas quando misturada com o cipó, este tem substâncias químicas que inibem a monoaminoxidase e permite que o DMT da *chacrona* possa entrar em ação.

A *Ayahuasca* tem a chave para abrir as portas da nossa consciência, levando-nos a penetrar em Estados Alternativos de Consciência, fazendo com que conservemos toda noção do que se passa ao nosso redor. Segundo Alex Polari de Alverga (1992), essa bebida sagrada ajusta e reorienta o nosso sistema nervoso, os meridianos e as energias internas que controlam a nossa conexão entre Alma, Corpo e Espírito. Além de nos mostrar o universo oculto atrás do véu do mundo, fazendo com que tenhamos acesso a um conhecimento há muito tempo esquecido. Ela também é purgativa e depurativa.

Durante as visões provocadas pela *Ayahuasca* na fase inicial, a maioria dos indivíduos vê figuras geométricas e abstratas, depois elas desvanecem e começam a se parecer com animais, humanos e/ou criaturas desconhecidas. Pajés mais experientes da bacia amazônica após essas imagens iniciais entram no domínio dos espíritos, retratados mais frequentemente como um lugar debaixo das águas; lá, encontram um ente sobrenatural conhecido como o Mestre dos Animais. A maioria dos xamãs reconhecem a Serpente (*Yacumama*) como esse Espírito e também como a guardiã da *Ayahuasca*.

Para alguns xamãs peruanos, o Jaguar é o espírito da *Ayahuasca*, e é muito importante na experiência de não se deixar seduzir pela Planta Mestra e sim procurar ser um espectador que assiste ao ritual. Surge, então, um grande dilema: "Viver a experiência ou servir à experiência." No sentido mítico, a *Ayahuasca* nos leva de encontro à morte, no Oeste na Roda da Medicina, onde nos deparamos com a morte e somos levados por ela.

Os indivíduos menos experientes raramente chegam a se encontrar cara a cara com o Mestre dos Animais, mas geralmente visualizam jaguares e serpentes, sendo que em certas ocasiões terminam por encontrar criaturas e seres apavorantes que parecem ter saído de um pesadelo. Muitas vezes vomitam ou têm diarreia como forma de limpar o organismo, depurando-o. Ao final da jornada com a *Ayahuasca*, a maioria dos indivíduos sente uma serenidade que os acompanham durante alguns dias e até por semanas.

Segundo a maioria dos xamãs amazônicos, são os espíritos presentes nas visões com a *Ayahuasca* que ensinam a eles como diagnosticar as doenças, qual ervas utilizar, o uso correto do tabaco, como sugar a doença e energia intrusa num enfermo, a resgatar e devolver a alma de uma pessoa quando esta foi roubada, como os *yachacs* devem proteger-se, o que comer, e também lhes dão as canções mágicas, os *ícaros*.

A *Ayahuasca*, como qualquer remédio sagrado, é o ponto indicador onde o caminho se ramifica: ajuda-nos a percorrer nossa trilha, mas pode ser inútil e até perigosa se não estivermos prontos a aceitar a jornada. Ela é considerada um atalho, mas não é um caminho para curiosos e aventureiro; é uma trilha que deve ser cuidadosamente desmatada pelo xamã.

BRUGMANSIA E DATURAS

Dentre as Plantas Mestras, existe uma de grande importância pertencente ao gênero das *Brugmansia*, que são originárias da América do Sul, particularmente dos Andes, onde são conhecidas como *Mishas, Maykua, Huacacha, Jallapa, Saaro* e *Toe*. Certamente ela é a planta mais forte das Américas, seguida de perto pelas *Daturas*. Espalhada pelas Américas, no México é conhecida como *Floripondio*, classificadas pelos cientistas como *Brugmansia arborea* (*Datura arborea*); *B. aurea*; *B. candida* (*Datura candida*), *B. insignis, B. sanguinea, B. suaveolens, B. versicolor* e *B. vulcaniola*. Estas espécies costumam ser incluídas por alguns cientistas no gênero aparentado *Datura*, como *Datura brugmansia; Datura candida* ou *Datura arborea.ico*. Na África, jovens das tribos *shagana* e *tsong* de Moçambique, utilizam a *Datura fastuosa* (manto de cristo) em seus ritos de passagem de celebração da maturidade.

Devemos, neste momento, fazer uma distinção entre a *Brugmansia* e a *Datura*. A primeira é um gênero de sete espécies de plantas com flores da família *Solanaceae*. Suas flores são grandes e perfumadas. São também chamadas pelo nome de trombetas de anjo, um nome que geralmente é utilizado também para a *Datura*. A *Brugmansia* é um arbusto lenhoso, de galhos pendentes e com flores. Já as espécies de *Datura* são arbustos herbáceos eretos (não pendentes), com flores e a maioria tem espinhos em seus frutos.

Os xamãs as utilizam para obter visões para fins terapêuticos e divinatórios. Algumas delas se misturavam utilizando diversas receitas para obter unguentos que se aplicavam sobre a pele para ter visões. A visão que produz é muito forte e completamente diferente das produzidas pela *Ayahuasca*, pelos cactos e cogumelos. Poucas pessoas que as utilizam recordam de suas visões, normalmente elas caem num sono profundo. Seu potencial terapêutico é incrível e vai desde a cura de mordida de cobra até o tratamento de problemas mentais, passando pela reabilitação dos nervos e ossos. Sendo utilizadas também em magias com fins negativos.

Por ser uma planta cujo efeito e modificação da consciência leva o que está entre a vida e o que há depois da morte física, ganhou o nome de "último recurso" entre algumas culturas xamânicas e os "maestros" a utilizam quando nenhuma outra medicina resolveu no tratamento ao paciente. Eles também a usam como preparadora para a morte. *Huacacha*, seu nome em *runasimi*, significa "planta da tumba". Por essa razão, alguns xamãs as utilizam com uma preparação para o além-morte, administrando-a a indivíduos que estão prestes a morrer. Estes ritos finais são acompanhados de cantos e práticas similares a encontrada no *Livro Tibetano dos Mortos*.

Fora dos Andes, essas plantas também são utilizadas na Selva Amazônica, principalmente pelos *Shuars*. Na ocasião dos seus ritos de passagem, os jovens, depois de passarem dias isolados na selva e após serem banhados ritualmente nas cascatas sagradas, passam mais alguns dias dentro de uma cabana a sós e em total jejum alimentar. Após esse retiro, se preparam para o "Sonho da Juventude" tomando um preparado de folhas de tabaco maceradas em água. Quando o efeito do tabaco não é suficiente, eles tomam um suco de *Maikua* (*Brugmansia Suaveolens*) também macerada em água. Muitos xamãs amazônicos usam-nas ainda como aditivo na *Ayahuasca*, e também para propósitos divinatórios.

Segundo as lendas *Inkas*, as *Brugmansia* também eram chamadas de *Waka* (sagrado), exatamente pelo seu poder e por ser a morada de um espírito. O nome *Misha* compreende todas as espécies de *Brugmansia*, sendo derivada da língua *runasimi*. Seu nome anterior era *Wantuq* ou *Wanduk*. Vem do verbo *wantu* que quer dizer "levantar" nesse idioma, assim, *wanduk* quer dizer "aquele que se levanta".

As *Brugmansia* contêm uma alta porcentagem de alcaloides, sendo a *Escopolamina* (*Hioscina*) o principal deles. Entre outros estão: *Nor-escopolamina, Atropina, Meteloidina* e *Hiosciamina*. Essas substâncias são altamente perigosas, seu uso deve ser muito cauteloso, não sendo aconselhável a aventureiros desinformados e despreparados (como já falamos anteriormente), pois elas podem causar a loucura permanente, o coma e até a morte.

A *atropina* que pode tanto estar nas raízes, troncos, folhas, flores e frutos, tem a função de ser antiespasmódica, antiasmática, midriática (dilatadora da pupila) e analgésica (utilizada externamente). Em sua maioria, sedam o Sistema Nervoso Central, por isso seu uso é recomendado somente por xamãs que são conhecedores dessa medicina sagrada.

Existe uma série de preparos para cada tipo de emprego terapêutico e ritualístico da *Misha*, no qual aquele que a manuseia tem que saber como dosá-la, como ingeri-la, aplicá-la no corpo, respeitar o jejum ritualístico, fazer um antídoto e principalmente como coletá-la. No nosso modo de ver, temos que ter muito cuidado ao utilizá-la e devemos sempre ter por perto (ao alcance das mãos) um antídoto conhecido por "Arranque", preparado a base de mel, milho, cana de açúcar e laranja lima.

Após utilizar certo tipo de *Misha*, como a *Inga* (*B. versicolor*), é necessário ficar sem ver qualquer tipo de luz durante o período de 24 horas, no mais absoluto silêncio e sozinho.

As *Daturas* são empregadas a séculos nas Américas. Entre os Astecas, ela era usada pelos sacerdotes, conforme podemos verificar no Códice Baldiano pelo nome de *Tolohuaxihuitl*, chamado também de *Toloatzin*.

Por suas características químicas, são muito mais perigosas que o *Peyote*, pois a concentração de alcaloides delas e da *Brugmansia* varia de acordo com fatores climáticos e ecológicos, não só na mesma espécie, mas em distintas partes da mesma planta.

Dentro do Xamanismo, elas são consideradas portais entre os mundos. Estão intimamente ligadas ao voo xamânico, representado pela Águia, com o sonhar e com a experiência de aproximar-se da morte para poder compreendê-la. Seus espíritos são, nesse caso, representados pelos guardiões dos mortos, em algumas culturas são representados pela Coruja, o Corvo, o Jaguar e o Morcego.

A *Datura* é uma das Plantas Mestras mais perigosas, e uma vez mais enfatizamos que se deve ter muito cuidado ao usá-la, principalmente ao manusear a "Datura Trombeta", conhecida como Erva do Diabo, tendo ao seu lado um xamã com larga experiência no feitio e com capacidade de resolver eventuais problemas que possam ocorrer.

A profundidade dessa Planta Mestra e seus ensinamentos são difíceis de descrever. É necessário haver em todos os níveis do indivíduo uma pureza verdadeira para que ele realmente conheça essa planta. Experiências recreativas podem ser fatais.

Coca

Essa planta surge na história pré-colombiana como a folha sagrada relacionada ao culto ao Sol. Em termos xamânicos, podemos dizer que ela é receptora da energia solar. *Kuka*, na língua *runasimi*, é uma planta da família *Erythroxylaceae*, nativa da Bolívia, Equador e do Peru, cuja folhas possuem catorze alcaloides que ao serem mascadas se misturam com a nossa saliva e podem ser assimiladas pelo nosso corpo. São reconhecidas duas espécies: *Erythroxylum coca* e *Erythroxylum novogranatense*, cada uma delas com duas variedades diferentes. Os andinos têm o costume de trocar as folhas de coca com outra pessoa quando a encontra. Geralmente neste momento, eles sentam e começam a conversar. Ela é sempre usada entre eles como uma forma de coletivizar e começar uma reunião. São também utilizadas para adivinhação, busca de visão e, inclusive, como moeda de troca.

O *coqueo* é uma ritualística ancestral nos Andes, porém só pode ser realizado por um indivíduo ou vários que já conhecem a prática. O rito em si é fácil: primeiro faz uma oferenda de folhas de coca ao Mundo dos Espíritos e começa a mascá-la pausadamente, acompanhada de *llipta*, uma cinza vegetal que facilita a extração do alcaloide. Em algumas regiões pode ser acompanhada de cigarros de puro tabaco para dar mais força. É importante salientar, que esses alcaloides não são alucinógenos, mas são classificados como analgésicos, eufóricos e estimulantes que auxiliam no combate ao sono, à fome e induz a uma sensação de bem-estar físico e mental.

Os xamãs *Huitotos* que vivem à beira do rio *Putumayu* no Peru, maceram as folhas de coca até transformá-las em um pó fino e acrescentam as cinzas de uma árvore chamada *cético*. Ao final desse processo, surge uma farinha verde escura. Em suas cerimônias, acrescentam a esse produto final o *ampiri*, uma mistura de tabaco e um sal especial retirado de uma palmeira conhecida pelo nome de *Inayuga*, surgindo assim um xarope espesso. Dessa forma, temos três elementos que trabalham numa cerimônia de *coqueo*: a coca como um tônico-visionário, o tabaco como purgante e protetor energético e a *inayuga* para abrir a consciência e limpar a mente. Essa forma de *coquear* tem um efeito visionário e purgante.

A coca, pelos seus valores altamente nutritivos, se converte num dos alimentos mais valiosos e completos. Cem gramas de sua folha satisfazem a necessidade básica diária alimentar que necessita um humano. É notório também o seu valor como tônico cardíaco, regenerador de ossos e também para combater o estresse. Melhora a digestão, a atividade circulatória e intestinal. Seu chá também é um grande aliado para a saúde se tomado após as refeições, como também no combate ao mal de alturas nas altitudes dos Andes.

Em toda cerimônia Andina de agradecimento à Terra e aos Comensais Sagrados, é oferecido a eles um *K'intu*, três folhas de coca especialmente escolhidas, sopra-se sobre elas evocando os deuses andinos e os tutelares de cada pessoa presente no ritual. Fazem o mesmo também quando realizam a cerimônia do Fogo Sagrado.

Na mitologia andina, essa planta está vinculada aos deuses andinos. Narra à lenda que *Killa* (Lua) a pedido de *Inti* (Sol) espalhou a planta pelas montanhas amazônicas para saciar a fome, a sede, e dar força e vigor a todas as comunidades.

Tabaco

O caráter espiritual da fumaça do tabaco remonta a tempos primevos. Xamanicamente, podemos dizer que o tabaco é o alimento do espírito e o que realiza a conexão com o Mundo dos Espíritos. A fumaça sobe e estabelece o elo entre os homens e seus deuses, que habitam um "Céu" inacessível aos humanos. O uso do tabaco em rituais é comum entre todas as tradições nativas das Américas, além de ser fumado em cachimbo e cigarros, ele também pode ser aspirado em forma de rapé ou ter sua folha ainda verde mastigada e ingerida, a fim de que seu efeito emético limpe as almas em estado de impurezas. É também muitas vezes utilizado como oferenda às forças e seres da natureza. Ingerido ou fumado pelo xamã produz o êxtase, colocando-o em contato com as forças superiores e invisíveis que lhe permitem curar doenças, prever o futuro, afastar os maus espíritos e ter visões.

Na Amazônia, o tabaco (*Nicotiana Rústica*) é conhecido pelos nomes de *Mapacho*, *Sayri* e *Seri*, este último é o mais forte deles e cresce nas hortas das tribos amazônicas. É a planta preferida dos xamãs dessa região, assim como a *Ayahuasca* e a *Misha*, como guia para entender o mundo visível e invisível. O xamã da etnia *Machiguenga* da região de Madre de Dios na selva amazônica peruana é conhecido pelo nome de *Seripigari* que significa "o que cura com tabaco". O campo de ação dessa planta não se limita aos nativos da floresta amazônica, sem dúvida alguma foi a planta mais usada em curas na América pré-colombiana em países da América Central e do Norte também. Os mestres curandeiros que trabalham com *Wachuma* muitas vezes mesclam o tabaco em suas beberagens. Os *Shuars* o utilizam em suas iniciações, algumas vezes misturado com a *Misha*. Outras etnias fazem suco dessa planta como purgante, tônico e em uso ritualístico nas cerimônias com *Ayahuasca*. A sua fumaça também é utilizada como forma de proteção, nesse caso, o xamã fuma um *Mapacho* e sopra em direção a uma pessoa purificando-a e criando uma barreira energética como se fosse uma armadura espiritual.

Infelizmente, uma planta sagrada que para as culturas antigas curava diversos tipos de enfermidades e infecções, agora produz câncer e enfisema pulmonar. Porém, o que a maioria da população não sabe é que o cigarro que causa tais doenças não é só constituído exclusivamente de tabaco, mas de quarenta e nove substâncias prejudiciais à saúde que fazem parte desse composto. É provado que o principal alcaloide do tabaco, a *Nicotina*, não causa câncer e nenhuma outra enfermidade que é atribuída a essa planta.

Paricá

É uma árvore originária da América do Sul, do gênero *Anadenanthera,* cuja semente tem um alto poder alucinógeno já que contém bufotenina (*N-dimetil-5-hidroxitriptamina*) como alcaloide. Seu habitat são as selvas tropicais, estendendo-se desde a vertente oriental dos Andes até o Atlântico, e do mar do Caribe ao noroeste da Argentina. Compreendendo duas espécies, a *Anadenanthera Peregrina* e a *Anadenanthera Colubrina*, a primeira é conhecida como *Cohoba* ou *Yopo*, encontrada nas regiões setentrionais das áreas mencionadas. A segunda é chamada por diferentes grupos de tribos nativas em seus próprios idiomas como Angico, Árvore de Cálcio, *Cebil*, *Epená*, *Jatax*, *Paricá*, *Virola* ou *Willka*; essa espécie cresce principalmente no nordeste e sudeste brasileiro, estendendo-se até o noroeste argentino.

Dessa planta é retirado um extrato moído (rapé) do caule ou das sementes da árvore conhecida no Brasil como Angico, sendo utilizado como um enteógeno pelas tribos indígenas em rituais de cura e em experiências adivinhatórias, onde o xamã é levado a ter a visão da cura do enfermo. Ela é um importante veículo de comunicação com o mundo espiritual para muitas tribos do noroeste da Amazônia. Durante o ritual, o xamã inala com o enfermo uma quantidade do rapé para entrarem no EXCA.

Essa planta é chamada pelo povo Tucano de *Viho*, ou "Sêmen do Sol". Segundo a lenda dessa tribo, no início dos tempos, quando o Pai Sol estava fazendo sexo com sua filha, ela coçou o pênis dele, e assim surgiu *Viho* para essa etnia. Dessa forma, o rapé sagrado veio do sêmen do Sol e continua sendo guardado em recipientes chamado *Muhipu-Nuri*, ou "Pênis do Sol". Por não ser permitido o xamã se comunicar diretamente com o espírito do mundo, ele entra em um EXCA induzido pelo rapé e se comunica com *Viho-Mahse*, um Ser que vive na Via Láctea e cuida dos assuntos de todos os seres humanos, e permite que o xamã seja capaz de se comunicar com o mundo espiritual.

WACHUMA

Wachuma ou *Huachuma* é um cacto originário da região dos Andes, sendo encontrado no Chile, Argentina, Bolívia, Peru, Equador e Colômbia. O uso do cacto *Trichocereus Pachanoi*, popularmente conhecido também como *San Pedro* no panorama americano do uso de plantas psicotrópicas, está ligado à área do mescalinismo. O uso desse cacto tem fins terapêuticos e adivinhatórios e deve ser estudado no contexto geral dentro dos rituais xamânicos.

No que se refere aos nomes populares do *San Pedro*, podemos estabelecer uma relação mítica cultural com a função do homônimo "santo" que têm as chaves do Céu dentro do credo Cristão. Também nos mitos de origem do uso do *San Pedro*, a planta e o "santo", existe uma relação simbólica e funcional muito estreita. No norte da região andina, seu nome se alterna por *Jicara*, *Wacolla* ou *Wachuma/Guachuma* que parece haver sido seu nome originário, e outros nomes como erva santa, cardo santo, "huanto hermoso" e "medicina" porque o cacto é usado pelos xamãs para determinar em suas visões ou sonhos como devem proceder num processo de cura. No que se refere ao nome *Huanto*, é evidente a derivação do *runasimi Wantuq* que significa "elevado", em relação a altura alcançada do cacto, tendo uma relação significativa com o simbolismo do voo do xamã.

Descobertas arqueológicas de cerâmicas e esculturas da cultura *Chavín* nos dão a certeza de que este povo tinha conhecimento do *Wachuma* e o utilizava em seus ritos xamânicos. Em seus vasos cerimoniais estavam gravadas imagens de jaguares, serpentes e do cacto. Ao mesmo tempo, em *Chavín de Huantar,* encontraram representações simbólicas com a imagem do *San Pedro*. Em escavações de outras culturas da costa, como a dos *Lambayeque, Mochica* e *Nazca,* encontraram tecidos e objetos de cerâmica com a imagem do *Wachuma*.

O uso popular da planta fez com que descobrissem duas espécies distintas do cacto: *Trichocereus Pachanoi* e o *Trichocereus Peruvianus*, sendo esse último com mais espinhos, geralmente agrupado em número de três, uma maior e outras de tamanhos iguais. O *Trichocereus Pachanoi* é distinguido pela quase ausência de espinhos. As espinhosas recebem o nome de *San Pedro Cimarron* e têm a cor verde-amarela e não verde como o *Trichocereus Pachanoi*. Os xamãs jovens que não foram instruídos por mestres mais velhos usam indistintamente as duas espécies, enquanto os mais velhos preferem o *Pachanoi*. O *cimarron* é usado geralmente pelos *maleros* (feiticeiros), e essa planta não tem o poder da visão.

No que concerne à função terapêutica do *San Pedro* e de outras Plantas Mestras, é necessário realizar sessões com os pacientes tendo como conceito de cura a necessidade de que, para curar o corpo, é necessário sanar a alma. As Plantas Mestras ajudam a visualizar, em uma formulação simbólica e mítica dentro da "visão" que elas nos propiciam, mostrando-nos as causas psíquicas que contribuíram para que a enfermidade se desencadeasse; permitem sobrepor a doença reafirmando a "visão", a autoridade do terapeuta e do sistema mítico-médico tradicional de cura andina.

O poder terapêutico de uma planta nas tradições xamânicas andinas, manifesta a qualidade peculiar da planta, seu "poder" ou "virtude", que é o caso das plantas psicotrópicas e de outras que gozam de especial prestígio mágico e terapêutico, pois manifesta a presença de um espírito. Por isso, dentro dessa tradição, "poder", "virtude" e "espírito" são sinônimos.

O poder de uma planta deriva da espécie a que ela pertence. Sem dúvida, a energia terapêutica é o resultado também de outros fatores como são a qualidade física do lugar onde a planta cresce, o momento da coleta observando as fases lunares, o turno do dia e certos dias na semana, como terça ou sexta-feira, respeitando os rituais de coleta, preparação e administração de certas plantas e de modo particular as enteógenas. Devemos ter muita atenção no poder dos cantos e fórmulas que servem para despertar a virtude da planta.

Todas as plantas, sem exceção, têm um espírito vital, porém só algumas delas possuem um "espírito" que outorga a visão, como é o caso do *San Pedro*, e possuem também um espírito curandeiro. Esse espírito elimina a energia negativa que produz a enfermidade. Muitas plantas como a *chonta* (uma árvore) por ter um espírito muito forte, são trabalhadas em formas de espadas e varas, que são usadas para defender o xamã e seus pacientes de ataques dos *maleros*.

O espírito da planta sente, portanto, sua maneira de atuar depende da conduta que temos para com ela. Uma atitude ritualística, sincera e correta resultará num trabalho positivo e, uma ação descuidada e irresponsável, produz uma reação negativa: um castigo. O tipo e valor das oferendas no momento de colher uma planta da natureza é muito importante, pois ela pode trabalhar contra quem pede seus favores caso o inimigo tenha sabido comprar seus favores com melhores *pagos* (oferendas).

O poder por si só, nunca é exclusivamente bom ou mal. É bivalente, pois todas as plantas têm espíritos curandeiros e maleros. O que determina que as plantas atuem positivamente (curando, defendendo e dando a visão) ou negativamente (contagiando, atacando e obscurecendo), depende do intento do praticante e da finalidade do rito realizado por ele. Dentro dessa perspectiva, são muito significativas algumas atitudes ritualísticas de xamãs que apresentam oferendas aos instrumentos de seus inimigos (aos espíritos que os anima) para neutralizar seu poder. Vemos que esse procedimento tem a mesma estrutura do rito romano de *exauguratio cuyo* que objetivava pedir favores aos deuses do inimigo.

Por meio dos rituais de beberagem se abrem as portas da visão, os espíritos dos enteógenos se manifestam assumindo as formas das plantas em sua plenitude, apresentando-se com aspecto zoomorfos ou antropomorfos, e instruem o xamã. Segundo os *yachacs*, o *Wachuma* tem uma entidade mítica (espírito, poder ou virtude) que permite a visão e instrui o xamã durante a jornada. As formas de suas manifestações espirituais dependem da cultura de quem a experimenta. Frequentemente são manifestações antropomórficas e também de animais; entre estas últimas a presença de felinos é mais comum.

A manifestação do espírito funciona como mola propulsora para o êxito das cerimônias terapêuticas e/ou adivinhatórias e permite ao xamã conhecer a origem sobrenatural das doenças, das desgraças e conhecer o responsável pela ação material ou mágica que fez o dano ao paciente, permitindo ainda ver as plantas que irão curar o enfermo. O poder do *San Pedro* permite o xamã liberar seu duplo anímico, sua contraparte espiritual. Com seu duplo, o xamã realiza sua viagem a outros níveis do Cosmos para buscar pessoas, coisas perdidas ou escondidas e também visualizar futuros acontecimentos, pois a saída "deste mundo" representa também a fuga "deste tempo" para outras dimensões da realidade.

O espírito do *San Pedro* age como um aliado do xamã, sendo o mais poderoso e importante dos espíritos aliados, pois sem o dom da visão, o *yachac* não é reconhecido como tal e não pode atuar. Por meio do *Wachuma*, o xamã passa por um portão que geralmente é guardado pelo Jaguar, entre o mundo visível e invisível. Obtém o contato com as almas das coisas, seres e lugares para exercer controle sobre eles. O *San Pedrito* permite a entrada no mundo dos *Encantos*, ou seja, das entidades míticas do mundo andino. Ainda por meio da "virtude" dessa planta, o xamã ultrapassa os limites das dimensões espaço-tempo e adquire capacidades adivinhatórias.

A ingestão do *Wachuma*, como de outras Plantas Mestras, tem um valor "sacramental", pois permite a união com a entidade espiritual que se manifesta através da planta.

Uma das atribuições do *Wachuma* como também das *Mishas*, é proteger a casa e as pessoas contra os ataques inimigos. Por essa razão se invoca ao espírito da planta proteção à família e aos amigos, mencionando seus nomes. Às vezes se enterra embaixo da planta um papel com o nome de todos os familiares. O *San Pedro* avisa em sonho aos seus protegidos, com um silvo muito agudo, de que alguém quer lhe fazer algum mal. Falamos em silvo das plantas, pois para os *Yaguas* e outros povos amazônicos, cada planta e seu respectivo espírito tem um registro musical específico que é evocado nos cantos executados pelos xamãs, os mesmos que se entoam quando querem o auxílio do espírito da planta.

O *Trichocereus Pachanoi* é uma planta rica em mescalina o TMPE (*trimetoxipheniletilamina*). A mescalina é um alcaloide encontrado em outras dez espécies de *Trichocereus* e no cacto mexicano, conhecido pelo nome de *Peyote*, usado atualmente pelos *Huicholes* e outros nativos do México, como também em cerimônia da Igreja Nativa Americana. Além da mescalina, no *San Pedro* se encontram os seguintes alcaloides: tiramina, metiltiramina, metoxitiramina, ordenina, analonidina e tricocerene. O *Wachuma* ministrado em dose mínima não produz nada na percepção sensitiva, mas induz a um efeito sedante e em dose mais elevadas pode levar a sono profundo e alguns distúrbios neurológicos.

A experiência com o cacto, como também com a mescalina, é dividida em fases: primeiro é caracterizada por efeitos físicos e mentais. Os sintomas físicos são náuseas, vômitos, vertigem, transpirações, sensação de frio ou de calor e tremores. Aumento da pressão arterial e taquicardia, podem ser atribuídos ao temor e a ansiedade desse tipo de experiência.

A fase psíquica é dividida em duas: um período preliminar caracterizado pela predominância de fenômenos eufóricos e empáticos, e por uma profunda experiência psíquica no qual seu transcurso pode produzir visões, entendendo-as como uma síntese entre a distorção da percepção associada com uma atitude contemplativa. A culminação da experiência com o *San Pedro* coincide então com a experiência das visões.

Existem dois tipos de efeitos visionários. Um primeiro que predomina a visão de espirais, túneis, tubos e auréolas ao redor dos objetos. E um segundo tipo, que se caracteriza por surgirem imagens mais complexas e estruturadas em sequências cronológicas significativas, com predominância da imaginação sobre a percepção ordinária da realidade. A aparência do mundo exterior se altera, o mundo é o mesmo, porém estamos em outra dimensão da realidade, onde foram alteradas as coordenadas espaço-tempo e adquire uma característica típica de revelação mística. Para os *yachacs* e curandeiros, o *San Pedro* é um "Mestre" que tem o dom de transportar o "buscador" a outro mundo para outorga-lhe conhecimentos e os poderes da força da natureza.

O uso de enteógenos na Xamaria Andina se explica conhecendo a fundo a estrutura do pensamento espiritual dessas culturas e seus ícones. Estes consideram o campo da "realidade" e do "real" mais amplo que os limites da consciência sensorial. Por conseguinte, estende o conceito "conhecer" aos estados de consciência distinta da percepção sensorial.

No pensamento xamânico, o microcosmo humano tem uma profunda relação em todos os níveis do ser (o físico, emocional, mental e espiritual) com seus correspondentes níveis macrocósmicos. Na visão xamânica do mundo, não existem objetos inanimados: o conceito de "anima", "espírito" não é exclusivo do ser humano, também abarca animais e plantas, lagoas, fontes e rios, pedras e montanhas. As plantas e fungos de poder psicotrópico são considerados receptáculos, o "corpo" de um "espírito" que abre as portas da visão, auxilia e inspira os xamãs como um verdadeiro "mestre". Esse é o conceito de enteógenos. Graças a essa consideração mítico-espiritual de que gozam os psicotrópicos, o uso dos mesmos é regulado por estruturas ritualísticas, e é limitado dentro do campo espiritual nos Andes, apesar de ao redor deles ter sido criado atualmente um turismo xamânico que ilude o cidadão com promessas de acesso imediato e sem esforço ao mundo espiritual que está submerso na escuridão do inconsciente coletivo.

9

A ARTE CURATIVA

A melhor forma de curar é levar o paciente a uma mudança de consciência na qual ele conhecerá a origem da enfermidade. Uma vez que isso tenha ocorrido e ele queira curar-se, a cura será possível.

Yanaanka Tasorinki

A função de qualquer sistema de saúde de uma sociedade está essencialmente vinculada às convicções filosóficas de seus membros sobre a finalidade da própria vida. Para as culturas xamânicas, essa finalidade é o desenvolvimento espiritual. Saúde é estar em harmonia com a visão do mundo. É comunicar-se com os animais, estrelas, minerais e plantas. É conhecer a vida e a morte, e não ver diferença alguma entre elas. Saúde é buscar todas as experiências da Criação e vivenciá-las, sentindo sua textura e seu múltiplo significado. É expandir-se para além do próprio estado de consciência e experimentar os sussurros e vibrações do Cosmos.

A saúde e enfermidades nos Andes são conceitos holísticos que abarcam o campo físico, psíquico e espiritual da pessoa. Normas ético-espirituais consagradas pela tradição cultural determinam e controlam o que é correto e o que não é. Nesse sentido, a observação das regras tradicionais afirma a identidade cultural, garante ao mesmo tempo o equilíbrio físico e psíquico produzido pela consciência de atuar, cumprindo suas obrigações sociais em conformidade com aquilo que se espera de um membro da comunidade. As quebras dessas normas terminam por ocasionar síndromes culturais, que são conhecidas como enfermidades presentes num grupo social e culturas distintas ao lugar onde foram detectadas, embora possa haver experiências semelhantes.

Nas culturas xamânicas andinas, a origem das doenças, enfermidades, síndromes culturais, desequilíbrios emocionais, físicos e psíquicos tratados pelos xamãs, têm uma intervenção energética espiritual transmitida por entidades míticas. Quando a contaminação é feita, ela passa despercebida no nível físico e sensorial, mas no lado imaterial do ser afeta a sua *sombra*, produzindo uma série de resultados negativos na vítima.

Devemos esclarecer que, nas tradições xamânicas, evitar a morte não é o objetivo, mas uma questão espiritual, pois todas as doenças para os xamãs têm origem no Mundo dos Espíritos. O objetivo da cura xamânica é basicamente nutrir e preservar nosso espírito, bem como protegê-lo de vagar eternamente. A enfermidade é considerada como algo externo ao corpo físico, e que deve ser removida e destruída. O problema básico, porém, não é o elemento externo, mas a perda do poder pessoal que permitiu a invasão.

Enfermidade

Para entendermos como se percebe a enfermidade pelos povos andinos, devemos compreender as formas ou entidades que dotam o indivíduo de vida e morte. Em sua composição, o Ser é uma combinação de:

- Elemento material: o corpo;
- Elemento espiritual: as formas anímicas;
- A combinação dos fluidos frio e quente.

A enfermidade é vista por esses povos xamânicos como um desajuste do equilíbrio humano. A doença é vista também como o resultado do esquecimento das relações de reciprocidade existentes entre o indivíduo e o meio-ambiente, quebrando assim a relação do homem com o resto da criação. Lembrando que, na história cósmica, o homem vê a Mãe Terra como sua mãe natural, e como tal, deve cuidar dela; e esta, por sua vez, o protege também.

Como vimos, a etiologia da enfermidade tem origens diferentes. Falaremos primeiro sobre a ocasionada pela perda ou roubo da entidade anímica, a "alma sombra".

Como consequência da ausência da *sombra* o indivíduo se desequilibra e passa a não ter sonhos, se sentir desanimado, desmaiar, ter insônia, perda de apetite, em alguns casos pode chegar à loucura e até mesmo à morte. Todas essas manifestações demonstram a perda da energia que rege o equilíbrio do microcosmos humano. Os *yachacs* dizem que quando isso ocorre, as pessoas perdem o ánimu, sua força vital. Vale salientar que o ánimu nos outorga um aspecto atemporal e imortal, como também nossa identidade que não pode ser transmitida a outro ser.

A maioria dos perigos que surgem na vida dos andinos são generalizados como *espantos* e *sustos*. Ao tomarmos um *susto*, este provoca um sobressalto numa das entidade anímicas dentro de nós. Ao sair do indivíduo, o ánimu produz um desajuste no funcionamento da "máquina humana" e desencadeia uma série de problemas que afetam a pessoa, entre eles ansiedade, insônia, depressão, dor de cabeça, etc. O diagnóstico do xamã é decisivo no processo de cura, pois só a partir deste momento o *yachac* saberá como vai proceder e fazer as oferendas necessárias para atingir seu objetivo. O conhecimento da Mãe Natureza e do Cosmos em geral, é uma das qualidades que possuem os xamãs para realizarem seus rituais.

A composição da base cosmologica andina é a miscelânea do fluido frio e quente, que são considerados formas substanciais que veem das forças sagradas que regem o Cosmos. O calor ligado ao *hanan*, e o frio ao *hurin*, a região escura interior. Dessa forma, podemos dizer que a composição anímica do Cosmos e suas forças encontram-se na topografia da Mãe Natureza, e elas regem a vida do homem andino. São dessas forças anímicas da natureza que os *yachacs* retiram seus espíritos aliados. Alguns são auxiliados pelos *Apus*, outros pelo Jaguar, Águia, Serpente, etc.

O conhecimento que o xamã tem da natureza é o do Cosmos e o do ser humano em questão. As forças que regem o interior do indivíduo é a mesma do Cosmos, portanto, as constantes ameaças ao homem são as que ameaçam a Mãe Natureza. Uma colheita doente é uma enfermidade que afeta a terra lavrada pelos camponeses. Por muitas vezes os *yachacs* utilizam-se de confissões grupais para encontrar os males que atingem a comunidade.

Conhecer as regiões topográficas, tanto do homem como da natureza, permite ao xamã conhecer as propriedades ou substâncias que regem as diferentes localidades. Uma enfermidade ocasionada por *espanto* junto a um rio ou a uma caverna, provém do mundo escuro, já a de um raio é uma força que emana do mundo iluminado. Conhecer essa topografia, é um conhecimento intrínseco das entidades que respaldam a vida. Os curandeiros tradicionais sabem que, por exemplo, quando o ánimu se separa do corpo, seres inframundanos desejosos de energia procuram roubá-lo mediante o *susto* em pontos de comunicação entre o *Kay Pacha* e o *Ucku Pacha*, que são: cavernas, encruzilhadas, lagos, etc. Na maioria dos casos de roubo da *sombra* ou *susto*, estes são causados por um agente da natureza, e sua cura se baseia na troca com ela, geralmente numa *mesa* de *despacho* ou outro tipo de oferenda.

Apesar do *susto* e da perda da alma ser uma doença derivada de um agente externo, em muitos casos ela não é intencional. Existem dois tipos de enfermidades: as tangíveis, como as feridas, e as intangíveis, como as doenças internas. Essa última é causada pela introdução de uma *sombra* que quer se vingar por alguma razão. As doenças relacionadas com a perda da alma, como o *susto* e o trauma, fazem com que a energia que anima o corpo se separe dele e termina muitas vezes por provocar a morte do enfermo. As *huacas*, lugares sagrados relacionados com forças ancestrais, são locais que também podem provocar essa separação.

Existem diversas formas de provocar a doença e fazer o mal. Uma delas é a chamada magia simpática, que consiste em enfermar um indivíduo por meio de um pertence deste, e o mal se transmite até ele. Outro tipo de magia é a chamada analógica que consiste em enfeitiçar a vítima pela representação de um boneco dela.

Como podemos verificar, na Xamaria Andina a enfermidade é concebida na maioria das vezes desde o plano espiritual. A cura, portanto, deve ser efetuada pelo xamã que tem contato com os diferentes planos do Cosmos e que sabe trabalhar com a topografia anímica. Dessa forma, ele viaja a diferentes mundos para resgatar a alma do enfermo.

Para saber qual doença o enfermos está sofrendo, o *yachac* faz um diagnóstico por meio da leitura do Campo de Energia Luminosa, de folhas de coca e as vezes de cartas, para identificar o que realmente está ocorrendo com o seu cliente. Quando a enfermidade é consequência de *susto* ou *espanto*, ocorrida em alguma *huaca*, o xamã deve resgatar o ánimu do doente e realizar a troca. É muito importante também obter uma confissão do enfermo para compreender a sua relação com a comunidade e o meio-ambiente.

Outra característica observada na Xamaria Andina, é que tanto o xamã, como seu cliente, formam um microcosmo, cujos eixos se encontram para que seja realizada a cura. O *yachac* não só deve conhecer os extremos e a segmentação do Cosmos, mas estabelecer uma forma axial para realizar o movimento cósmico necessário para cada tipo de cura. Isso nos faz pensar que para curar a doença se requer um local específico para cada indivíduo, visando restabelecer as forças que o compõem. Possivelmente o xamã, para realizar sua viagem êxtatica, deve converter o ambiente à sua volta num microcosmo delimitado por este, cujo o eixo é o marco inicial e final de sua jornada. Para traçar esse espaço de união que permite a comunicação com outro espaço-tempo o *yachac* utilizava diversas formas.

Aprendemos na Xamaria Andina que existe uma série de condutos energéticos pelos quais a "alma sombra" pode deslizar para os diferentes planos do Cosmos. São nestas confluências que se busca um ponto de conexão cósmica que permitem formar túneis de acesso pelos quais se faz a comunicação entremundos.

Quando uma enfermidade é diagnosticada e se descobre ser derivada de uma invasão de um agente externo, o xamã deve remover a causa do mal e combater os sintomas. Utiliza-se diferentes métodos para purificar e eliminar a contaminação pela qual a pessoa foi infectada. Encruzilhadas são consideradas excelentes locais para efetuar a cura. Os *yachacs* compreendem que quando dois rios se unem, este lugar tem força duplicada e o poder de levar rio abaixo a enfermidade. Nos Andes é costume deixar a roupa de um doente neste local para que vá embora, por entender que é um lugar com canais de comunicação nos quais os xamãs podem trabalhar. O viajante tem que ter cuidado especial ao passar numa encruzilhada, para não correr o perigo de absorver a doença que foi abandonada naquele local. Consequentemente, o encontro de encruzilhadas em geral são muito veneradas, pois possuem a faculdade de levar para longe a doença.

Essências anímicas

Para compreendermos como são realizadas as terapias curativas nos Andes, temos que esclarecer alguns conceitos como *ajayu*, alma, ánimu, espírito, duplo-anímico, *sombra*, etc., que veremos a seguir.

A alma no Xamanismo constitui o objetivo principal de boa parte das terapias ritualísticas praticadas pelos xamãs. A etnografia andina não fornece grandes informações a respeito da tipologia das almas que integram a pessoa entre a população originária dos Andes. Temos apenas algumas referências de Meconi (1996), no norte peruano, sobre as "sombras" na região de Huancabamba e os curandeiros das lagoas Huaringas. Juarez (2004), realiza algumas sobre os *ajayu* aymaras, porém de maneira geral e pouco específica referente a questão. Por outro lado, as designações destas almas resultam ser bastante vagas e pouco explícita. Existem algumas denominações coincidentes, porém as delimitações entre uma e outra entidade raramente são claras, e elas intercambiam com relativa facilidade suas posições de referência. Procuraremos expor aqui a que acreditamos ser mais compreensível.

Na Tradição Iniciática Nativa Andina, o ser humano é a união de três elementos fundamentais:

- *ATHUN AJAYU* – a essência inteligente, invisível e incriada, que anima todas as formas de vida, dando-lhes poderes de pensar, sentir e se mover. Relacionando com a física, poderíamos dizer que são elétrons que não têm forma, são pura luz. Eles nascem da fonte original da Criação, o *Texemuyo*, a Grande Consciência Cósmica. Sua principal função na Xamaria Andina é a de fazer com que tudo que se tornou denso retorne à luz pura. Podemos chamá-lo de espírito, como também de consciência, que é a energia pura vital inteligente, que dá ao conglomerado humano a sua forma que é única e indivisível. Quando morremos, o espírito sai pelo topo da nossa cabeça e une-se à tecelagem cósmica que está unida a tudo no Cosmos.
- *JUCHUI AJAYU* – é uma energia sutil divina que existe nos humanos, e que é chamado nos Andes também de ánimu. Podemos chamá-la de alma ou corpo sutil. Quando uma criança nasce, essa energia sutil

cósmica entra no topo da cabeça e aquece o seu sangue dando-lhe a vida. Em outras palavras, ela é o veículo denso mais próximo que tem o espírito, e que permite a ele se conectar com a matéria.
- CORPO FÍSICO – a matéria que serve para nos manifestarmos no plano tridimensional. Podemos dizer que é um veículo adaptado a este plano denso que é nosso planeta.

Ajayus são imortais, mas diferentes na sua essência. Se o *Athun Ajayu* deixa o corpo físico, a força da vida desaparece e o indivíduo morre, mas ele permanece vivo no *Ucku Pacha* ou dependendo do seu grau de evolução, vai ao *Taripay Pacha*. Já quando o *Juchui Ajayu* deixa o corpo, a sua ausência faz com que a pessoa continue vivendo por um bom tempo, porém culmina em desequilíbrios físicos e psíquicos, que terminam levando ao desencarne.

Juchui Ajayu em algumas regiões, principalmente ao norte do Peru, é conhecido pelo nome de *sombra*. Xamãs andinos referem-se a ela também pelo nome de *llantu* e a consideram como um dos princípios intangíveis do homem, que tem outras funções autônomas em relação ao corpo e a consciência sensorial, gozando de suas próprias características, com a possibilidade de existir e sentir sem depender do corpo. Essa essência é considerada um duplo anímico, que o xamã é capaz de desenvolver e utilizar de forma consciente, independentemente dos sentidos físicos. Identificada sua *sombra*, ele intencionalmente a remove do seu corpo para realizar a viagem no espaço-tempo para fins divinatórios e terapêuticos. Alguns fazem uma diferenciação desse termo com o de alma, pois o primeiro é designado aos indivíduos pagãos, enquanto o outro é somente utilizado para quem foi batizado. Porém, acreditamos que o certo seria chamá-la de "alma-sombra".

Perder uma das entidades anímicas ou almas que "possuem" os seres humanos, nos Andes constitui um sério problema de saúde. As almas dos homens interessam a toda uma constelação de entes míticos de características excepcionais que exercem certo tipo de tutela cerimonial sobre a vida humana. Estes entes míticos anseiam pelas almas humanas, alguns deles querem agarrá-las com a intenção de devorá-las. O que acontece com as almas repercute diretamente no estado de saúde de seus proprietários, a perda de qualquer entidade anímica supõe um problema médico que tem de ser resolvido imediatamente. Se a intervenção não for logo realizada, o doente morre. Para isso, é necessário recorrer ao xamã que irá tratar de recuperar "a alma-sombra" capturada e restituir à pessoa enferma.

Nos Andes, o termo alma se aplica geralmente aos espíritos dos falecidos. De forma genérica, as entidades anímicas que os seres humanos possuem recebem o nome de *ajayu ch'iwi*, na língua *aymara*, o seu duplo anímico. Como na cosmovisão andina tudo tem uma contraparte (luz/sombra, masculino/feminino), entre as partes anímicas não seria diferente. Cada uma delas recebe uma denominação específica: a primeira e mais importante é conhecida como *ajayu*, termo antigo que é definido como "a sombra de todas as coisas". O *ajayu* é a sombra principal, sua perda implica na morte imediata do doente. A outra sombra recebe denominação oriunda do *castellano*, como é o caso do *ánimu*, de caráter secundário em relação à primeira, sua perda pode ser corrigida, pois existe um prazo de tempo em que o "ânimo" pode ser restituído ao enfermo para sua cura satisfatória; entretanto, se não forem tomadas medidas oportunas, a perda do *ánimu* pode provocar uma grave doença que culmina na morte.

Os *ajayu ch'iwi*, apresenta uma caracterização morfológica peculiar; constituem o "duplo" da pessoa a que pertence como se fosse uma roupa sobreposta sobre seu próprio corpo. Sua conformação pode ser notada com tênues variações de luz que se observam na "alma-sombra" dos seres humanos. A escura é o *ánimu*, a sombra, e a mais clara é o *ajayu*, o espírito.

Sombra

O nome real da *sombra* se perdeu ao longo da história andina, sendo este o atual usado para representar o que chamamos de duplo anímico. Uma sombra projetada no chão, mesmo sem consistência material, mantém uma forma semelhante ao corpo projetado; do mesmo modo a *sombra* – duplo anímico – preserva as características do indivíduo. A *sombra*, *llantu* na língua *runasimi*, mantém um relacionamento substancial como ocorre com a sombra projetada pelas coisas. De acordo com ideias mágicas arcaicas, atuando sobre a sombra produzida por um corpo, pode-se atacar uma determinada vítima, ou seja, o mesmo resultado pode ocorrer na *sombra*, ou duplo imaterial da pessoa. Sabendo desse fato, *maleros* praticam o mal a um indivíduo quando são contratados para tal ou querem prejudicar alguém.

Quando se pretende traduzir o conceito indígena de duplo anímico, a *sombra* da Xamaria Andina ou o *tonalli* dos *nahuas*, inevitavelmente usam os termos alma, *anima* e espírito, o que termina originando interpretações errôneas. Do mesmo modo, os termos *ánimu, sombra* utilizados pelos andinos são reinterpretações e adaptações de palavras que expressam conceitos nativos.

Separada do corpo a *sombra* mantém uma identidade autônoma. Pode executar ações independentes do corpo, tal como voar no espaço-tempo, atravessar corpos sólidos, alcançando instantaneamente lugares distantes e vivenciar acontecimentos que não pertencem ao presente histórico; influenciar positiva ou negativamente na saúde de outras pessoas, estabelecer contato com entidade míticas, etc. É dessa maneira que um xamã age quando entra em Estado Xamânico de Consciência Ampliada.

A *sombra* separada do corpo conserva intactas as características fisionômicas e qualidades (sabedoria, bondade, maldade, etc.) ao ponto de quem a vê poder afirmar a quem ela pertence, isso quando esta não se transforma em um animal. Tão estreita é a união entre os dois, que um ferimento infligido ao duplo anímico aparecerá como uma lesão no corpo denso, podendo levar à morte (tal como ocorre com o nosso Animal de Poder).

Enquanto a *sombra* pode sobreviver fora do corpo de uma pessoa, esta, necessitando dela, manifesta uma série de distúrbios e anomalias que os xamãs andinos chamam de "perda da sombra". Essa ausência culmina em desequilíbrios físicos e psíquicos. A sintomatologia (as desordens físicas mais evidentes) no caso da perda da *sombra* (ánimu) são as seguintes: agorafobia, inapetência, depressão, angústia, desmotivação, amnésia, raiva, vontade de isolar-se, insônia, sonos curtos e agitados, pesadelos, febre, diarreia, paralisia temporária, hemorragias internas. Os xamãs andinos dizem que a *sombra* tem uma estreita ligação com a energia vital e com o veículo material dela, que é o sangue. É típico nos Andes falar que uma pessoa que perdeu a *sombra* tem sangue fraco.

A *sombra* governa a identidade psíquica do indivíduo como caráter, personalidade, coordenação motora e faculdades intelectuais. Dela depende a vontade, isto é, a capacidade de lidar com a existência biológica e a harmonia social, sendo consciente e responsável pelas suas ações e decisões. Com a ausência contínua da *sombra* por muito tempo, as principais funções psicofísicas da pessoa são interrompidas resultando no falecimento dela.

Depois da morte, a *sombra* sobrevive numa existência fantasmagórica, conservando a fisionomia e características do indivíduo a quem pertencia em vida. Geralmente as *sombras* dos mortos permanecem junto a seus restos mortais ou aos lugares em que eles viviam. Ela tem uma relação íntima com os objetos que pertenciam ao falecido ou com parte de seu corpo: roupas, retrato, unha, cabelo, saliva, sangue, sêmen, etc. Tem também uma ligação muito estreita com o nome da pessoa. Sabendo desses detalhes, os *maleros* (feiticeiros) praticam magia negra utilizando-se desses objetos e do seu nome completo quando querem roubar a *sombra* de alguém.

No pensamento xamânico, em geral a *sombr*a não pertence somente a um ser humano, se estende aos animais, coisas, plantas e lugares. Uma pedra de uma montanha, como a de *Ausangate*, manifesta o poder desse local que é considerado sagrado pelos andinos. O mesmo ocorre com coisas de outras *huacas*, locais de poder. Para a maioria dos xamãs andinos, a *sombra*, espírito e virtude são sinônimos do poder dos objetos sagrados, ou artes da *mesa* do xamã. Cada um dos objetos tem um duplo anímico que se manifesta de forma diferente da dele, mantendo, no entanto, uma relação analógica com ele. Uma *kuya* (pedra) pode manifestar-se na forma de um guerreiro ou uma mulher, como também de um animal.

Perda da Sombra

A separação da *sombra* ocorre como consequência:

- De um acontecimento natural que produza uma impressão violenta no sentido mais amplo da palavra, que nos Andes é chamada de *susto* ou *espanto*. Essa experiência traumática produz a separação da *sombra* que cai presa de uma entidade mítica ancestral, um espírito ou *encanto*.
- Devido algum motivo que não tenha nada a ver com *susto* já que as impressões violentas e intensas não são as únicas responsáveis pela separação da *sombra* do corpo. Nesse caso ela pode ter sido raptada por:

  a) Um ente sobrenatural, como consequência de um ato voluntário ou não, por exemplo, dormir perto de antigos cemitérios ou locais de poder. Esse é o caso da *tapiadura* ou da *cajadura*.

  b) Um *malero* que através da magia negra proporciona a intervenção dos seus espíritos auxiliares para sequestrar a *sombra* da vítima, mantendo-a prisioneira, desejando feri-la ou matá-la.

  c) Práticas de magia amorosa (*guayanche*), onde o operador executa a chamada da *sombra* como o *malero* faz, a fim de dobrar e quebrar a vontade da vítima

Mesmo quando a *sombra* não é extraída do corpo, ou sequestrada, ela pode ser vítima da prática de *contágio*, como no caso de práticas realizadas nas peças de roupa de um indivíduo, retrato, cabelo ou unha, contagiando todo o corpo como uma doença. Da mesma forma, uma entidade mítica pode contagiar a *sombra* de uma pessoa produzindo distúrbios físicos e psíquicos.

Em cada um dos casos mencionados, a *sombra* se separa do corpo como consequência da intervenção de forças externas. Existem alguns casos em que ela o abandona por ação ou vontade da pessoa, como ocorre com os xamãs, ou como resultado de um processo natural como o sono.

De qualquer forma, a separação da *sombra* da matéria é considerada um evento altamente perigoso, porque fora do corpo, ou seja, do campo de ação, do controle da razão e da consciência sensorial, se estende ao outro mundo, o dos espíritos. O contato com o mundo espiritual deve ser sempre cuidadoso, sendo necessário o auxílio de aliados para tal. Esse requisito geralmente não está ao alcance para quem não é um xamã.

O elemento central da terapia xamânica para cura dessa síndrome é a "chamada da sombra" e sua reincorporação ao corpo do doente. A estratégia de restituição da entidade anímica perdida implica em operações complexas de grande relevância sensitiva. A conformação de uma oferenda que põem a prova o atrativo culinário dos comensais sagrados, implicando na restituição da *sombra*, que deve ser renunciada pela tutela improcedente que estava exercendo sobre ela para que o xamã possa reincorporá-la ao enfermo, é apenas uma dessas operações realizadas pelo *yachac*. No tópico "Tipos de ritos" detalharemos mais sobre cada uma delas.

Encantos

No momento de sua iniciação, o xamã deve fazer um pacto (*compacto*) com os espíritos aliados que o auxiliarão e o aconselharão em sua caminhada xamânica. Muitos destes ajudantes são as entidades míticas conhecidas como *Encantos* (*Encantados*). Da mesma forma que eles são ótimos companheiros do *yachac* em sua jornada, outros são os responsáveis por inúmeras enfermidades que ocorrem nos Andes. Sendo essa uma das razões pela qual o jovem xamã aprende em seu processo iniciático a estabelecer contato com esses seres por meio dos sonhos ou pelo voo extático ao entrar em EXCA. Dessa maneira, ele começa a interagir com esses entes e contar com seu auxílio precioso, sendo protegido pelos *Encantados* e chegando a receber deles seus próprios poderes. Xamãs andinos são extremamente ciumentos em relação a sua fonte de poder, e evitam que outros saibam quem são "seus" *Encantos*.

Dentre as atividades do *yachac*, uma delas é a de garantir a correta relação ritualística com os *Encantos*, sendo por essa razão chamado na região norte do Peru por "Sacerdote dos *Encantados*". Usualmente, quando o xamã vai realizar algum rito, ele evoca uma série de *Encantos* que habitam o mundo mítico andino para contar com o apoio deles em seu trabalho. Estes seres *Encantados* são divididos nas seguintes categorias:

- Espíritos dos lugares e entidades de origem não humanas, como a *chununa*, o *tutapure* e *carbunclo*.
- Espíritos ancestrais humanos.
- A *sombra* dos xamãs e dos objetos sagrados que compõem a *mesa* do *yachac*.
- Espíritos dos Aliados de Poder dos xamãs, os *compactos*.
- Espíritos das Plantas Mestras.

Podemos afirmar que *Encantos* são espíritos, entes míticos capazes de encantamento mágico que habitam lugares da natureza como cavernas, *huacas*, lagoas, montanhas, rios, etc. Os objetos da *mesa* do *yachac* também são chamados de *Encantos*. Todos eles podem assumir formas animais, humanas, mitológicas, entre outras carregadas de forte teor simbólico. A palavra encantar na Xamaria Andina significa atuar sobre algo ou um indivíduo, transmitindo um poder que pode ser positivo ou não. Ao dizermos que uma pessoa está encantada, isso significa que ela está saturada de poder. Já a sua contraparte negativa é chamada de *contágio*, e conforme o próprio nome diz, vem imbuído de coisas negativas, tais como a doença e roubo da *sombra*.

Práticas ritualísticas de cura

Embora exerça várias funções na sua comunidade, a principal função do xamã andino é a de curador. Para obter êxito em suas funções ele utiliza-se de uma série de técnicas ritualísticas. A mais importante delas é o aumento do poder pessoal para, depois, atacar a causa da doença. Trataremos aqui das enfermidades relativas à síndrome cultural andina. Elas geralmente têm três origens:

- MÁGICAS – são as produzidas pela intervenção de forças míticas (*tapiadura, cajadura, shucadura, encanto*, rapto da *sombra*, *susto* ou *espanto*) e por operação nefasta feita pela mão de um *malero*.
- NATURAIS OU NÃO MÁGICAS – são síndromes sociais como o mau-olhado, *chucaque*, um sentimento de vergonha que produz a separação da *sombra* e ocorrência naturais, como um vírus. Geralmente ela ocorre por falta de equilíbrio físico, mental ou emocional.

- **Energética** – são as desencadeadas por forças energéticas que não podem ser encaixadas como totalmente mágica, apesar de muitas serem lançadas por feiticeiros. Falaremos mais particularmente sobre ela no capítulo "Técnicas de Cura".

Segundo Meconi (1996, pág. 541): "Não existe síndrome cultural que não seja produto de desequilíbrio, e é tarefa do xamã encontrar os meios para restabelecê-lo."

Nos Andes, perder a *sombra* é a ocorrência mais grave de todas, pois seu poder pessoal está intimamente ligado a ela. Sem a intervenção do curandeiro, o paciente poderá morrer. As outras enfermidades mais comuns são:

- **Shuchadura** – uma desordem física e psíquica ocorrida por lugares sagrados ou manuseio de objetos sem o devido respeito e autorização.
- **Tapiadura** – rapto da *sombra* por um espírito em determinados locais de poder.
- **Susto** – perda da *sombra* como consequência de um trauma produzido por um *espanto*, emoção, raiva, vergonha ou decepção.
- **Daño** – operação mágica realizada por um feiticeiro, sobre um objeto que substitui a vítima, ou perda da *sombra*.
- **Inveja ou mau-olhado** – são poderes inerente à pessoa, estão relacionados à energia de sua *sombra*. Ou seja, ambas são produtos da projeção do poder da *sombra*. A inveja é uma ação considerada intencional, enquanto que o mau-olhado é inconsciente.

Como foi falado no início do capítulo, algumas enfermidades são provocadas pelo desequilíbrio dos fluidos frio e quente. Analisando os casos mencionados podemos interpretar que, a oscilação do estado anímico, envolve um estado de desequilíbrio dos fluidos corporais que produziu o desajuste. Portanto, quando um indivíduo adoece, por uma parte deve-se capturar o *ánimu* do enfermo e entender os sintomas que se manifestam com o aumento ou diminuição de temperatura que o tem afetado. Minha mentora sempre fala que "temos que equilibrar os dois fluidos: frio e quente".

Ela me ensinou que a enfermidade por desequilíbrio de temperatura se cura mediante a compensação do contrário, isso significa, que se o doente está com febre alta, por exemplo, não podemos utilizar na sua cura uma erva quente, e sim uma fria, que irá compensar o desequilíbrio.

Em nossos estudos sobre a cosmologia andina compreendemos que as substâncias que compõem os seres, fria ou quente, combinam-se para formar um tipo concreto no nascimento do indivíduo. Essas substâncias com o passar do tempo mudam para se converterem em um Ser com características cada vez mais inframundanas, com fluidos frios. Além disso, esse desequilíbrio ou equilíbrio, dependendo de como se olha, por sua vez leva a metamorfose do indivíduo. Por exemplo, o homem não pode habitar outro plano do Cosmos, tem que mudar para poder ascender a outras regiões. Nesse caso volta ao seu estado original. Dessa forma, a enfermidade que provoca o desequilíbrio dos fluidos intrínsecos acelera a transmutação do ser e em alguns casos provoca a morte.

Baseados nestas informações, a título de curiosidade, informamos que a Xamaria Andina acredita na existência de uma estrutura energética além do corpo físico. Segundo esse princípio, existe uma dinâmica entre duas forças antagônicas e complementares, os fluidos de frio e calor que são os mesmos conceitos de *yin* e *yang* desenvolvidos pela medicina tradicional chinesa e empregados na alimentação. Acredita-se que os alimentos classificados como *yang* aceleram o metabolismo, aumentando o calor do corpo, enquanto os alimentos *yin* desaceleram diminuindo assim o calor corporal. Em geral, os alimentos *yang* são altamente energéticos, especialmente quente, claro, leve e seco, enquanto os alimentos *yin* costumam ter uma característica de umidade, peso, frio, maciez, escuridão, etc. O ideal é comer dos dois tipos de comida para manter o corpo em equilíbrio.

Princípios básicos do curandeirismo

A maioria dos xamãs tem como base conceitos animista, ou seja, a crença de que tudo que existe está dotado de um espírito. Para os andinos, existem espíritos das montanhas, das lagoas, dos rios, como das *huacas* e das plantas. Seu diagnóstico se baseia no descobrimento do dano que algum espírito fez ao paciente lhe causando a enfermidade. O tratamento consiste em reparar esse malefício, convocando os espíritos propícios por meio de diferentes manobras místico-mágicas.

Os curandeiros usam durante essas manobras, preparos de plantas nativas que bebem e dão de beber aos seus clientes. Tais bebidas contêm alcaloides psicotrópicos como a mescalina no *Wachuma* (*Trichocereus Pachanoi*) ou harmina no caso da *Ayahuasca* (*Banisteriopsis caapi*). Os efeitos destas Plantas Mestras unidos a uma ação sugestiva, podem influir favoravelmente em alguns quadros clínicos com forte influência psicossomática.

O dano é uma forma mágica de ação sobre a saúde, e seu tratamento é fundamentalmente mágico. Se o dano é produzido por homens devido à inveja e outros fatores, como o envio por parte do *malero*, deve se curar o paciente livrando-o dos efeitos produzidos pela influência da magia negra praticada. O dano também pode ser transmitido "por la boca", quando se ingeriu uma substância que produz efeitos nefastos com os resultados pretendidos, ou "por lo aire", quando se supõe que foi causado por inalação. Uma forma especial de "daño" é o chamado de roubo da alma. Danos também podem ser realizados atuando-se sobre uma boneca ou um objeto da vítima.

Feitiçaria e cura

Devemos deixar claro que a feitiçaria e cura xamânica são dois lados de uma mesma moeda nas práticas de cura moderna em todo Andes. *Envidia* (inveja), ciúme e vingança são razões frequentemente dadas por vizinhos descontentes, colegas de trabalho ou familiares que procuram os serviços de um *malero* para fazer mal a outro indivíduo. Se o feiticeiro aceita o serviço, ele vai realizar uma cerimônia a fim de causar dano a uma pessoa. Na região costeira e nas terras altas, o objetivo desse ritual é mais frequentemente usado para roubar a alma da vítima. Na selva amazônica, o objetivo mais provável é o de enviar dardos mágicos (*virotes*) num indivíduo, a fim de causar o dano. Em todos os casos, a feitiçaria é uma manifestação da vida fora de equilíbrio, criando a discórdia social. Já a cura envolve restaurar a harmonia em vários níveis.

A Magia Simpática desempenha um papel fundamental na feitiçaria, tanto para captura da alma ou a intrusão de um espírito. Em ambos os casos, a feitiçaria pode ser facilitada pela ingestão de uma poção mágica chamada de *brebaje*, que é secretamente colocada na comida ou bebida da vítima. Esse tipo de feitiçaria é conhecida como "Daño de Boca", porque ele entra na vítima através da boca. Essa poção contém restos humanos em pó, excrementos, sangue ou outro item magicamente "carregado". A feitiçaria também pode ser facilitada por *aire*, que envolve a vítima por uma ação preparada pelo *malero*, por uma boneca ou foto da pessoa presa com alfinetes, que pode ser queimada ou enterrada.

Os sintomas da feitiçaria tendem a refletir as características do ente que capturou a "alma sombra" da vítima ou do dardo mágico que foi lançado em sua direção. Embora esses sintomas possam imitar aqueles que são de origem biológicas, as suas origens mágicas os torna resistentes ao tratamento por profissionais biomédicos.

Em todos os casos, é papel do curador xamânico desfazer o feitiço que tenha sido causado por feiticeiros. Enquanto muitos xamãs insistem que eles fazem apenas o bem, grande parte da literatura sugere que o feiticeiro e o curandeiro são a mesma pessoa, simplesmente executam diferentes funções xamânicas de acordo com as necessidades do cliente.

Tipos de ritos

Toda cerimônia terapêutica é profilática, já que não só afasta do indivíduo a enfermidade, como propicia a intervenção de forças benéficas do mundo mítico. Dentro da Medicina Tradicional Nativa Andina subsistem inúmeros ritos terapêuticos dentre os quais destacamos:

OFERENDAS – Existe nos Andes uma série de ritos de proteção que neutraliza os poderes negativos por meio de oferendas às lagoas, montanhas, à terra e aos *Encantos*. Em determinadas regiões, os favores dos deuses devem ser comprados por meio de oferendas, já em outras, eles são para compensar o favor que foi realizado, mas servem como alimentos energéticos para os comensais sagrados. Existe um ditado andino que diz: "Quanto mais generosas as pessoas forem com os deuses, mas estes serão com os homens." Porém, na maioria das comunidades andinas essas oferendas são para executar a lei da reciprocidade, *ayni*, devolver o que recebeu como sinal de agradecimento aos entes míticos. Já outros tipos de oferendas são ritos de compensação que visa obter de volta algo que perdeu.

Segundo Meconi (1996, pág. 541):

Do conceito de "reciprocidade" deriva a ideia do recíproco, intercâmbio de presentes entre homens e deuses: o homem deve "alimentar" os deuses para que os deuses, com a abundância de seus dons, alimentem os homens. "Alimentação" no léxico curanderil é sinônimo de "oferenda". Interromper esse processo de "circulação de bens" significa prender o fluxo que torna possível a vida universal e garantir sua continuidade.

REFRESCO OU SHULALADA – É uma cerimônia para neutralizar o poder quente de determinados objetos ou lugares por meio de aspersão de ingredientes com qualidade refrescante. Ela também serve para liberar a energia residual de um objeto de poder de um xamã morto, para que essa não se transforme numa força destruidora.

CITAÇÃO (CITACIÓN) – No sentido xamânico significa evocar os espíritos tutelares e aliados dos xamãs, como também para chamar uma determinada *sombra*, seja para cura, seja para feitiçaria.

SINGADA – É uma cerimônia que consiste em sorver pelas narinas tabaco macerado em álcool. Serve para fortalecer a pessoa oferecendo--lhe proteção, sorte e saúde. Ela fortalece principalmente a *sombra* do indivíduo. Pode também ser adicionado mel, perfume, vinho e em alguns casos sumo de *Wachuma*. Xamãs do Norte do Peru afirmam que a *singada* alimenta a *sombra* de uma pessoa dando-lhe poder, fortalece o espírito e fornece proteção. Esse pensamento é compartilhado com o de tribos amazônicas que utilizam o rapé de tabaco.

LIMPIA – É uma cerimônia de limpeza com a intenção de livrar uma pessoa de má sorte, doença ou feitiçaria. Ela consiste em esfregar o corpo do enfermo com objetos da *mesa* do *yachac*, como também com flores ou ovo de galinha caipira. Em determinados casos, esfrega-se o *cuy* (porquinho-da-índia) no corpo, para absorver a doença e ao final sacrifica-o, ou o joga na correnteza do rio. Pode-se também realizar a *limpia* com varas de madeira de *chonta*, principalmente nos casos de amarração amorosa. Para finalizar essa cerimônia o paciente deve sempre ser banhado nas águas de um rio ou lagoa.

Desenriedo (desatar) – É uma cerimônia com o objetivo de desfazer os impedimentos criados pelos feiticeiros ou pessoas invejosas. Ela é realizada com banhos em lagoas ao final de todo processo de limpeza do indivíduo.

Chupada ou sucção – É considerada uma operação terapêutica realizada na região enferma do doente. Ela visa retirar o ente patógeno que se encontra no corpo devido ao contágio enviado por magia negra. Para efetuar a sucção o xamã usa alguns elementos na sua boca que geralmente são: tabaco, mel, flores, água, perfumes, laranja lima ou açúcar. Ele chupa o ente e depois o sopra em direção ao chão ou ao céu, podendo também direcioná-lo de volta para o feiticeiro que enviou a doença. Essa técnica também é utilizada nos casos de distúrbios mentais, cuja origem se atribui ao calor no cérebro.

Florescimento – É uma cerimônia de fortalecimento do poder pessoal do paciente na qual o xamã benze o cliente com água florida, cuspindo-a em sua direção após uma série de ladainhas e cânticos que enaltecem o retorno da saúde do paciente.

Chamada da sombra – É um conjunto de operações ritualísticas executados pelo xamã para reintroduzir a *sombra* no corpo que se afastou como consequência de *susto*, de uma intervenção de entes míticos ou como resultado de práticas de magia negativa ou "amorosa". Nesse processo, há uma série de operações ritualísticas que seguem um roteiro, tendo como elementos fundamentais:

- Diagnóstico para detectar onde se encontra a *sombra* raptada e quem a tem em seu poder;
- *Limpiada* ou chupada do doente;

- Oferendas pela devolução da *sombra*, nesse caso o xamã tem que convencer o ente a aceitar seu pagamento;
- Chamada da *sombra* pronunciando o nome do enfermo, a ideia é que por ser uma entidade inteligente, ela escute a evocação do *yachac*;
- Manifestação da *sombra* e sua captura por meio de um objeto do paciente ou um cristal;
- Reincorporação da *sombra* no corpo;
- Florescimento do paciente.

Na região de Cusco, essa cerimônia é chamada de *kutichisqa,* que vem do verbo devolver (*kuti*). Inicia-se fazendo uma oferenda aos espíritos tutelares do lugar, para que eles ajudem a restituir a *sombra* (*llantu*). Coloca-se numa manta um feto de lhama, ovo de galinha, espiga de milho, folhas de coca, doces, incenso, gordura de alpaca, pequenas figuras de estanho, vinho, pétalas de flores, semente de *huairuro*, fio dourado e prateado. Esfrega-se o corpo do paciente com essa manta e depois a queima num local de difícil acesso. Apanha uma peça de roupa do enfermo e fixa a *sombra* nela; em seguida veste a pessoa com a peça.

Já a *mesa* do centro-sul andina, realizada pelos povos *aymaras*, é uma oferenda cerimonial alimentícia (*waxt'as*) que contrasta com a mesa praticada na região Norte. As oferendas rituais dos xamãs do Centro-Sul caracterizam-se por estarem relacionadas aos ciclos produtivos no tratamento cerimonial das chácaras, da criação de animais e dos recursos para seu crescimento tais como as águas.

As folhas de coca que se empregam nas *mesas* são oferecidas como *akulli* aos seres tutelares. Para isso são utilizadas as folhas de melhor aspecto. A folha de coca possui a capacidade de representar tanto os desejos dos ofertantes licitantes como aos próprios comensais, ao que o xamã nomeia antes de colocar a folha correspondente no prato ritualístico. A forma de incorporar a folha de coca na oferenda é diferente para cada *yachac* e depende, em grande parte, do critério formal que o especialista considera adequado usar. Nessa *mesa* alimentícia os xamãs *aymaras* usam o feto (*sullu*) do animal que é oferecido no despacho cerimonial. Estes sempre devem ser besuntados com gordura da sua espécie e decorados com lãs de diversas cores, flores e papéis brilhantes, antes de serem colocados na oferenda.

A forma mais habitual de oferecimento da *mesa* consiste em queimá-la uma vez que foram acondicionados todos os ingredientes ritualísticos, dessa forma, os comensais sagrados degustam a essência aromáticas das oferendas. Geralmente as *mesas* ritualísticas são queimadas para que sejam degustadas pelos seres tutelares. O xamã e os participantes devem dar as costas ao fogo, pois não é cortês olhar quem está comendo. A cor da fumaça, sua evolução ao final e o aspecto geral das cinzas restantes constituem indícios empregados pelo xamã para o diagnóstico do êxito ou fracasso da oferenda. Trata-se de saber se o prato ritualístico foi bem ou mal recebido, e se será necessário repetir o ritual em outro momento. Existem casos que se repetem até três vezes.

Essas oferendas complexas, *waxt'as*, são pratos de comida ritualística elaborados com ingredientes previamente descritos, que constituem de alimentos aptos para os comensais sagrados a que se destinam. Esses pratos são preparados exclusivamente pelos *yatiris* (xamãs), que devem conhecer com precisão os gostos e apetites culinários dos seres tutelares a que se destina. Uma oferenda mal preparada condena ao fracasso a solicitação do oferente e pode ocasionar graves prejuízos à sua saúde como a do xamã que elaborou o prato. Quando se obtém sucesso nesse rito, a *sombra* deve reconhecer a si mesma e identificar o seu "proprietário", como se estivesse olhando num espelho, que muitas vezes são utilizados pelos *yachacs*.

Cerimônias de Cura

O ritualismo como prática de cura dos *yachacs* utiliza elementos que permitem uma comunicação consciente e supraconsciente. O emprego destes instrumentos permite diagnosticar e transmitir a cura. Normalmente, para empregar estes elementos se necessita fazer uma cerimônia de abertura do espaço sagrado que é um espaço-tempo harmônico que permite ao xamã entrar em contato com os elementos da cura. O conhecimento do céu, da terra, de todo o Cosmos se pode adquirir diretamente através de uma boa relação com estes elementos e com os espíritos das Plantas Mestras. É por meio dessa relação que os *yachacs* compreendem a vida, conhecem as visões e cerimônias de todos os cantos do mundo e a profundidade do Cosmos.

Nos Andes, existem diferentes formas de transmitir energia e fazer um diagnóstico, tais como a leitura da vela, limpeza do ovo e *la sobada* com o *cuy*, as plantas medicinais, cantos, dança, entre outros. Cada cerimônia existente é um canal de comunicação entre o Mundo dos Espíritos e o nosso. Descreveremos em seguida as mais comuns praticadas na Xamaria Andina.

Mesada

Todo esse ato se conjuga numa cerimônia que conta com elementos utilizados no lugar que se trabalha. São esses elementos que determinam a qualidade da cura, pois eles se transformam para o xamã num mapa de comunicação do inconsciente com o paciente e toda a informação sobre o processo curativo. Também existem símbolos espirituais de transformação, de crescimento e iniciático, que o curandeiro utiliza e tem ligação com os quatro elementos (Água, Fogo, Terra e Ar), ou são emitidos pelo vento e por isso os *yachacs* sopram água ou aguardente).

Os elementos que se utiliza na *mesada*, por exemplo, é o cravo vermelho e pedras que são a representação de um poder ancestral, a representação da sabedoria dos nossos antepassados e a consciência de que esse conhecimento continue sendo transmitido de um para outro.

No processo de cura pode ser utilizado qualquer elemento, pois esse é um ingrediente de comunicação universal, um símbolo arcaico que se renova no momento de sua utilização. Por exemplo, é sabido, consciente ou inconscientemente, que o fogo, por meio do incenso ou palo santo está limpando, *saumeriando* o corpo para a cura, como se fosse uma varrida da carga energética do paciente.

Podemos dizer que a *mesa* é um conjunto fechado, um corpo constituído por uma série de substâncias que a integra. O corpo do paciente configurado com os ingredientes da *mesa* adquire uma dimensão cosmológica ao fazer referência aos seres tutelares e as direções cerimoniais no espaço que o constitui. O corpo não é só um espaço submetido pela aflição, mas um corpo cerimonial (espaço ritual) que parece elaborado minuciosamente pelos ingredientes da oferenda, projetando-se assim, ao interior do doente sem necessidade de abri-lo. A *mesa* reproduz um corpo perfeito, biológico, social e cerimonial com diferentes espécimes cerimoniais, destinadas a configurar esse campo "perfeito" com a reintegração da *sombra* que havia sido sequestrada contra sua vontade.

Como podemos observar, o restabelecimento da saúde para os andinos é efetuado utilizando um conjunto de elementos curativos que brinda a mãe natureza: animais, água, minerais, terra, plantas, energia solar, fogo, ar, etc. Os xamãs utilizam-se também de práticas manuais onde friccionam e sacodem ou impõem as mãos, combinando elementos curativos e assim restabelecendo a saúde, com agradecimentos, petições, orações e cantos. Harmonizando assim, a saúde humana e o tudo como um todo.

Leitura da Vela

A comunicação e cura no processo da leitura de vela são feitas de forma consciente e inconsciente. O Fogo, o elemento da vela, simboliza a presença do indivíduo. A faculdade de interpretar a chama através de seus movimentos faz parte dos primeiros aprendizados do xamã com seu mentor. Nesse caso, a vela se converte num agente que se comunica por meio do fogo e descobre o que está ocorrendo com o paciente. Xamãs que aprendem a decifrar as mensagens da vela podem desenvolver a clarividência. Antes de ser feita a leitura, a vela deve ser friccionada no corpo do paciente para que ela possa captar todas as informações do que está ocorrendo com ele.

Existem três tipos de leitura que podem ser feitas:
- Da chama – a auréola externa transmite os pensamentos e os sentimentos das pessoas que rodeiam o indivíduo. A parte interior da chama, próximo à mecha, corresponde ao comportamento interior do paciente baseado na sua autoestima. A intensidade da cor evidencia o que irá acontecer no destino dele.

- DA MECHA – a direção dela indica a localização das enfermidades, se ela se dobrou para um lado indica que ali há problemas. A presença de chispas pode ser interpretada como que o indivíduo foi vítima de feitiçaria. Caso a mecha se ramifique em três, significa diferentes situações do destino da pessoa.
- DA FUMAÇA – Ao apagar a vela é possível ver na fumaça o estado anímico do cliente e a evolução da doença. Uma fumaça larga para cima simboliza otimismo e a melhora total. Já se ela é espessa e pequena significa uma melhora lenta. Leve e para baixo é sinal de pessimismo e indica que a melhora talvez não ocorra.

LIMPEZA COM O FOGO CURADOR

A importância do fogo dentro da cerimônia é a de conectar e concentrar num espaço a força flamejante que permite purificar e reconhecer o poder da vitalidade e energia da Terra. Tradicionalmente, a *limpia* se faz soprando (aspergindo) aguardente sobre o corpo do paciente. Porém, é necessário ter alguém, não necessariamente o xamã, fumando um cigarro de tabaco, pois isso permite que o fogo tire o mal-estar e a fumaça limpe o ambiente enquanto o curandeiro vai recitando suas rezas para que o fogo limpe o caminho.

LIMPEZA COM OVO

Um dos processos de diagnósticos mais utilizados nos Andes é o da *limpia con el huevo*. Nele o xamã deve sempre pegar o ovo pela ponta pontiaguda com sua mão direita para não absorver a má energia. Este deve ser passado no corpo do enfermo, dos pés até a cabeça, enquanto pronuncia o nome do paciente. A varredura magnética no corpo do doente é feita friccionando o ovo sob a pele com o lado arredondado que absorve a energia intrusa. Depois quebra-se o ovo dentro de um copo com água limpa até a metade. Devido ao estado coloidal e iônico do ovo, o desequilíbrio energético modela mudanças no interior que evidencia alguns padrões característicos na clara e gema, os quais são conhecidos pelos *yachacs*. Para realizar esse processo é necessário: um ovo de galinha caipira, um copo de cristal com água limpa e um pedaço de madeira fina para mexer o ovo dentro da água.

Problema	Leitura do ovo
Feitiçaria	Clara com manchas escuras. Gema com fios avermelhados.
Mau-olhado	A gema aparece meio esbranquiçada como olhos.
Espanto	A clara se torna branca e sobe até a superfície da água.
Mau de ar	Clara com sangue. A gema aparece como pedra brilhante.

Tabaco

Essa planta sagrada está presente em todas as cerimônias xamânicas tradicionais e tem múltiplos usos. Por ser uma planta nativa do nosso continente, muitos a chamam de avô Tabaco, que é o responsável pelo processo de purificação e convocação dos espíritos aliados. Ele pode ser fumado, ingerido ou inalado.

Varrida com Cuy

Esse procedimento é exclusivamente realizado nos Andes. O diagnóstico das enfermidades humanas geralmente é feito observando as mudanças no corpo do pequeno animal depois de esfregá-lo contra o do paciente. O *cuy* tem o dom de absorver a energia intrusa do doente. Antes de começar o trabalho propriamente dito, o xamã sopra fumaça de tabaco na pessoa enferma. Depois fricciona um porquinho-da-índia do mesmo sexo que o cliente. Em seguida o animal é morto e sua pele é tirada para encontrar alguma infecção superficial; logo se abre o tronco para explorar as entranhas e encontrar a patologia olhando nas vísceras. Problemas emocionais ou de estresse, chamados de "mal de coração", também podem ter suas manifestações vistas nas vísceras. Alguns xamãs realizam uma técnica alternativa, onde em vez de matar o pequeno animal o jogam num riacho, caso o animal sobreviva o cliente será curado, mas se ele se afogar a morte virá.

O *cuy* também é utilizado para fazer limpeza nos casos de inveja e problemas espirituais, como pelas pessoas afetadas por feitiçaria. Nesses casos, no homem se utiliza uma fêmea desse animal, e na mulher um macho. Essa *limpia* deve ser feita nas terças ou sextas-feiras, pois estes são considerados dias apropriados para remover energias densas e adquirir as sutis. Além do porquinho-da-índia e do tabaco, são usados nesse ritual pétalas de cravo (branco e vermelho), sopros de aguardente e águas floridas.

Para se transformar num *yachac* é necessário ter uma profunda relação de comunicação com o mundo espiritual e a natureza. Desde o início de seu processo como aprendiz, ele deve aprender a observar determinados objetos e a auréola que o rodeia, pois esse é um processo inverso ao de acomodação da íris, o cristalino e dos músculos oculares para enfocar a imagem do objeto num ponto retiniano da visão. É um ver sem ver, um treinamento constante no qual se pode visualizar o campo de energia que rodeia todos os seres.

Um verdadeiro *yachac* utiliza em seu diagnóstico o sentido de observação da luz e cores que rodeiam a pessoa: um halo de luz ou energia luminosa que envolve todos os seres. As enfermidades encontram-se gravadas nesse campo luminoso. A força de cada indivíduo está registrada nessas luzes. Falaremos um pouco mais sobre esse campo energético no capítulo "Campo de Energia Luminosa".

Um dos fatores importantes nos processos comunicativos em geral é identificar quais são os agentes que se conectam: o fogo por meio da vela, o *cuy* pelo seu corpo e o ovo pelo seu interior. O conhecimento do xamã durante todo seu aprendizado com um mentor e os seus espíritos aliados é imprescindível para esse processo e dão um aporte vital à compreensão da medicina nativa tradicional nos Andes.

Objetos Mágicos

Todo xamã tem sua parafernália mágica da qual nunca deve se separar. Sem eles não realizará as *mesadas* nem se defenderá de ataques, como também não poderá fazer cerimônias para as quais são indispensáveis o uso de seus instrumentos básicos. Para eles, os objetos de poder devem estar em sintonia com o seu operador. Quando falta essa correspondência, o poder do objeto não poderá ser utilizado, o que seria extremamente perigoso para o *yachac*. Os objetos que fazem parte da *mesa* do xamã são símbolos ativos de um universo de forças. A *mesa* é um compêndio simbólico e real do Cosmos, concebido como um jogo harmônico e constante de poderes.

O critério que se determina a seleção do objeto para usá-lo para fins mágicos tem importância, como também falar sobre sua procedência, forma, estrutura e odor. A forma dele revela a qualidade mágica e o poder sobre as coisas. Pedras em formas de coração, por exemplo, são úteis para magia amorosa. As falomorfas se utilizam para casos de esterilidade. Povos xamânicos dos Andes reinterpretaram o significado cultural originário. Xamãs o usam de uma maneira especial, um objeto que cura tem a confiança de um irmão de armas.

Classificamos agora os principais objetos utilizados em ritos xamânicos:
- Para proteção contra forças contrárias são compostos por varas, espadas, pedras, imagens, ervas, cruzes e conchas;
- Os utilizados para defesa e ataque contra forças adversas são espadas, varas, pedras, imãs e machados antigos;
- Para purificação ou limpeza são bastões, espadas, varas, animais (porquinho-da-índia e raposa) e perfumes;
- Os objetos para propiciação (das forças aliadas) são instrumentos musicais, objetos compostos por ervas, perfumes e de oferendas.

Esses instrumentos cumprem quatro funções que definem a natureza e o fim do curandeirismo, que é o conhecimento do mundo mítico e a capacidade de influenciar sobre ele para assim poder prevenir e remediar os danos causados por entidades do mundo mítico presentes na vida diária, ou seja, curar. As três primeiras funções são de proteção; defesa e ataque; e purificação, e estas se referem à necessidade de se defender que têm as culturas xamânicas andinas, das forças e entidades negativas pelas quais se sentem circundados, ao mesmo tempo em que se libera da contaminação provocada por sua influência. A quarta função é a de propiciação, na qual o andino busca a intervenção de forças positivas com as quais pode atuar em defesa do ofertante.

A reconciliação dos opostos na Xamaria Andina mostra o equilíbrio do *yin* e *yang* da medicina chinesa. Também nos recorda da união do hemisfério direito com o esquerdo do cérebro humano. O conceito da união dos contrários aparece repetidas vezes nos mitos, ritos, crenças, símbolos e tradições místicas. Os curandeiros andinos procuram traduzir uma crença chave do Xamanismo arcaico e universal para a terminologia moderna. Uma vez despido de suas imagens mitopoéticas, esse princípio é a ideia panteísta ou animista do "poder" que diz: "subjacente às formas visíveis do mundo, há uma essência misteriosa e impessoal, de onde emergem todas as coisas e são mantidas até que sejam inevitavelmente reabsorvidas". Apesar de este poder ser encontrado em todas as partes, tais como: objetos, animais, pessoas, plantas e lugares sagrados.

Além das cerimônias expostas acima, existem outras de origem energética que aprendemos na Tradição Iniciática Nativa Andina e serão faladas posteriormente no capítulo "Técnicas de Cura".

10

CAMPO DE ENERGIA LUMINOSA

A ideia de uma aura humana, uma nuvem luminosa radiante envolvendo o corpo humano, é antiga. Imagens sagradas do antigo Egito, da Índia, da Grécia e de Roma usavam essa convenção antes de ela se tornar tão popular na arte cristã e antes que a aura fosse considerada um atributo de simples mortais.... Há séculos acredita-se que os clarividentes podem realmente ver uma aura ao redor das pessoas comuns, e essa difere de pessoa para pessoa na cor e nas características, expressando a saúde e os atributos espirituais e emocionais do indivíduo.

W. J. Kilner

Na Tradição Iniciática Nativa Andina, aprendi que todos nós possuímos um Campo de Energia Luminosa (CEL), que envolve o corpo físico e o organiza da mesma forma que os campos de energia de um imã organizam a limalha de ferro sobre um pedaço de vidro. Ele é uma emanação do *Spíritu* que existe desde o início dos tempos e perdurará por toda Eternidade. Esse campo foi cultivado no *Taripay Pacha*, o tempo além-tempo, mas se manifesta na matéria criando corpos físicos vida após vida. Ele é um campo de energia eletromagnética que envolve o corpo humano como uma bolha de energia, e está intimamente ligado ao corpo físico.

O Campo de Energia Luminosa (CEL) contém um arquivo de todas as nossas memórias pessoais e ancestrais, todos os traumas do início da nossa vida, e até mesmo das feridas dolorosas de vidas anteriores. Esses registros são armazenados ou impressos em camadas. Essas impressões são como programas de computador latentes que, quando ativado, obrigam-nos a exercer certos comportamentos. Nossa história pessoal de fato se repete. Impressões de trauma físico estão armazenadas na camada mais externa do CEL. As emocionais na segunda camada; marcas da alma, na terceira e impressões espirituais na quarta e mais profunda delas. Impressões no Campo de Energia Luminosa nos predispõem para seguir certos caminhos na vida. Elas orquestram os incidentes, as experiências e as pessoas que atraímos. Levam-nos a recriar dramas dolorosos e encontros desoladores, mas, em última instância, nos guiam em direção a situações em que podemos curar as feridas antigas da alma.

Na língua *runasimi* é conhecido como *poq'po*. Ele não deve ser confundido com o *runa kurku k'anchay*, o Corpo Energético, que é um casulo que nos dá a aparência de ovos luminosos gigantes. *Runa Kurku k'anchay* difere sutilmente do *poq'po*, ou bolha de energia humana, na medida em que se refere a um corpo de luz que é justaposto com o corpo físico, enquanto o *poq'po* se refere aos campos de energia que estão intimamente ligados e conectados com o ser humano.

O CEL contém um modelo de como vivemos, como nos curamos e como poderemos morrer. Quando não há nenhuma marca de doença no Campo de Energia Luminosa, a recuperação de uma doença acontece numa velocidade surpreendente. Geralmente as enfermidades que atacam o sistema imunológico levam um tempo extremamente longo para a recuperação da saúde. Nenhum de nós quer passar meses em convalescença, quando poderíamos nos recuperar em questão de dias ou semanas. Quando apagamos a impressão negativa que causou o início da doença, o sistema imunológico pode erradicar a doença rapidamente.

Na camada mais externa do CEL existe uma membrana ou "pele" do campo luminoso. Essa membrana serve como um casulo de defesa da mesma forma que a pele é a protetora do corpo. As impressões de trauma físico e doenças são gravadas nessa membrana, como desenhos de corte em vidro.

Como falamos anteriormente, somos seres envoltos por uma esfera translúcida pulsante multicolorida com tons de azuis, verdes, magentas e amarelos, na largura diametricamente dos nossos braços estendidos. Logo acima da nossa pele os fluxos de luz dourada tremulantes fluem através dos meridianos de acupuntura. Entre a pele e a membrana do CEL, correntes de turbulência resplandecentes se fundem em redemoinhos de luz. Este reservatório da força vital é um mar de vida energética indispensável para a nossa saúde, tal como o oxigênio e outros nutrientes transportados pela corrente sanguínea. O Campo de Energia Luminosa é o combustível mais puro e precioso para a vida. Quando as reservas do nosso CEL se esgotam, ficamos desequilibrados e terminamos ficando doentes. Ao conseguirmos repor esse combustível, recuperamos nossa saúde e vitalidade.

Místicos indianos e tibetanos, como também algumas religiões, documentaram há milhares de anos a existência do Campo de Energia Luminosa descrito como uma aura ou auréola ao redor do corpo físico. Encontramos o mesmo conceito de um corpo de energia humana utilizado pelos xamãs na selva e montanhas nas Américas. Também o vemos em outras culturas. No Oriente, mandalas retratam o Buda envolto por faixas luminosas. No Ocidente, Cristo e seus Apóstolos são mostrados com halos luminosos em torno deles. As lendas nativas americanas falam de pessoas que brilhavam na noite como se iluminada por um fogo interior. Os contadores de história andina falam sobre o Imperador Pachakuti, considerado um filho do Sol, que brilhava como a luz do amanhecer.

Todo ser vivo na Terra é composto de luz. As plantas absorvem a luz direta do sol e a transforma em vida, os animais comem as plantas verdes se alimentando de luz, de modo que a luz é o elemento fundamental da vida. Nós somos a luz viva materializada. A mecânica quântica provou que cada coisa viva que nos rodeia é feita de luz, embaladas em diferentes formas e vibrações. Físicos que estudam partículas subatômicas sabem que quando você olhar profundamente para o coração da matéria, verá que todo o Cosmos é feito de vibração e luz.

Estamos enganados se acreditamos que os campos de luz em torno do Buda ou Cristo são apenas mitos e lendas. Buda nos mostrou o caminho para a iluminação. Ele nos ensinou a seguir a nossa luz para alcançar a libertação do sofrimento. Um brilho ofuscante apareceu sobre o Cristo quando ele foi batizado no rio Jordão. Geralmente consideramos essas referências à luz como metáforas. Buscamos a iluminação como uma forma de maior entendimento. Nossas investigações nos convenceram de que as referências antigas à luz são fatos que podem ser verificados através da experiência. Então, quando compreendemos a nossa natureza luminosa, podemos evitar as armadilhas do mundo material, estabelecer a comunicação com o *Spíritu* e trilhar a nossa experiência no Infinito. Primeiro, porém, precisamos entender a anatomia do nosso CEL.

O Campo de Energia Luminosa tem a forma de uma rosquinha com um eixo estreito ou túnel, menor que uma molécula de espessura, no centro. Ele é o espelho humano do campo magnético da Terra, que flui para fora do Polo Sul e circunda o Planeta para reinserir-se através do Polo Norte. Da mesma forma, as linhas de fluxo ou *cekes* do CEL viajam para fora pelo topo da cabeça e flui ao redor do corpo luminoso, formando uma bolha ovoide da largura de dois braços estendidos. Os nossos campos de energia penetram a Terra cerca de trinta e seis centímetros, então reentra no corpo através dos pés.

Um campo magnético de forma genérica, estende-se infinitamente. Porém, vai se tornando mais fraco com o aumento da distância da sua fonte. Geralmente ele se estende por centenas de quilômetros no espaço, diminuindo em força e viajando à velocidade da luz, cerca de 2.000 mil quilômetros por segundo, até a borda do que chamamos de Universo. Já o CEL parece se estender apenas alguns metros além do corpo, pois tal como o campo magnético da Terra, diminui em força muito rapidamente. No entanto, também viaja na velocidade da luz, ligando-nos à matriz luminosa de todo o Cosmos, conhecido pelo nome de *Texemuyo* ou a teia que permeia tudo.

Ao longo da superfície do Planeta existe uma série de fluxos de energia, semelhantes aos meridianos de acupuntura que interligam os principais chakras da Terra. Esses meridianos da Terra, chamado *cekes* pelos Andinos, atravessam o mundo transportando energia e informação de uma parte do Planeta para outra. Os *yachacs* afirmam que eles podem se comunicar uns com os outros através da matriz luminosa formada por essas linhas que nos interligam com a teia energética do Cosmos. Os xamãs andinos são capazes de sentir e, por vezes ver, a tecelagem luminosa cósmica que se estende além da Terra para as próprias galáxias.

Muitos indivíduos em nossa sociedade tecnológica estão desconectados da matriz do Cosmos. Estas pessoas sofrem com sintomas de fadiga crônica e se tornaram totalmente dissociadas do mundo natural. Eles não caminham na mata, não plantam em seus jardins e nem param para cheirar as flores. Isso não significa que a caminhada na floresta irá curá-los, no entanto, as pessoas que sofrem dessa condição necessitam fazer uma reconexão com a Mãe Natureza (*Patahoiri*), como parte de sua cura.

Como os *cekes* percorrem ao longo do corpo da Terra, os meridianos de acupuntura fazem o mesmo ao longo da superfície da pele, que liga os pontos de acupuntura (que podemos dizer que são essencialmente pequenos chakras) uns aos outros. Esses meridianos de energia são análogos ao sistema circulatório dentro do corpo. Eles são as veias e artérias do CEL. Os *yachacs* chamam os meridianos de rios de luz que fluem dentro do corpo luminoso. Segundo as lendas, os primeiros praticantes de acupuntura foram capazes de ver a teia de meridianos na superfície do corpo. Ainda hoje, grande parte dos acupunturistas de renome na China e no Japão é cega, como também muitas *itakos* – as xamãs japonesas –, para elas, a falta de visão neste mundo aumenta a capacidade de verem os outros. Suas habilidades de diagnóstico são possíveis porque elas não se distraem com a aparência física. Sendo capaz de seguirem o fluxo de energia com os dedos, elas sentem o seu ritmo e pulso ao longo dos meridianos de acupuntura. Através da detecção onde a *ki* (energia) está bloqueada e onde flui vigorosamente, são capazes de diagnosticar o seu paciente.

As tradições místicas estão repletas de referências de pessoas que podem perceber o Campo de Energia Luminosa. Entre os andinos eles são conhecidos como o *kawak (qhawaq)*, os videntes. Nas planícies de Nazca, no deserto do sul do Peru, há uma cidade abandonada conhecida como *Kawachi* (lugar dos videntes), que era dedicada ao treinamento e desenvolvimento de pessoas para lerem as impressões no CEL e sentirem a natureza luminosa da vida. Acredito na capacidade inata de que todos nós possuímos esse dom, mas não o desenvolvemos ou os perdemos após a idade de sete anos, porque fomos ensinados a acreditar que o mundo material é o único mundo "real".

Em nossas investigações, descobrimos que os xamãs andinos confiam plenamente na sua capacidade de perceber o domínio energético.

Falar sobre energia é como querer envolver o mar num abraço. Sabemos que ele está ali, o sentimos e vemos, porém não podemos possuí-lo. Talvez seja por isso que o Caminho Xamânico seja feito através da intuição, mais do que pela acumulação de dados. Este oceano de energia que abarca tudo é chamado de *kawsay pacha*, e tudo que ocorre na nossa jornada é uma manifestação dele. Dois tipos de energia se distinguem fortemente uma da outra no *kawsay pacha*, a primeira é *hucha* (densa) e a outra é *sami* (refinada). Os *yachacs* durante seu aprendizado com seu Mentor ou Mentora têm como tarefa primária aprender a transmutar as energias pesadas e refiná-las para ter total controle do *q'osqo*, o centro de energia mais importante de nosso CEL. É por meio deste "estômago espiritual" que podemos digerir e provar essas duas energias; é ele que nos conecta energeticamente com o *poq'po* e com o Cosmos, intercambiando fluxo energéticos.

Todos nós somos capazes de intercambiar energia, mas para isso devemos desenvolver a nossa percepção através do *q'osqo* que é a nossa conexão vital. Quando os *yachacs* executam o *miqhuyhucha*, que significa "comer a energia densa", eles limpam o Campo de Energia Luminosa do paciente e doam a energia pesada para *Pachamama* que a digere. Reciprocamente, xamãs usam o *q'osqo* para tirar a energia refinada da natureza ou do *Hanan Pacha*; eles são treinados para manter a ecologia do ambiente, dirigindo a energia *sami* onde é necessária.

Uma prática simples para o desenvolvimento do *q'osqo* consiste em respirar profundamente, por três vezes, para expelir a energia estagnada e gerar uma nova energia oxigenada para nosso cérebro. Com os olhos fechados levamos nossa mão esquerda sobre o *q'osqo* (umbigo), focando nossa atenção no calor gerado nessa região. Sentimos então a energia gerada ao redor da mão e formigando por sua palma e dedos. Assim que tivermos essa sensação, separamos lentamente a mão do umbigo a uma distância de cinco centímetros e passamos a sentir a energia fluindo entre a nossa mão e o *q'osqo*. Dessa maneira, criamos filamentos energéticos que nos ajudarão a sentir e a encontrar locais vulneráveis em nosso *poq'po*. Encerramos esse exercício pousando a mão sobre a barriga e abrimos os olhos. Essa técnica deve ser realizada diariamente durante um mês para desenvolvermos a consciência dessa energia. Com a prática diária podemos nos conectar com os elementos dos três mundos e quiçá com o quarto, o *Taripay Pacha*.

No ano 2000, quando estive em *Ollantaytambo*, no Peru, pela primeira vez tive a oportunidade de presenciar Mama Julia atendendo um rapaz que sofria de asma e era atormentado por acessos de tosse ao menor esforço físico. Minha mentora pediu para ele sentar e desabotoar a camisa. Ela circulou ao seu redor e começou a traçar uma linha invisível com o dedo indicador ao lado da espinha dele. Parava em um determinado ponto e empurrava o dedo profundamente nas costas do jovem, instruindo-o a relaxar. A curandeira continuou a traçar linhas pelas costas, aplicando pressão em vários pontos, enquanto o rapaz se encolhia de dor.

Mama Julia tinha estimulado os pontos exatos utilizados pela acupuntura para o tratamento da asma. Após a terapia eu expressei minha surpresa, e a resposta dela me surpreendeu ainda mais. Pacientemente ela disse que havia aprendido essa técnica com seu avô, que lhe ensinou a ver o rio de luz ou *cekes* ao longo da superfície da pele e massagear os pontos onde foi bloqueado para que a luz pudesse fluir livremente outra vez. Ao final dos atendimentos do dia perguntei a ela se poderia desenhar os rios de luz em meu corpo. Apanhando uma caneta ela o fez e depois a meu pedido fotografou os desenhos. Quando voltei ao Brasil comparei as fotos com uns cartazes dos meridianos de acupuntura e descobri que eles coincidiam perfeitamente.

Ao começar a trilhar o seu caminho iniciático pelos Andes, o noviço começa a montar sua *mesa* (pacote de poder) com uma série de pedras que encontrou no caminho e que representam uma ferida que se transformou em uma fonte de sabedoria e coragem. Os *yachacs* dizem que a *mesa* engloba todo o Cosmos. Ela é a extensão física do poder dos xamãs andinos. Uns são herdeiros da *mesa* de outros *yachacs*, mas a grande maioria monta a sua própria, recolhendo *kuyas* (pedras) que são encontradas em lugares sagrados, e ao pegá-las entre as mãos podem chamar o espírito destes locais, irem ao seu encontro pedindo orientação ou pedir que imbua o artefato com sua energia. A *mesa* é um pacote que é feito com uma manta que guarda todos os objetos sagrados dos xamãs. E é utilizada para cura e transmissão de energia e limpezas energéticas do CEL.

Nesse último processo ela desintegra o lodo tóxico (*hucha*) que envolve o nosso Campo de Energia Luminosa e danifica os chakras.

Os seres humanos são os únicos seres que geram e acumulam essa energia densa através dos anos. Se não a descarregamos, ela nos cria problemas físicos e emocionais que influem em nossas relações e na vida em geral. Tendo praticado a técnica de desenvolvimento do nosso *q'osqo*, ensinada acima, podemos extrair essa *hucha* de nosso *poq'po*. Para isso devemos nos recolher a um lugar no meio da natureza, de preferência, respirar profundamente por três vezes e colocar a mão esquerda sobre o umbigo. Ao sentir a conexão energética, afaste a mão do *q'osqo* e leve esses filamentos de energia até os lugares mais densos no seu corpo luminoso, limpando-o. O próximo passo é o de entregar essa energia densa à *Pachamama*, que se alimentará dela. Nesse caso, visualizamos os filamentos energéticos que saem do nosso "estômago espiritual", passando pelo *siki* (chakra raiz) até os nossos pés e a terra. Em seguida devemos recarregar nosso *poq'po* com *sami* (energia refinada). Essa ação ocorre no mesmo instante em que a *hucha* se esvai pelos nossos pés. *Sami* chega até nós, vinda do *Hanan Pacha* ou da Mãe Natureza, entrando pelo alto de nossa cabeça e passando pelo *Uma-Pukio* (chakra da cabeça). Quando sentirmos que estamos ficando tontos é tempo de parar, pois já teremos energia sutil suficiente. Fechamos nosso *q'osqo* e agradecemos na maioria das vezes à *Pachamama*, oferecendo doces, folhas de coca e flores.

Aprendemos também com os *yachacs* que ao nos livrarmos das impressões passadas do nosso CEL, é possível saber de onde viemos e no que estamos nos tornando. Descobrimos que nossos *ñawis* (centros energéticos, conhecido mais comumente como chakras) estendem cordões luminosos que atravessam o tecido do tempo e ancoram-se ao Infinito. Através dessas fibras de luz, nosso Campo de Energia Luminosa tem acesso à sabedoria e aos ensinamentos do tempo passado e do futuro. Ele se lembra das histórias antigas e recorda das que ainda não foram contadas. E então descobrimos que nosso corpo envelhece e se cura de forma diferente, deixando-nos consciente de que não iremos morrer. Neste momento nos tornamos um *illapa runa* (ser de luz).

Espaço Sagrado

Qualquer cerimônia e rito xamânico inicia-se com a criação do Espaço Sagrado. Os Ocidentais creem que os Espaços Sagrados são lugares físicos como Igrejas, Sinagogas, Templos, etc. Para os xamãs, o mundo inteiro é sagrado. Aprendemos que podemos criar um Espaço Sagrado, que é um microcosmo em que as leis ordinárias, assim como o espaço e o tempo se suspendem (temporalmente). Podemos fazer isso chamando as Quatro Direções do Mundo (Norte, Oeste, Sul e Leste), assim como a Terra e o Céu. Sintonizamo-nos dessa forma com as quatro direções do nosso Mundo Ordinário, como o Pai, o Céu e também com nossa Mãe, a Terra. Isso nos conecta com a Ecoesfera, a esfera da Natureza.

Os *yachacs* compreendem que quando saúdam as quatro direções, estão saudando os quatro princípios fundamentais da Criação. As quatro forças primordiais conhecidas pela Física são a gravidade, o eletromagnetismo, a força nuclear leve e a forte. Toda criação física está composta destas quatro forças primárias. Os biólogos também reconhecem que existem quatro princípios primevos que constituem a vida. Que toda a poesia da Criação está escrita em um alfabeto que contém somente quatro letras. Estas letras são os quatro pares da base do DNA. Desse alfabeto são criados os pastos, as águias, os bosques, os seres humanos, as baleias, as árvores, as montanhas, etc. Quando um xamã saúda as direções, conecta-se com as forças fundamentais da Criação. Forças que criam e destroem. Isso lhe dá o poder, a habilidade e a responsabilidade de participar da possibilidade da Criação de toda a Vida.

O segundo tipo de Espaço Sagrado que abrimos é o do nosso Campo de Energia Luminosa. Ao abrir e expandir nosso CEL nos conectamos a noosfera, que é estritamente humana. É um Espaço Sagrado que dá a oportunidade aos Seres Luminosos do passado e do futuro de coexistirem conosco e intervir em nossa vida. Este Espaço Sagrado se abre levando as mãos, palma com palma, ao alto de nossa cabeça (*wiracocha*), que se situa em cima de nosso corpo físico, mas dentro do nosso campo de energia. Passamos as mãos pelo *wiracocha* e expandimos essa órbita luminosa para nos rodear e conter. Ao fazermos isso, criamos um microcosmo em que estamos fora do tempo ordinário. Dessa forma, os xamãs são capazes de obter a guiança e a sabedoria dos Espíritos Aliados, que os apoiam no trabalho xamânico.

Dentro do espaço sagrado, os xamãs deixam para trás todos os assuntos da vida cotidiana e se preparam para entrar no mundo numinoso. Nele, os fardos se tornam mais leves, os Espíritos Guardiões se aproximam para prestar assistência mais facilmente. Esse espaço é uma esfera pura e segura. Todos que estão dentro desse ambiente luminoso que se cria encontram-se protegidos.

O espaço sagrado pode ser criado em qualquer lugar na Terra e certamente as forças dela se farão presentes nesse trabalho.

Inicia-se a criação do espaço purificando o ambiente. Pode-se fazer uso de ervas queimadas dentro de um defumador, ou usar incenso no lugar. Os *yachacs* queimam *palo santo* num braseiro ou cospem água florida na direção dos quatro pontos cardeais, mas isso fica a critério de cada um.

Os xamãs de todas as Américas fazem sua evocação, ou oração, elevando suas mãos para o céu e saudando cada ponto cardeal. Os *yachacs* geralmente começam saudando o Leste, de onde surge o sol toda manhã. Chacoalham o maracá ou sopram água florida com a palma da mão virada para fora. Recitam um verso para o Leste. Seguem no sentido anti-horário – Norte, Oeste e Sul, repetindo o processo. Tocam a terra e olham para o céu quando se dirigem a eles. Já os xamãs do Hemisfério Norte, em sua maioria saúdam primeiro o Leste, depois seguem pelas direções no sentido horário até o Norte. Abaixo podemos ver a saudação realizada pelos *yachacs* no hemisfério austral:

> *Forças, espíritos aliados e poderes que cavalgam os quatro ventos sagrados, vos invocamos a partilhar vosso poder conosco.*
>
> *Invocamos o Espírito do Leste, Mãe-irmã Águia, Kuntur Apuchin, o Espírito da Vida que voa além das montanhas. Ensina-nos a ver com seus olhos. Que nossa visão penetre a Terra e o Céu. Voe agora sobre nossa cabeça e nos ensine a voar até o Spíritu. Ho!*
>
> *Invocamos o Guardião do Norte, a Yacumama, a grande Serpente do Amazonas, a "Senhora das Emoções" para que nos envolva em suas espirais de luz e fazei-nos seres plenos de sua criação fecunda. Ho!*

Invocamos o Espírito do Oeste, Mãe-irmã Jaguar, Jaguar Dourado que devora o sol agonizante. Ensina-nos a vermos sem sermos visto, a nos tornarmos impecáveis e a percorrermos o Caminho do Guerreiro com graça e mansidão. Ho!

Saudamos o Espírito do Sul, ao Dragão Branco que habita a Caverna de Cristal no topo do Aconcaquá. Abençoe nossa jornada, para que um dia possamos fazer parte do seu Conselho Sagrado. Ho!

Pachamama, Grande Mãe Cósmica. Vós que nos nutriu e nos alimenta em seu seio. Graças vos damos pelo fogo, pela água, terra e ar, pelas árvores, pedras, pelos seres humanos, animais e vegetais. Ensina-nos a caminhar pelo seu ventre com beleza e graça. Ho Mamamtuá!

Willka Spíritu, Espírito Sagrado do Universo, Criador de tudo e de todos. Vós que tens muitos nomes e estás no Leste, no Norte, no Oeste, no Sul, em cima, embaixo e dentro de nós. Ensina-nos o seu Caminho Sagrado e que tudo que fizermos seja em sua honra. Ho!

É importante ressaltar que ao final de qualquer trabalho xamânico, o espaço sagrado deve ser fechado, solicitando que suas energias retornem para os quatro cantos do Universo. E por fim agradecer as quatro direções, à Mãe Terra e ao Pai Céu.

Anatomia do Campo de Energia Luminosa

A maioria das palavras utilizadas para descrever a anatomia do Campo de Energia Luminosa e sua interação com o exterior provém do sânscrito. Para dar alguns exemplos, temos termos como *chakra* (vórtice ou centro energético), *nadi* (canal de energia), *prana* (energia vital), *mahaprana* (energia cósmica), *pranayama kosha* (campo energético), *kundalini shakti* (energia latente), *akasha* (espaço-tempo) e *karma* (lei de causa e efeito). Contudo, a espiritualidade andina dispõe de conceitos similares para todas elas, mas também em algumas ocasiões, demonstra um maior detalhe descritivo.

Os *yachacs* chamam *ñawis* os chakras, palavra que literalmente significa "olho" em *runasimi*. Mas falam também dos *chumpis*, que são cintas energéticas que formam parte do nosso Campo de Energia Luminosa (*poq'po*) e envolvem o corpo na altura de cada *ñawi*. Os canais de energia ou *nadis* do tantrismo são chamados de *cekes* (linhas de energia), palavra que também utilizam para referirem-se às linhas energéticas terrestres que unem as *huacas* (lugares sagrados). Uma *huaca* é um ponto de intercessão entre um ou mais *cekes*, como os chakras é um ponto de encontro entre dois ou mais *nadis*. *Prana* (energia vital) equivale ao conceito andino de *kawsay* (vida).

Já a palavra sânscrita *bhuvarloka* se refere ao plano da energia sutil presente na atmosfera que envolve o mundo e tem como equivalente o *Kawsay Pacha* (plano energético vital). O Campo de Energia Luminosa em sânscrito é chamado de *pranayama kosha* e nos Andes é *poq'po* (bolha de energia). O despertar da *kundalini* no conceito andino equivale a elevar o *kamaq* (energia suprema criativa). *Akasha* une o espaço-tempo em um só vocábulo da mesma forma que a palavra *Pacha*. A lei do *karma* se conhece como *ayni*, a qual define a relação de reciprocidade que nos une e conecta com toda a Criação.

Independentemente de onde nascemos, cada um de nós tem um esqueleto com exatamente o mesmo número de ossos. Da mesma forma, todos nós partilhamos a mesma anatomia luminosa, que inclui os *ñawis* e os meridianos. Esses centros energéticos giram um palmo fora do corpo e fazem a ligação entre a nossa coluna vertebral e o sistema nervoso central. Eles são um canal direto com a rede neural humana. Giram no sentido horário e anti-horário. Conforme sabemos, o Cosmos é expansão e recolhimento, em todos os planos. O movimento horário faz com que o *ñawi* projete energia para fora. O anti-horário é para captar energia do ambiente. Cada um tem uma frequência única e uma cor. Os vórtices energéticos de um recém-nascido apresentam sua cor pura e viva: preto no primeiro *ñawi*, vermelho no segundo, dourado no terceiro, prateado no quarto e violeta no quinto. À medida que envelhecemos, as cores utilizadas em nossos centros de energia se tornam fracas e opacas. Um trauma ou qualquer tipo de perda em nossas vidas deixam seus resíduos tóxicos para trás. O lodo que adere a um *ñawi* não permite que este vibre na sua frequência pura, e o nosso envelhecimento físico é acelerado. Quando o xamã completa seu processo de cura, os chakras se tornam claros e vivos, girando livremente e vibrando com a sua pureza original novamente.

Aprendemos com a cosmogonia andina que, à medida que a energia criadora desce a partir do éter, ela se densifca e se separa em quatro elementos básicos que habitam toda matéria viva ou inerte. Esses elementos são Água (*unu*), Terra (*allpa*), Fogo (*nina*) e Vento (*wayra*). Eles são parte essencial da criação e estão conectados ao nosso corpo físico como também ao luminoso.

Nos Andes, diferente das culturas orientais, os *yachacs* veem cinco cinturões de energia rodeando o *poq'po*, com o vórtice energético (*ñawi*) à frente de nosso corpo. A seguir, de baixo para cima, nós os identificamos com suas cores predominantes, seus elementos e chakras correspondentes para facilitar a compreensão.

Ñawi	Chumpi	Chakra	Posição	Cor	Elemento
Siki	Yana	Muladhara	Períneo	Preto	Água
		Swádhistána	Sacro		
Q'osqo	Puka	Manipura	Plexo solar	Vermelho	Terra
Soncco	Kori	Anáhata	Coração	Dourado	Fogo
Kunka	Kolqe	Vishuddha	Garganta	Prateado	Vento
Uma-Pukio	Qulli	Ajña	Sobrancelha	Violeta	Éter
		Sahasrara	Coroa		

Como se pode ver, existe coincidência dos *ñawis* andinos com os chakras tântricos em relação aos órgãos do campo luminoso responsáveis de canalizar a energia cósmica. A única exceção é o *sahasrara*, o chakra da coroa, pois os *yachacs* não o consideram como *ñawi*, embora saibam que é pela coroa que se absorve a energia vital refinada, *sami*, e também é o local por onde entra o *kamaq* (energia suprema vital) na hora do nosso nascimento. Em vez disso, consideram *ñawis* os dois olhos físicos. O do olho esquerdo é chamado *lluq'i* e está associado ao feminino. *Paña* é o olho direito e está ligado ao masculino. Ambos desenvolvem o princípio da complementaridade. Quando eles estão em perfeito equilíbrio, a energia *kamaq* é elevada desde o cóccix até o *terceiro olho*, abrindo-o e tornando o xamã em um vidente, *kawak*, e a partir daí ele pode visualizar todas as emanações de energia do Cosmos. Porém, estes dois vórtices energéticos dos olhos fazem parte de uma única cinta energética (*chumpi* ou *wincha*), que é o *qulli*.

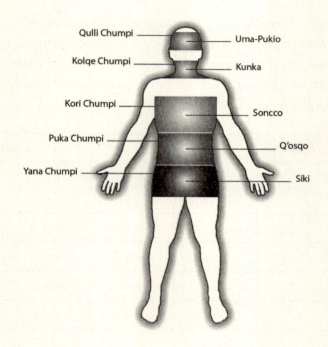

A localização dos *ñawis* está relacionada com diferentes glândulas, e as cores predominantes são as frequências vibratórias básicas para afinar esse vórtice de energia, restabelecendo a harmonia em certos aspectos de nossa vida. O trabalho com os *chumpis* é realizado num ritual em que o *yachac* os abre e usa umas pedras de poder (*chumpi kuyas*), utilizadas especificamente para o trabalho com os *ñawis* e *chumpis*. Cada *chumpi* ou *ñawi* tem uma pedra, diferentes em sua forma e desenhos gravados. Estas *kuyas* são utilizadas para abrir os *ñawis*, extrair a energia densa e fechá-los, como também para tecer os *chumpis*, fechando as fissuras de nosso *poq'po* e criando uma armadura energética.

Os xamãs da Amazônia acreditam que quando limpamos todos os nossos vórtices energéticos, adquirimos um corpo de arco-íris. Cada centro vibra na sua frequência natural, e irradia as cores do arco-íris. Segundo a lenda, quando você adquirir o corpo de arco-íris, poderá fazer a viagem além da morte (para o Mundo dos Espíritos), será capaz de ajudar os outros na sua cura, e poderá morrer conscientemente, desde que saiba o caminho de volta. Os xamãs da selva acreditam que a morte é um grande predador que anda com cada um de nós, tornando-nos seres medrosos dela. Quando os *ñawis* estão claros, não somos mais assombrados pelo medo da morte, uma vez que a reconheceremos como uma companheira.

11

TÉCNICAS DE CURA

Quando o xamã constata que alguém está doente é porque este perdeu o seu poder pessoal, o que permitiu que uma energia intrusa invadisse seu corpo. Nesse caso, a primeira ação do curador é a de aumentar o poder pessoal do paciente e só depois tratar da causa. Se não houver intervenção, o paciente poderá morrer sem ter resolvido o problema que causou a enfermidade, e assim ser condenado a viver eternamente fora de sincronia com o Cosmos.

Tayta Matzú

A vida de um *yachac* é uma vida de serviço. Todo ser vivente no Universo tem uma relação para reparar que deve ser descoberta, desenvolvida ou reconstruída. De algum modo, temos que aprender com *Pachamama*, a nossa Mãe Terra. Todas as práticas dos *yachacs* são modos para curar nossa relação com as forças cósmicas e trazer equilíbrio para nossas vidas, tecendo uma teia de energia com todas as coisas. O Xamanismo é uma responsabilidade espiritual e estética de todos nós. O mundo foi desenvolvido com abuso e exagero. O desenvolvimento tecnológico alcançou um nível incrível, mas produziu exageradamente um desequilíbrio na Mãe Terra devido à ganância do homem. O grande corpo da natureza constantemente demonstra a reciprocidade dos idiomas cósmicos e dos espíritos. Essa reciprocidade, especialmente no campo energético, cria uma harmonia que pode equilibrar a energia coletiva do planeta dentro de uma matriz antiga da ordem cósmica. A essência principal da vida é a natureza, e o idioma é o Amor. É necessário abrir as portas da percepção e escutar com o corpo inteiro. Dessa forma, nossos corpos tomam consciência de que somos uma parte da grande totalidade da energia cósmica.

Mama Julia, minha Mentora, antes de eu concluir meu *Hatun Karpay* me falou:

"Ao conectar-se com os filamentos do Cosmos, você descobrirá que não é um indivíduo separado do resto do Pariverso. Ao conectar seu corpo com as pedras, as árvores, com o céu e o Cosmos, você verá que é muito fácil transformar a energia da vida. Imagine como são insignificantes os problemas cotidianos quando uma pessoa sabe manipular o uso correto de energia.

Quando utilizarmos o pensamento e a vontade divina em cada momento de nossa vida como uma expressão do *Spíritu*, a energia superior fluirá através do Cosmos e seremos capazes de nos transformar em *Illapa Runas*, Seres de Luz. Esse é o estado de consciência desejado, e o caminho para ele resulta num modo de vida em harmonia com os outros, o Planeta e o Universo. O conhecimento desse caminho é chamado de *Saphikuti Ñan*, o retorno à origem divina. Qualquer ser humano que atinge um elevado estado de consciência pode aprender a vibrar a sua própria energia em uma frequência que está em harmonia e equilíbrio com todas as coisas. Essa sintonia pode ser transmitida a todos e tudo ao seu redor. As ações desse indivíduo tornam-se sagradas, pois ele está em *ayni* (reciprocidade perfeita). Atingindo esse estado podemos nos fundir com todas as coisas do Cosmos."

Processo de Irradiação Xamânica

A mitologia ocidental nos diz que vivemos em um Universo predatório, onde somos constantemente perseguidos por micróbios "maus" e feras famintas. Os povos xamânicos, por outro lado, acreditam que nós vivemos em um Cosmos benigno. O mundo torna-se predatório somente quando estamos fora de equilíbrio. O mundo hoje está desequilibrado. O nosso povo e nossas culturas são cercados por micróbios e vírus predatórios. Os nossos arsenais de antibióticos tornam-se rapidamente ineficazes. O processo de Irradiação Xamânica dos *yachacs* nos traz de volta ao equilíbrio, no qual toda a vida e o Cosmos novamente trabalham a nosso favor.

O processo de irradiação limpa o corpo energético do enfermo e libera as energias densas presas aos *ñawis* e ao campo energético que são afetados por elas. O chakra e as partes do CEL atingidos são irradiados, sendo harmonizados e sintonizados, aumentando a vibração dos *ñawis* e cicatrizando as marcas deixadas pela *hucha*. Esse processo fortifica o sistema imunológico e permite ao "doente" gradualmente ter sua saúde equilibrada.

Cada marca no Campo de Energia Luminosa está ligada a um chakra, através do qual ele libera toxinas para o sistema nervoso central. Todo *ñawi* contém um mapa físico e emocional da nossa vida, e cada um deles interpreta e armazena essa informação de uma forma diferente, como cordilheiras, que podem ser descritas de várias maneiras – por mapas aéreo, geológico ou de densidade populacional – os centros energéticos analisam e absorvem nossas experiências de vida segundo suas várias lentes. O primeiro *ñawi* é a área da sobrevivência. O segundo a emocional, e assim por diante. Para entender melhor o problema de um paciente, realizo uma avaliação de cada um dos seus *ñawis* para determinar qual deles está com a energia comprometida.

Tudo é feito de luz, até mesmo as energias escuras que obstruem os chakras. Como uma pedra que deve ser colocada no fogo para a sua luz ser liberada, essas energias precisam ser queimadas (ou extraídas). Os xamãs nos Andes referem-se a esse processo como *miqhuy*, que significa "digerir" ou "queimar".

Nas tradições xamânicas andinas não existem energias "ruins", existem apenas as que são "sutis" e "densas". O Campo de Energia Luminosa do *yachac* queima essas energias natural e automaticamente quando envolve um cliente dentro do seu espaço sagrado. Os resíduos que não podem ser queimados são devolvidos para a terra, como as cinzas de um cigarro. O processo de irradiação libera a luz aprisionada dentro da matéria. Não há perigo de pegar ou absorver qualquer negatividade do cliente se você estiver trabalhando num lugar sagrado. Lendas dizem que o espírito do Jaguar auxilia no processo de levar essas energias de volta para a luz. A luz liberada pelo processo de combustão, do *miqhuy*, é reabsorvida pelo seu cliente e reabastece as reservas de combustível no seu CEL.

O processo de irradiação transforma energias pesadas em luz. Essa é também uma metáfora para dizer que ele transforma feridas emocionais em fontes de poder e conhecimento. Na mitologia, esse é o caminho do curador ferido, através de um processo alquímico (*miqhuy*) que transforma ferimentos em uma fonte de coragem e força. Toda ferida emocional contém lições valiosas. Uma vez que esses ensinamentos sejam assimilados, a experiência dolorosa é aliviada. As feridas passam a ser presentes de amor e coragem. O que já foi uma história incapacitante pode ser transformada em paz e compaixão recém-descoberta. O curandeiro pode ter empatia com o sofrimento do paciente, porque ele sabe o que é sentir dor. Quando integramos as feridas, aprendemos que essas experiências temperam nossa alma com aço.

As lições são integradas num nível energético. Após serem queimadas as energias tóxicas de um chakra, ele volta a girar corretamente. Ao abrirmos mão do medo, limpamos o plexo solar e deixamos que as flores da compaixão brotem em nós; permitindo que a escassez já não resida no nosso primeiro *ñawi*, experimentando o amor abundante do Cosmos. Ao abrirmos mão da dor, liberamos espaço em nosso terceiro chakra para mudar o mundo. Nossa arquitetura luminosa muda.

O Processo de Irradiação transforma as emoções intensas do trauma e doença em energia viva nutritiva. Os subprodutos da queima de madeira, por exemplo, são frutos de calor e luz. Energias densas são compactadas em feixes estreitos que os tornam indisponíveis para uso como combustível para a força vital. Assim como numa noite fria não podemos nos aquecer até que uma fogueira seja acesa, a energia densa não pode ser limpa até que o processo de irradiação libere a luz dentro deles.

O primeiro passo é queimar o lodo e resíduos energéticos incrustados no *ñawi*. Devemos limpar estas energias em um chakra da mesma forma que nós limpamos um ferimento. Quando nos cortamos, lavamos a área ferida, porque se deixarmos a sujeira acumular nela haverá infecção. O mesmo processo acontece no Campo de Energia Luminosa. A única diferença é que no lugar de limpar um corte com água e sabão, limpamos estas energias densas com fogo. O processo de irradiação queima as energias presas e as transforma em luz. Uma vez limpo, o *ñawi* torna-se um espelho para o Campo de Energia Luminosa e podemos ler seus mapas detalhadamente, de forma clara. Quando empregamos a nossa Segunda Consciência em EXCA, podemos discernir o evento que causou o ferimento inicial.

A cura psicológica ajuda a liberar a energia emocional presa, o que nos permite compreender o incidente doloroso que a causou. Mas a compreensão intelectual não limpa a própria marca subjacente. É como se um corte fosse limpo, mas tivesse sido apenas enfaixado. Dentro de algumas semanas ou meses, a energia emocional volta a ficar doente, e o que pensávamos que tinha sido curado, surge novamente. Essa é uma possível explicação do por que algumas pessoas sentem a necessidade de continuar a terapia por anos; elas precisam que o ferimento seja limpo.

Após o processo de combustão nas irradiações, as marcas deixadas no CEL são apagadas, transformando energias emocionais tóxicas em luz; mas ela não é a solução. Quando o lodo no chakra é queimado, usamos luz pura para substituir as informações contidas na "ficha técnica". Neste processo, substituímos a marca com a energia do sol radiante do oitavo chakra. Muitas vezes pacientes relatam sensações de paz e profunda comunhão com o Espírito.

O processo de irradiação pode provocar memórias dolorosas. Este não é um processo psicológico em que um cliente se recorda de traumas do passado e fala sobre eles com um terapeuta. A irradiação é um processo energético. Melhor que contar incidentes, o cliente sente a sua dor ou tristeza como uma onda de energia fluindo através dele. No final da sessão de cura, ele sente um estado de paz e muitas vezes de bem-aventurança. Pedimos aos nossos clientes que recordem a intensidade emocional do trauma que eles estão querendo curar. Geralmente eles sentem veementemente a energia, mas não revivem a dor emocional da experiência e muitas vezes nem sequer dizem os detalhes completos. Quando estamos trabalhando com um cliente que se sente negligenciado como uma criança, pedimos que recorde os sentimentos de abandono ou a dor que experimentou durante o incidente. Isso permiti-nos seguir as trilhas luminosas deixadas por esse evento, encontrar o *ñawi* afetado e localizar a fonte da marca no Campo de Energia Luminosa.

Dizemos aos nossos clientes que eles estão sempre no controle do processo. Às vezes eles podem sentir emoções intensas, as mãos ou as pernas podem ter cãibras, ou seus corpos podem contorcer-se ou mover-se involuntariamente. Se em algum momento eles se sentem desconfortáveis, podem retardar o processo cruzando os braços sobre o peito. Essa é uma técnica encontrada em diversas culturas para interromper o fluxo de energia. Os faraós do Egito foram enterrados nessa posição para protegê-los em suas viagens para o além, e até hoje artistas marciais a usam para bloquear um golpe. Isso permite que os nossos clientes saibam que podem regular a intensidade da experiência, e isso lhes dá permissão para ir tão fundo quanto quiserem, ou para retardar ou parar o processo completamente.

Etapas do processo de Irradiação

1º **Avaliação do cliente** – Nesta fase o cliente fala sobre o que está sentindo (aflições, anseios, dores, medos, etc.).

2º **Impressões** – Solicitamos que o paciente fique em pé com os braços estendidos com as palmas das mãos viradas para baixo. Conversamos com ele sentindo as mudanças nos seus músculos, pois o corpo não mente. Assim é feita uma leitura topográfica dos *ñawis* que auxiliará no trabalho de cura energética do paciente.

3º **Abertura do espaço sagrado** – É vital abrir o Espaço Sagrado para qualquer trabalho xamânico (veja o tópico "Espaço Sagrado" no capítulo "Campo de Energia Luminosa").

4º **Envolver o cliente no seu campo de energia luminosa** – Depois de criar o Espaço Sagrado, convidamos as forças da natureza e aliados de poder e envolvemos nosso Cliente com nosso próprio CEL. Quando convocamos as forças das direções, criamos um Espaço Sagrado natural em que temos acesso aos princípios de organização da natureza. Quando envolvemos o paciente no Campo de Energia Luminosa criamos uma esfera distintamente humana, tendo acesso às fontes humanas de orientação e conhecimento. O primeiro espaço nos envolve nas energias que informam a ecoesfera – as forças naturais que são curativas para o corpo.

O oitavo chakra nos envolve nas energias que informam a noosfera – os seres de luz que trabalham conosco.

Quando realizamos o processo de irradiação, abrimos sempre ambos os espaços sagrados. Sendo informados pelas forças que moldam o Cosmos e a Terra, bem como pela sabedoria espiritual que orienta a nossa experiência humana. Quando fazemos isso, estamos num espaço duas vezes sagrado. O cliente se sente como se estivesse descansando em uma esfera uterina.

5º PRESSIONANDO OS PONTOS – Solicitamos ao paciente que se sente confortavelmente e nos posicionamos de pé atrás dele, onde pressionamos certos pontos na base da sua cabeça por alguns minutos. Quando aplicamos a pressão nesses locais, o paciente entra em poucos minutos num profundo estado de relaxamento. Com os dois dedos médios na linha média do crânio, exercermos uma pressão firme e suave.

Mantemos os pontos de aprofundamento durante pelo menos três minutos. Durante esse tempo, perguntamos ao paciente com uma voz suave, quase inaudível, o que ele está sentindo. É necessário nesta fase manter uma linha de comunicação aberta com o paciente para que ele possa dar *feedback* sobre seu processo. Algumas pessoas relatam sentir como se estivessem em um sono profundo, mas podem falar livremente com o curador. Eles se tornam testemunhas do processo energético e podem observá-lo sem ser oprimido por ele.

6º ABERTURA DOS ÑAWIS COMPROMETIDOS – Deitamos o paciente e fazemos uma varredura com nossas mãos, pêndulo ou pena sobre os chakras dele. Após esse rastreio, identificamos quais dos vórtices encontram-se com a energia estagnada, sem fluir normalmente, e o abrimos como se fosse uma torneira, dando três ou quatro giros no sentido anti-horário, mas sem dar uma volta completa (algo em torno de 270 ou 300 graus).

Com o *ñawi* aberto, começa a "lavagem" para extrair o lodo e energias tóxicas. Estas energias fluem para fora na grande esfera luminosa criada pelo curador, onde são queimadas. Muitas vezes percebemos flâmulas grossas escuras girando para fora do chakra, tal como tentáculos enegrecidos. Rodamos o *ñawi* no sentido anti-horário várias vezes nos próximos minutos, uma vez que podem ficar obstruídos no processo de retrolavagem. Às vezes os clientes relatam uma mudança na temperatura do corpo, espasmos musculares involuntários ou espontâneos e descargas elétricas semelhantes em todo seu corpo. Esse é um sinal de que as energias ao redor do chakra estão sendo queimadas e expulsas. Movimentos corporais espontâneos ocorrem quando as memórias musculares e celulares são liberadas. Pedimos ao cliente que respire profundamente pelo nariz e exale pela boca caso sinta isso ocorrer.

7º TRABALHANDO PONTOS DE APLICAÇÃO – A pressão de certos pontos atrás da cabeça libera as energias pesadas no chakra. Limpar a energia de um *ñawi* obstruído é como desentupir as tubulações de água. Conseguimos isso pressionando determinados pontos de libertação que estão localizados na parte posterior do crânio, na linha média da cabeça. Para encontrá-los calculamos três centímetros atrás das orelhas em direção ao centro. Eles se projetam como botões no cume occipital. Ao apertarmos esses pontos as energias densas são desalojadas e podem ser queimadas.

8º EXTRAÇÃO DE ENERGIAS DENSAS – Às vezes, a energia é demasiadamente densa para entrar em combustão facilmente. Essas energias são como bolhas de óleo dentro do *ñawi*. Nesse caso, temos que coletá-las com a mão, girando-as no sentido anti-horário, e puxá-las jogando-as ao chão rapidamente (canhotos devem girar no sentido horário). As camadas da Terra neste momento as queimam e as transformam simultaneamente numa energia sutil. Podemos também colocar pedras de poder que sugarão essa energia e depois levá-las ao fogo. Geralmente utilizo cristais de quartzo para capturar a energia densa e depois a queimo na chama de uma vela.

9º CHAMANDO O JAGUAR – Usualmente apelamos ao espírito do Jaguar para ajudar na metabolização de energias pesadas. Quando chamamos esse animal podemos sentir um grande felino selvagem, preto como a noite, entrar no espaço e consumir as energias tóxicas que estão sendo liberadas. O Jaguar é o grande devorador que transforma a morte de volta à vida. Nesta fase o cliente sente uma série de sensações físicas, porque a energia está se movendo rapidamente por todo o corpo dele. Alguns relatam sensações de raios sendo atirados na sua coluna vertebral. Aos poucos, a respiração do cliente vai se normalizando, sinalizando que esta fase do processo está completa.

10º IRRADIAÇÃO DO ÑAWI – Após verificarmos que o chakra está livre de qualquer energia densa ou intrusa, o irradiamos com a energia celestial (do *wiracocha* acima de nossa cabeça) e fechamos no sentido horário. Geralmente imagino a energia solar saindo de minhas mãos e iluminando o *ñawi* do cliente.

11º ALINHAMENTO DO ÑAWI E FECHAMENTO DO CAMPO DE ENERGIA LUMINOSA – Após a irradiação, colocamos as mãos mais uma vez na base occipital da cabeça do cliente e pressionamos os pontos por algum tempo. Isso ajuda o cliente a relaxar enquanto o campo luminoso estabelece uma nova arquitetura, curada. O paciente pode experimentar espasmos e pequenas descargas de energia durante esta fase. Depois equilibramos o chakra girando-o no sentido horário. Em seguida fechamos o seu CEL, reunindo-o de volta até que se torne uma esfera luminosa acima de sua cabeça.

Ao expandir o Campo de Energia Luminosa ele torna-se uma câmara de combustão para queimar energias densas. Quando fechamos o seu campo, prendemos essas energias dentro dele, onde elas se tornarão pura luz. Tenho visto curandeiros negligenciarem o fechamento do seu próprio campo de energia após a iluminação e absorverem energias tóxicas de seus clientes e ficarem doentes.

12º RELATÓRIO DA IRRADIAÇÃO – Convidamos o paciente para sentar-se e comentar sua experiência. Cada um experimenta o processo de irradiação de uma maneira diferente. Alguns relatam sensações físicas quase que exclusivas, sentindo espasmos ou a energia fluindo para cima e para baixo, como formigamento em suas extremidades (mãos e pés). Outros estão mais sintonizados com imagens que aparecem espontaneamente durante o processo. Como também relatam apenas uma sensação profunda de relaxamento.

O processo de irradiação cura condições físicas e psicológicas. Quando as energias tóxicas em volta são apagadas, a resposta imunológica do corpo é acelerada. Muitas vezes a cura é quase espontânea.

13º Fechando o espaço sagrado – Quando abrimos o espaço sagrado criamos um microcosmo que se estende através dos mundos visíveis e invisíveis. As forças que sustentam os braços espirais de galáxias estão presentes dentro dele. Quando fechamos o espaço sagrado, nós liberamos essas forças naturais e sutis a retornarem aos seus lugares. Fechamos o espaço sagrado girando novamente para as quatro direções, a partir do Sul no sentido horário até o Leste, agradecendo as forças presentes por estarem conosco. Caso o *yachac* sinta que precisa enviar um dos animais arquetípicos com seu cliente, ele irá deixar essa direção aberta, pedindo ao animal para curar e cuidar do indivíduo.

Extração de energia cristalizada

Algumas energias tóxicas podem cristalizar-se, tornando-se quase objetos materiais, que são impossíveis de serem queimados no processo de irradiação xamânica. Eles são como madeira petrificada. Estas energias cristalizadas aderem-se ao corpo físico, assumindo formas, tais como: facas, flechas, lanças e espadas. Xamãs da Amazônia acreditam que as energias cristalizadas são resultado de magia negra ou feitiçaria. Descobrimos que estas energias podem ser causadas pela raiva, inveja ou ódio contra nós por outra pessoa. Às vezes, elas também são resquícios energéticos de fatos ocorridos no passado.

Obviamente, nossa família, amigos e colegas têm o maior potencial para trazer alegria e causar dor em nossas vidas. Seu acesso direto aos nossos "eus" mais privados, nos tornam vulneráveis a sua traição, raiva ou ciúme. Um pensamento negativo de um ex-cônjuge com raiva pode penetrar nosso campo luminoso como punhal. Nosso sistema energético reconhece essas energias como estranha e geralmente a elimina da mesma forma que o sistema imunológico faz com bactérias nocivas. No entanto, quando estamos sob uma nuvem constante de negatividade, os sistemas de defesa do CEL podem ficar sobrecarregados. A energia negativa direcionada para nós pode cristalizar e inserir-se no corpo físico. Isso ocorre ao longo de um período de semanas ou meses.

Por ter se tornado quase material, essa energia deve ser extraída manualmente. A extração deve ocorrer somente depois do processo de Irradiação do Campo de Energia Luminosa.

Quando somos traídos, podemos dizer que fomos "apunhalados pelas costas", porque simbolicamente é isso que realmente significa. Tais atos traiçoeiros e as intensas emoções que as acompanham, criam poças de energia estagnada no nosso CEL. O tempo que leva para se recuperar dessa traição é o mesmo tempo que essa energia teve para se cristalizar. Eventualmente, ela começa a adquirir a forma de um punhal preso em sua volta, pois esse é o caminho que o nosso cérebro límbico percebe. Quando se sofre de desgosto, essas energias podem assumir a forma de uma faixa de metal apertando o nosso coração, ou uma armadilha de aço que mantém nossos sentimentos presos em suas garras. Da mesma forma, o abuso sexual muitas vezes aparece como uma flecha ou faca perfurando o baixo ventre, o chakra onde a sexualidade e autoestima residem. Uma vez encontrei uma corda energética ao redor do pescoço de uma paciente que havia sido asfixiada durante seu casamento.

É importante manter a mente aberta neste trabalho. Quando sinto um objeto cilíndrico denso no corpo de meu cliente, eu não penso imediatamente que é uma lança, em vez disso, observo minhas sensações dizendo a mim mesmo: quente, cilíndrico, longo, rígido. Apenas concluo que o objeto deve ser uma lança após tê-lo extraído e descoberto que na verdade ele tem uma lâmina afiada. Encorajo meus aprendizes a evitarem nomear o que sentem, já que a nomeação é um ato racional que nos separa da experiência. Durante meu aprendizado fui advertido pela minha mentora de só extrair energias cristalizadas quando tivesse dominado o processo de irradiação. No início é fácil confundir as energias densas que se reúnem num determinado local do corpo com uma materializada.

No decorrer do nosso trabalho com os *shuars*, aprendemos que as energias cristalizadas muitas vezes são provenientes de outras vidas. Elas estiveram dentro de nós por tanto tempo que aderiram ao tecido do corpo.

Extraindo energias cristalizadas

A técnica a seguir é utilizada para extrair energias que se cristalizaram no corpo físico. O processo de extração consiste em várias etapas que incluem a varredura do CEL do cliente, identificar e extrair a energia cristalizada. Sempre utilizamos o processo de extração durante a irradiação. A não ser que a energia cristalizada resida na camada mais exterior do Campo de Energia Luminosa, o que pode ser difícil de perceber. Durante a irradiação, a configuração energética de um *ñawi* se revela e as energias cristalizadas em todos os níveis do CEL podem ser facilmente detectadas.

Energias intrusas são inicialmente atraídas para nós porque têm afinidade conosco. Temos certos receptores para elas da mesma forma que o cérebro tem para determinados produtos químicos. Chamamos essas energias para nós da mesma maneira que atraímos certos tipos de pessoas. Toda forma de energia tem uma frequência e uma vibração. A raiva pode penetrar o nosso CEL somente quando a vibração de raiva e de ódio está presente em nós. A energia intrusa é dirigida a nós – num divórcio, numa amarga disputa ou em uma grande decepção – por afinidade. Por conseguinte, não é suficiente apenas extrair as energias cristalizadas que afetam o cliente. Temos que mudar essas afinidades para que o paciente não atraia uma energia semelhante outra vez. O processo de irradiação cura as atrações de uma pessoa para essas energias, limpando e intensificando a frequência com que um determinado *ñawi* gira. Conforme a vibração de um chakra aumenta, começamos a atrair energias puras e beneficentes.

Depois de realizar a irradiação, mas antes de fechar o *ñawi*, um curador realiza o processo de extração. Há cinco etapas para este processo, que levam cerca de vinte minutos para executar: escanear o Campo de Energia Luminosa; eliminar a energia pesada; aplicar pontos de liberação; extrair o objeto e realizar a irradiação xamânica no chakra.

Processo de extração de energia cristalizada

1ª Etapa – Abrimos o Espaço Sagrado, após fazê-lo escaneamos o Campo de Energia Luminosa verificando se determinadas partes estão quentes ou frias, identificando a energia cristalizada. Para escanear o CEL, passamos a mão alguns centímetros acima do corpo do cliente, como se estivéssemos acariciando seu campo de energia – devagar, sentindo as sensações de calor ou frio. As variações de temperatura geralmente indicam a presença de uma energia cristalizada. Quando sentimos uma forma, colocamos nossa mão em torno do local e tentamos obter a impressão. Será que ela é como um metal, madeira ou pedra?

2ª Etapa – Utilizando-se de um cristal tocamos o lugar onde a energia é mais densa. Sentimos tremer por alguns segundos e depois o enterramos na terra para descarregar alguma energia que esteja aderida ao cristal.

3ª Etapa – Pressionamos determinados pontos atrás do crânio do paciente para desencadear a liberação de qualquer energia tóxica remanescente no chakra e verificamos os *ñawis* para ver como eles reagem ao nosso toque. Pode não haver uma relação linear entre o local de energia cristalizada e o centro energético comprometido. É possível encontrar a energia embutida nos braços, mãos, pernas e pés.

4ª Etapa – Extraímos do corpo do cliente o objeto cristalizado. Tiramos o objeto, movendo-o suavemente de um lado para outro e torcendo-o para soltá-lo.

5ª Etapa – Irradiamos os chakras do paciente banhando-o em pura luz, para aumentar sua frequência vibratória e alterar sua afinidade. Depois finalmente fechamos os chakras do cliente.

É importante sentir as mãos durante o processo de extração. Mesmo que sejamos videntes e possamos ver essas energias cristalizadas, devemos fazer a varredura do CEL do cliente com as mãos. Imagine o seu sentido tátil tornando-se tão elevado que você pode perceber as ondas de energia que fluem através do campo luminoso. Lembrando que a pele é o maior órgão sensorial que temos. O que sentimos é íntimo e intrínseco para nós. Isso nos permitirá rastrear precisamente as energias cristalizadas.

Energias Intrusas e Entidades

A energia cristalizada incorpora-se dentro do corpo. A entidade intrusa incorpora-se dentro do sistema nervoso central. Energias e entidades intrusas não podem ser extraídas utilizando a técnica acima descrita para as energias cristalizadas, uma vez que elas são líquidas e podem mover-se com o corpo. É como tentar agarrar água; simplesmente não há maneira de segurá-la. Muitos problemas físicos e psicológicos são causados por entidades intrusas. Elas costumam produzir ansiedade, depressão, vícios, alterações de humor e uma série de outros sintomas. Um sinal indicador de que há uma entidade intrusa é quando um cliente exibe uma gama de sintomas psicológicos mutáveis que desafiam as categorias diagnosticadas. Uma vez que o intruso sai o cliente pode mais facilmente alterar o seu comportamento e, muitas vezes, experimentar a cura espontânea.

Entidades intrusas são espíritos desencarnados presos entre este mundo e o outro. Às vezes, uma delas pode ser de uma ou duas vidas anteriores que foram despertadas do nosso inconsciente e querem viver novamente, competindo, assim, com o nosso presente. Entidades intrusas grudam-se a um *ñawi* e por meio dele se conectam ao sistema nervoso central, onde eles entram em uma relação parasitária conosco. Elas são as sugadoras de energia do mundo espiritual.

Energias intrusas são fluidas e envolvem todo o Campo de Energia Luminosa como uma nuvem negra. Elas pulam de um chakra para outro, através do nosso sistema nervoso. Entidades intrusas se fixam a determinados *ñawis* e sugam sua energia. Muitas vezes, a energia intrusa é tão poderosa que ela parece ter uma personalidade e, portanto, acreditamos que ela esteja na pessoa. Outras vezes, o indivíduo parece tão fraco que ficamos convencidos de que estamos lidando com diversas entidades intrusas. Nenhuma terapia de conversa (de lábia) será eficaz para lidar com essa condição. Quando essas energias são extraídas, a cura pode avançar mais rapidamente.

Toda energia tem consciência, até mesmo a mais primitiva, de modo que parecem ter personalidade. Quando um curador se sintoniza com ela, pode sentir a raiva, o ódio ou a inveja da pessoa que direcionou seus pensamentos contra o seu paciente. Há momentos em que só podemos saber a diferença quando colocamos o cristal de extração com ela no fogo e a deixamos livre. Uma energia intrusiva volta para a natureza, uma vez que não tem um CEL para contê-la. A energia é absorvida pelas árvores, pedras, terra, etc. Uma entidade intrusiva é levada ao Mundo dos Espíritos por seres luminosos que auxiliam a alma confusa a recuperar a consciência e voltar para a luz.

Infelizmente, entidades intrusas são mais comuns do que gostaríamos. Uma entidade intrusa pode aparecer como um dos dois tipos: um ou dois "ex-eus" (de uma ex-vida que despertou a partir da mente subconsciente), ou de um desencarnado que penetrou o nosso Campo de Energia Luminosa. A entidade intrusa pode ser um parente ou amigo falecido, que está vindo para obter ajuda. Quando uma pessoa morre de repente como num acidente, ou sob efeito de narcóticos no hospital, ela pode perder-se entre este mundo e o outro. Ela está presa num pesadelo que não consegue acordar. Não está ciente de que tenha morrido e vem até nós para ter conforto. Nós a levamos em segurança para o nosso Campo Luminoso, da mesma forma que a levaríamos para a nossa casa se estivesse ferida ou sofrendo. Sua energia se mistura com a nossa e começa a causar estragos em nosso CEL. O falecido não tem qualquer intenção de fazer o mal, mas sua ligação com um indivíduo vivo pode ser prejudicial. Às vezes a gente começa apresentar os mesmos sintomas físicos ou emocionais que ele teve antes de morrer. Quando extraímos uma entidade intrusa do Campo de Energia Luminosa, os sintomas físicos e psicológicos do nosso paciente muitas vezes desaparecem.

Uma em cada quatro pessoas que vêm até nosso consultório foram afetadas por energias ou entidades intrusas. Às vezes, elas podem ser espíritos que realmente desejam prejudicar nosso cliente, por terem sido injustiçadas em outro tempo e lugar. Entidades intrusas alimentam-se de energia, unem-se à medula espinhal através de um dos *ñawis* e são capazes de experimentar os nossos pensamentos e sentimentos. O Campo de Energia Luminosa passa por um período difícil para eliminar estas energias externas. Ao contrário do corpo físico, que pode eliminar os elementos que não podem ser usados através da urina, intestinos, suor e respiração, o Campo Luminoso não tem aberturas. Quando estas energias entram no sistema nervoso central, temos que extraí-los usando um cristal.

Cristais de Extração

Cristais são as estruturas mais estáveis da natureza. Eles são transdutores, o que significa que transformam um tipo de energia noutra muito facilmente. É por isso que eles são usados em *chips* eletrônicos. O cristal de quartzo é a melhor ferramenta para extrair energias e entidades intrusas. O quartzo é um elemento tão estável que a energia é atraída para ele naturalmente. Um pedaço de quartzo bi determinado de cinco centímetros de comprimento é um dos melhores instrumentos da sacola de medicina de um xamã. É importante que o cristal seja límpido e não tenha fraturas na superfície. Quando um cristal está quebrado, a energia pode vazar e contaminar o curador. O cristal é uma casa temporária da energia intrusa, que deve ser confortável e acolhedora, ou a energia resistirá para ser extraída.

Depois de extrair a entidade intrusa, auxiliamos nosso paciente a mudar suas afinidades, de modo que ele não mais atraia essa entidade (ou outra similar), tal como realizamos para as energias cristalizadas. Fazemos isso de novo através do processo de irradiação. No caso o *yachac* não deve apenas extrair a entidade perturbadora, mas curá-la também. Podemos ajudar essa "alma perdida" despertar do pesadelo em que está preso, e voltar para a luz do mundo espiritual.

Entidades intrusas raramente são "espíritos maus". Elas são na sua maioria "almas perdidas" que procuram o caminho para casa. Mas há exceções. Ocasionalmente podemos encontrar o que chamamos de um ser "desagradável". Geralmente esses espíritos são parentes que vêm até nós para obter assistência. Uma regra de ouro é que quanto maior o número de pessoas que vêm pedir ajuda neste mundo, maior será o número de espíritos que irão nos procurar para a assistência no "outro lado". A maioria deles nunca penetra nosso CEL, só se tivermos afinidades ou conexão emocional com eles. Porém, quando penetram nossas defesas luminosas, tornamo-nos impotentes. Faltam-nos as tecnologias espirituais que podemos encontrar nas culturas xamânicas para ajudá-los.

Extraindo energias e entidades intrusas

Para o processo de extração de energias ou entidades intrusas, é melhor ter dois rastreadores para ajudar o xamã. Porém, a maioria de nós não tem dois ajudantes nos auxiliando nesse processo, e temos que aprender a executar todas essas funções ao mesmo tempo. Devemos sentir a energia, fazer o escaneamento e extrair a energia simultaneamente. Por isso a Tradição Iniciática Nativa Andina desenvolveu cinco passos para esse processo, que leva cerca de 20 minutos para executar, são eles:

1ª Etapa – Com o paciente de pé realizamos o teste muscular dos braços, conforme explicamos anteriormente (no processo de irradiação), para verificar se há uma entidade ou energia intrusa presente. Pedimos sempre ao paciente que fique de pé, aperte as mãos e mantenha os braços à sua frente, paralelos ao chão. Solicitamos que resista quando tentamos empurrar seus braços para baixo, exercendo pressão sobre o pulso. O nível de força que empregamos durante o teste será a referência para descobrir o estado do CEL.

2ª Etapa – Em pé, atrás do cliente, colocamos uma mão na base da coluna (no cóccix) e a outra no pescoço, enquanto os braços do paciente ficam pendurados livremente ao seu lado. Visualize uma energia avermelhada percorrendo toda a coluna vertebral do cliente. Observe essa energia durante algum tempo entrando pela mão que se encontra no cóccix indo até o pescoço. Essa energia vermelha é como um fogo quente que desaloja a energia intrusa. Quando sentir essa energia circulando forte no paciente, teste novamente sua musculatura. Caso sintamos a energia vibrante, a extração não será mais necessária, porém se ela estiver fraca, teremos que desalojar a intrusa.

Quando a energia intrusa é deslocada para o sistema nervoso central, o CEL entra momentaneamente em colapso. O corpo físico fica bem quando a energia intrusa parte. Quando não há mais uma energia intrusa, o Campo de Energia Luminosa é fortificado pelo *yachac* que faz a energia avermelhada circular pelo sistema nervoso central.

Ao identificarmos a energia intrusa, damos as mãos ao paciente, tendo um cristal limpo em nossa mão direita, e começamos a conversar suavemente com ela, até capturá-la no cristal. Durante a conversa, perguntamos:

- De onde você vem?
- Quanto tempo você está com ele(a)?
- Por que está aí?
- O que você deseja com ele(a)?

3ª Etapa – Irradiamos energeticamente o paciente após a extração da energia intrusa. Uma irradiação deve seguir sempre a extração. Isso muda a afinidade com a energia/entidade e completa a cura. Se a afinidade não é alterada, outra energia/entidade intrusiva buscará o paciente. Não há uma negociação possível com uma energia/entidade intrusa. Existem apenas dois lugares para que ela vá – a natureza ou o mundo espiritual. Quando a entidade intrusa é um ente querido que necessite de assistência, trabalhamos com o paciente questões não resolvidas que ele ainda tenha para curar nessa relação e dizer "eu te amo" e "eu te perdoo". Quando a afinidade é alterada, o cliente não será mais molestado no futuro.

4ª Etapa – Perguntamos ao paciente se ele está pronto para deixar a energia intrusa ir embora. A partir deste ponto, ele nos acompanha no processo de limpeza do cristal. Convidamo-lo a dizer adeus à intrusa.

5ª Etapa – Utilizamos sempre um pequeno caldeirão de ferro com álcool e sal grosso para fazer uma pequena fogueira (forte e poderosa), deixando-a queimar por três minutos. Nunca devemos alimentá-la com mais álcool, o ideal é deixar o fogo se extinguir por completo para reacendê-lo. Alertamos que o fogo do álcool é muito forte e temos muita dificuldade de vê-lo durante a luz do dia. Quando o fogo está fraco, passamos o cristal pelas chamas. Devemos ter muito cuidado para não nos queimarmos neste momento.

Passamos o cristal três vezes pelo fogo e depois pela face do paciente virando-o para o Sul, Oeste, Norte e Leste, no sentido horário. O fogo expele a energia intrusa que estava aprisionada no cristal. Essa energia também recebeu sua cura ao entrar em nosso Espaço Sagrado e servir de combustível para o fogo.

A energia/entidade intrusa vai sentir o calor escaldante quando passamos o cristal através das chamas. O fogo vai expulsá-la do quartzo. Esse é o ponto quando percebemos se o intruso é uma energia ou uma entidade. Uma entidade será recebida por curandeiros luminosos no mundo espiritual. Uma energia intrusa será queimada pelo fogo e sua luz e calor serão liberados para a natureza. As chamas estão liberando a entidade para voltar ao Mundo dos Espíritos, onde poderá finalmente alcançar a paz. Às vezes, descobrimos uma entidade intrusa escondendo-se por baixo da energia intrusa. Depois que terminamos a extração, testamos os músculos para ver se o paciente está forte. Se tiver fraco, voltamos a fazer todo processo de novo até obter sucesso.

Em nossa caminhada pelos Andes, aprendemos com os *Shuars* a sugar a energia intrusa com a boca, em vez de utilizar o cristal de quartzo, porém essa técnica não serve no caso de uma entidade. Mas para efetuar essa sucção é necessário que o xamã tenha em sua garganta dois aliados de poder que impedem que essa energia não entre no corpo do curandeiro. Nesse caso ela é absorvida por uma substância mucosa (*virote*) originada pelos dois aliados de poder, fazendo com que o curandeiro a vomite na terra que a absorve.

Resgate de alma

Como falamos anteriormente, a ausência da alma num indivíduo causa uma série de distúrbios e anomalias que os xamãs andinos chamam de "perda da sombra". Essa privação culmina em desequilíbrios físicos e psíquicos, tais como: agorafobia, inapetência, depressão, angústia, desmotivação, amnésia, raiva, vontade de isolar-se, insônia, sonos curtos e agitados, pesadelos, febre, diarreia, paralisia temporária e hemorragias internas. Caso providências não sejam tomadas para restituir a alma, a perda dela faz com que as principais funções psicofísicas do indivíduo sejam interrompidas e provoque a morte do enfermo.

Podemos observar que não só entre os povos nativos ocorrem a perda da alma, mas também nas sociedades ocidentais, quer seja no meio rural, quer seja no urbano atual. Esse fato ocorre devido a uma série de abusos, traumas e outras situações que enfraquecem a alma até que esta se refugia num outro plano não ordinário, fazendo com que seu afastamento do corpo apresente no indivíduo sintomas de depressão, desânimo, tristeza e outras enfermidades.

A recuperação da alma é o processo pelo qual o xamã entra na realidade não ordinária para rastrear e recuperar a alma perdida, ou partes dela, para um paciente que sofreu essa perda. O caso de resgate da alma perdida ou roubada, envolve o conhecimento dos territórios inframundanos, e de seus habitantes. Para poder explorar e recuperar a alma, requer ter conhecimento do topônimo do inframundo, do Cosmos e sua segmentação e por extensão do microcosmo humano, como um participante na Ordem. Esse processo de recuperação da alma é a mais difícil e perigosa das tarefas do *yachac*. Para realizar o resgate é essencial que ele entre em EXCA e viaje a uma realidade não ordinária para encontrar a alma, convencê-la a voltar e restaurá-la ao paciente.

Xamãs da Sibéria, da América do Norte e da América do Sul, particularmente na Amazônia e nos Andes, desenvolveram técnicas de recuperação da alma. Durante o processo de resgate, o *yachac* necessitará de objetos mágicos que o irão auxiliar, o maracá (para convocar seus aliados de poder) e um cristal de quartzo (que será usado como apanhador de alma). Os passos a seguir descrevem o processo de resgate.

Processo de resgate da alma

1ª Etapa – Abrimos o Espaço Sagrado, após fazê-lo, convidamos as forças da natureza e aliados de poder, e envolvemos nosso paciente com nosso próprio CEL.

2ª Etapa – Tocamos o maracá durante alguns minutos e nos conectamos com nosso espírito aliado.

3ª Etapa – Após sentirmos uma leve alteração, nos deitamos ao lado do cliente e entramos no EXCA, entrando assim na realidade não ordinária.

4ª Etapa – No nosso voo xamânico, começamos a procurar a alma do paciente que poderá estar no Mundo Profundo, Mediano ou Superior; geralmente ela se encontra no que os andinos chamam de região do inframundo, que é o Mundo Interior (ou Profundo). O Animal de Poder é muito importante nessa fase, pois na maioria das vezes é ele quem localiza a alma.

5ª Etapa – Ao encontrar a alma, conversamos com ela tentando convencê-la a retornar ao seu "dono".

6ª Etapa – Depois de envolvê-la com a ajuda dos espíritos aliados, colocamos a alma dentro do cristal de quartzo e retornamos com ela para o espaço ritual.

7ª Etapa – De volta, integramos a alma ao paciente soprando-a para dentro do coração e após ajudá-lo a se sentar, assopramos na parte superior da cabeça.

8ª Etapa – Depois apanhamos o maracá e o sacudimos em volta do cliente selando seu Corpo de Energia Luminosa.

9ª Etapa – Em seguida agradecemos nossos aliados de poder e fechamos o espaço sagrado.

Finalizado o processo de resgate da alma e sua devolução, é comum o xamã narrar ao paciente alguns fatos que ocorreram durante sua viagem xamânica. A dinâmica da jornada explica melhor a natureza exata dos danos ocorridos e o que o paciente agora terá de fazer para completar a cura e reintegração da alma perdida. Existe uma relação tradicional entre o retorno das almas e extrações. A perda da alma cria um buraco na alma do paciente que deixa o indivíduo vulnerável a energias intrusas. Por isso, muitas vezes é necessário tirar a energia intrusa que preencheu o buraco deixado pelo pedaço da alma, antes de colocá-la de volta nele.

Os espíritos aliados do *yachac* têm um papel fundamental no processo de resgate da alma, ajudando-o a localizá-las na realidade não ordinária com sucesso.

Muitas vezes a alma é roubada por entes míticos, espíritos e por feiticeiros. Nesses casos, os aliados do xamã são enviados por ele para que a resgatem e a tragam de volta em segurança. Tanto o *yachac* como seus aliados de poder trabalham juntos para recuperar e proteger a alma desaparecida. Uma vez que ela foi encontrada, o xamã pode ser forçado a usar artifícios como roubo ou se envolver em uma batalha contra o "espírito malévolo" para obter a alma de volta, como também barganhar seu retorno. Outras vezes é a própria alma sumida que não quer voltar. Nesse caso, o *yachac* procura negociar, persuadir ou enganá-la para que ela retorne.

Na sociedade atual, o que chamamos de perda da alma é frequentemente devido a acidentes, choque, doenças, traumas e violências. Nesse último caso, o agressor é um familiar que geralmente transmite padrões de abuso que foram infligidos a ele anteriormente. O paciente muitas vezes tem compaixão por seu agressor e brigas com ele podem perturbá-lo. A perda da alma também pode acontecer como resultado de uma traição grave, um amargo divórcio, aborto traumático, um terrível acidente de carro ou até mesmo uma cirurgia. A parte fragmentada da alma se refugia no mundo astral, onde pode estar cristalizada ou perdida, ocasionando assim, um rompimento na psique ou um vazio na alma que continua no corpo.

Segundo Mirella Faur (*apud* Frota, 2012):

Esse afastamento acontece como medida de segurança, permitindo ao corpo físico que sobreviva ao acidente, choque ou trauma. Mas, a consequência dessa dissociação é uma perda de poder – físico, psicológico ou espiritual – impedindo a pessoa de levar adiante uma vida sadia, criativa, plena e feliz.

A doença na perspectiva nativa tradicional é vista como uma intrusão – como algo que entra no corpo e que não pertence a ele. Isso é verdade se estamos lidando com um vírus, uma flecha ou um pensamento negativo. Mas o problema principal não é a intrusão, e sim a perda de poder ou de uma parte da alma que permitiu a doença entrar e se manifestar em primeiro lugar. Esse é o problema, e esse é o campo onde o xamã faz seu melhor trabalho. Nesse caso, o *yachac* terá que realizar o Resgate da Alma, que é uma técnica xamânica para a integração da personalidade.

Persuasão, debate e ganho de confiança são muitas vezes o curso de ação apropriado. Nos casos em que a alma não quer voltar, o xamã explica que a situação mudou na nossa realidade ordinária. Ao saber que está fora de perigo a alma geralmente se dispõem a retornar.

A ferramenta essencial para a recuperação da alma é a jornada do xamã. O maracá e o tambor são ferramentas básicas no apoio à viagem. Alguns xamãs, além do cristal, também utilizam como ferramenta um coletor de alma em suas jornadas, usado especificamente para a recuperação dela. Alguns desses apetrechos são culturais, enquanto outros são criações dos próprios *yachacs*. Algumas dessas ferramentas são objetos de poder na realidade comum, enquanto outros só existem na realidade não ordinária.

Quando o xamã retorna com a parte perdida da alma para o paciente, a fonte do problema é resolvida no nível espiritual. Em seguida, ele deve procurar restabelecer a harmonia entre o paciente e a alma. Se a perda da alma foi recente, o processo de integração é relativamente simples e o equilíbrio é restaurado. Porém, se a ausência dela é longa, não só o trauma original precisa ser expresso e liberado, mas os padrões de comportamento formados para lidar com a perda da alma devem ser substituídos por outros mais saudáveis.

Os padrões de comportamento gerados para lidar com a vida em um estado de ausência da alma ocorrem em três níveis:

1º Nível – É o buraco que foi deixado na alma, quando o indivíduo passa a agir cautelosamente para proteger o furo de energias intrusas. Esses padrões de comportamento estão ligados a parte emocional.

2º Nível – É composto por padrões de comportamentos em que o indivíduo se esforça para preencher o buraco deixado pela alma. Esses comportamentos são hábitos compulsivos ou viciantes. Eles podem preencher o rombo temporariamente ou permitir que alguém o coloque num Estado Alternativo de Consciência no qual sentem como se o furo fosse preenchido pelo período de duração do EAC.

3º Nível – É a repetição crônica da origem do choque traumático. O buraco toma a forma do trauma original, da mesma forma que fica um quebra-cabeça quando tem uma peça removida. A ressonância do trauma, ainda dentro do corpo, atrai novas versões dele. O paciente escolhe o padrão que se repete, uma e outra vez, até que parte da alma perdida seja recuperada.

Esses padrões de comportamento são uma torrente de estresses sobre os indivíduos. Eles afetam a saúde física, psicológica, emocional e espiritual da pessoa, bem como a forma como ele ou ela percebe o mundo (mental filosófico), como se relaciona com os outros (sócio ético), e como se relaciona consigo mesmo (moral).

Nos casos de perda da alma e doenças relativas a ela, a cura está disponível através da jornada do xamã, do poder dos espíritos aliados e da esperteza do *yachac*.

12

A MORTE E SEUS RITOS

A morte é apenas uma passagem de um mundo para o outro. Todos nós iremos algum dia fazer essa transição de mundos e nos reunirmos ao Spíritu.

Tayta Matzú

Eu havia acabado de chegar de uma Busca da Visão em Águas da Prata, quando recebi a notícia de que meu pai havia caído naquela manhã e batido a cabeça no chão. Na mesma hora corri para o hospital público no qual ele estava internado. Ao chegar, encontrei o meu tio totalmente consternado. Perguntei o que havia ocorrido realmente e ele me disse que quando meu pai estava saindo para fazer sua caminhada matinal tropeçou e caiu de costas batendo a cabeça. Na mesma hora ele foi socorrido pelo porteiro, que ao ver sangue saindo pelo ouvido direito, chamou o SAMU. Entramos na emergência do hospital e pude ver o meu pai deitado na maca, desperto, mas pude constatar que não estava totalmente consciente.

Depois de fazer uma série de exames, foi diagnosticado que ele havia sofrido um traumatismo craniano e tinha um hematoma. Devido ao seu estado, ele deveria ficar internado por pelo menos uma semana, que terminaram se tornando três, sendo duas delas numa UTI. Enquanto esteve na enfermaria, passei cinco dias ao seu lado, mas quando foi transferido para a Unidade de Terapia Intensiva de outro hospital só era permitido visitá-lo uma hora por dia. Felizmente, faltando dois dias para completar oitenta e um anos, ele recebeu alta para ir para casa. Sua melhora havia sido muito pouca. Ele havia perdido a sua memória presente, mas sabia quem eu era e a todos que o visitavam.

A rotina diária com ele merecia cuidados. Mudei para o seu apartamento e procurei dar o melhor de mim para que meu pai se sentisse confortável e seguro ao meu lado. Ele tinha que tomar remédio para pressão e um para evitar convulsão de doze em doze horas. Além da minha namorada que estava me ajudando a cuidar dele, a minha mãe sempre ia visitá-lo e fazia alguns pratos que ele gostava de comer. Eu aproveitava esses momentos da presença delas e saía para pagar contas bancárias e resolver outros assuntos. Enquanto não encontrava uma cuidadora, resolvi suspender todas as minhas atividades profissionais para me dedicar exclusivamente ao meu pai.

Meu pai passou a dormir geralmente doze horas por dia, as outras doze passava quase o tempo todo em frente à televisão. Com uma semana de recuperação em casa, eu o levei para fazer pequenas caminhadas diárias. Era um pequeno avanço na sua rotina, porém tudo parecia muito lento. Ele não era mais a mesma pessoa ativa que adorava ler e conversar com os amigos debaixo do prédio. Todos os médicos amigos e a sua neurologista me afirmaram que o processo de cura seria lento, mas não podiam afirmar se a queda teria ou não sequelas. Pensando no pior, aproveitei as visitas diárias do meu tio para começar a fazer um trabalho de recapitulação com meu pai. No início ele estava hesitante, mas logo foi inundado com imagens de seu passado e as reflexões e sentimentos fluíram livremente. Amorosamente eu perguntava fatos ocorridos na sua infância, puxando a sua memória e fazendo-o revivê-las e contar sua história para mim.

Numa dessas sessões o vi expressar pela primeira vez na vida que me amava. Ele já havia falado outras vezes no decorrer da minha existência, porém nessas ocasiões me recordo que não estava totalmente sóbrio. Sempre tinha bebido uma ou duas cervejas. Mas dessa vez foi diferente, como se ele tivesse aberto o seu coração e expressado o que sempre quis, mas que nunca tinha sido capaz de fazer. Neste momento, lágrimas escorreram pelo meu e pelo seu rosto. Sempre após essas sessões de recapitulação eu pressionava alguns meridianos em seus pulsos e olhando nos seus olhos dizia que o amava e iria continuar amando sempre. Falava ainda que ele não precisava se preocupar mais comigo e que caso fosse da sua vontade, teria a minha permissão para seguir sua jornada rumo ao Infinito. Ao final das minhas palavras ele sorria marotamente e dizia que iria em breve.

Na manhã do dia 19 de maio de 2012, ele acordou sozinho, fez a barba e tomou um banho. Após tomar sua medicação, foi até o meu quarto e sentou à beira da cama do lado direito de Amayi, enquanto eu estava do outro lado. Perguntei como havia dormido e ele respondeu:

– Com os anjos.

Em seguida minha namorada olhou para ele e disse:

– Vamos tomar café, meu rei?

Ele riu, olhou para ela e respondeu:

– Seu rei é ele – disse apontando para mim.

– Ele é meu príncipe, o senhor é o rei.

Ele apanhou a mão dela, deu uma piscadela para mim e falou:

– Por pouco tempo.

Fomos para sala, liguei a televisão para ele assistir e comecei a arrumar a mesa para o café da manhã, enquanto Amayi preparava nosso desjejum. Quando estava tudo pronto para sentarmos à mesa, ele levantou-se do sofá e no mesmo momento caiu sentado novamente, convulsionando. Aparei-o para que não caísse no chão e comecei a fazer uma massagem cardíaca. Amayi sentou-se ao seu lado ajudando-nos. Passados alguns instantes ele parou de convulsionar e passou a respirar profundamente. Ao ser indagado por mim se estava melhor, fez o sinal de positivo. Aproveitei e liguei para um amigo médico, sua esposa atendeu dizendo que ele não estava em casa, mas que iria localizá-lo para mim. De repente meu pai deu uma golfada botando todo o iogurte que havia comido para fora e voltou a convulsionar. Neste momento o deitamos de lado no chão, com a cabeça no meu colo. Em seguida Amayi chamou o SAMU.

Ao colocar a cabeça do meu pai descansando na minha perna, vi que havia chegado a sua hora de partir deste mundo. Tentei tirar sua pressão e o aparelho parecia não funcionar. Logo depois vi que ele estava tendo uma evacuação urinária e tive a certeza de que não estava mais vivo, pois no momento da morte existe um relaxamento dos esfíncteres. Em seguida resolvi fazer o seu rito de morte desvinculando o seu Campo de Energia Luminosa do seu corpo físico. Pedi para que Amayi coloca-se a cabeça dele em seu colo e comecei o processo.

Ao passar as mãos pelos seus *ñawis* verifiquei que o ritmo de cada um havia aumentado drasticamente querendo se desprender do corpo físico. Comecei o trabalho de liberação do CEL do invólucro carnal pelo chakra do coração. Posicionando minha mão direita sobre ele o desatarraxei, virando-a por três vezes no sentido anti-horário, depois fiz o mesmo com o plexo solar, indo em seguida até o vórtice energético localizado na garganta, de lá levei minha mão ao primeiro *ñawi* localizado na região do períneo e osso sacro e fiz o mesmo processo. Eu sentia que em cada chakra que eu mexia, eles relaxavam como se estivessem suspirando de alívio. Por fim, repeti o mesmo processo de desatarraxamento no chakra da cabeça.

Neste momento, observei a saída do seu campo luminoso através da coroa, livrando-se do seu corpo físico. Senti a presença da minha vó, já falecida, que estava ali para ajudar seu filho a fazer a passagem. Enquanto selava os seus *ñawis* com o sopro quente do Dragão, vi que ele estava livre daquele corpo que o havia deixado incapacitado nos últimos quarenta e dois dias. Na manhã do dia seguinte, no seu funeral, eu ainda podia ver seu campo luminoso dourado flutuando no ar, mesmo estando ele livre de seus restos físicos e eu tendo realizado seu rito final. Durante o seu enterro permaneci encostado a uma árvore, enquanto nossos familiares e amigos mais próximos cercavam seu corpo físico. De repente, senti uma brisa passando ao meu lado, era como se eu tivesse recebido uma onda de luz. Quando olhei para o caixão, vi que seu CEL já não flutuava mais ali. Meu pai finalmente estava livre.

A Morte

A Vida termina com a última respiração, da mesma maneira que começa com a primeira. A morte, como a conhecemos, é um fato natural e inevitável para todos nós. Para a grande maioria da população a morte é assustadora. Geralmente nos encolhemos diante dela e a negamos quando ela surge. Contudo, ela vive incubada dentro de nós como um vírus. Nosso medo é uma emoção volátil. Nada subtrai tanto a força da nossa mente como o medo. O medo da morte apavora nosso futuro. Devemos encarar esse acontecimento como ele realmente é: uma transição. Pois só assim poderemos viver o aqui e agora com mais intensidade. Para isso, devemos vencer o medo da morte e de enfrentar o desconhecido. Quando aceitamos que somos seres mortais, passamos a viver melhor e intensamente, sabendo que a qualquer momento podemos ir para "o acampamento do outro lado do rio". Aprendemos no Xamanismo que nascer, crescer e morrer faz parte do ciclo da vida, a própria natureza nos ensina quando passamos a observar mais atentamente os ciclos das estações.

Faur (2003, pág. 233) referente a essa questão, diz que:

O ciclo de nascimento, crescimento, morte, decomposição e regeneração é o processo conhecido, aceito e sacralizado que define a vida no nosso planeta desde os primórdios da humanidade. Enquanto o nascimento representa o mais fascinante mistério da vida, a morte seguramente é seu maior enigma. Vida e morte são complementares, entramos por uma porta, saímos por outra, o seu entrelaçamento é o "ouroboros", a Serpente que morde sua cauda e contém neste círculo o próprio mundo.

A morte é um passo transcendental na vida porque a vida retorna a seu princípio. Para a Tradição Iniciática Nativa Andina, nós só iremos conseguir a nossa liberdade pessoal ao aceitarmos a Morte como nossa Companheira. Ela pode nos ensinar a viver de verdade. Ao tomarmos a consciência de que podemos morrer a qualquer instante, constatamos que só temos o presente para viver. A realidade é que poderemos morrer a qualquer momento. A morte pode nos ensinar a viver todos os dias como se fosse o último dia de nossas vidas, como se não houvesse amanhã. Quando tentamos viver no passado, como podemos aproveitar o presente? Quando sonhamos com o futuro, por que necessitamos carregar o fardo do passado? Quando iremos aprender a viver no presente? Isso é o que a Morte nos ensina.

Na minha caminhada, aprendi que a morte não é um drama. A tragédia é o modo como a enfrentamos. Não devemos pensar na morte como um fato que irá ocorrer no fim da nossa vida. No meu modo de pensar, a morte não vem apenas no final da nossa viagem terrestre. Na realidade, ela está presente em todos os momentos de nossas vidas. A todo o momento estamos vivendo, morrendo e renascendo, as nossas células dentro de nosso corpo podem comprovar o meu pensamento. O tempo que passou, não volta mais, ele morre. A cada minuto que passa nos tornamos diferentes e aprendemos algo novo.

Uma das coisas que mais me prendeu a atenção no aprendizado xamânico foi exatamente o conceito de morte e renascimento. Notei que morrer e renascer em nossas vidas é um tema comum em muitas tradições xamânicas. Constantemente estamos trocando energia com todas as coisas. Isso pode ocasionar mudanças nas nossas condições e de como somos afetados pelas emoções, palavras e ações de outros. Os xamãs reconhecem que estamos trocando energia com todas as coisas: pessoas, animais, plantas e pedras. Uma vez que reconhecemos isso, poderemos aprender a escolher o nosso ciclo de renascimento.

Quando aprendermos a controlar as energias que damos e recebemos, iremos derrubar o muro que nos está bloqueando, impedindo de nos tornarmos as pessoas que queremos ser. Para que isso possa ocorrer, porém, notei que temos que aprender a trabalhar com a energia, e aceitar que energias estão influenciando nossas vidas atualmente. Temos que aprender a nos aceitar como somos. Esse processo requer um grande respeito e compaixão para com nós mesmos. Alguns sentem que não há nenhuma esperança, mas devemos ser conscientes de que estamos em constante processo de mudança e a todo o momento estamos renascendo. Temos que nos permitir começar cada dia com esse pensamento, porque ele será um ajudante muito poderoso para que possamos aprender a controlar nosso próprio ciclo de renascimento.

Muitos de nós crescem com a ideia de que quando morrermos iremos para Céu se formos bons, ou para Inferno se formos maus. Os conceitos de Céu e Inferno fazem parte das religiões monoteístas. Para todas as tradições xamânicas, o espírito sobrevive a morte física e eles acreditam na existência do Mundo dos Espíritos. Para os *yachacs* não há nenhum Céu sobrenatural. Só o mundo natural existe, com seus reinos visíveis e invisíveis entre os quais está o Mundo do *Spíritu*. Também não há nenhum princípio mal independente vagando por aí. Ao invés disso, vivemos em um Universo benigno que se interessa pelo nosso bem-estar. O mal só existe nas mentes dos homens e mulheres. Não existe uma força predatória contrária, fora a força que nos guarda. Quando os missionários começaram a falar sobre Inferno, os índios perguntaram onde ele era localizado. Os padres responderam que não estava no mundo visível. A analogia mais próxima que eles poderiam imaginar para descrever a localização de Inferno era apontando para o solo abaixo de seus pés. Isso confundiu os indígenas, porque eles entendem que toda a vida vem da terra, que é nossa Mãe.

Com o fim da vida em nossos corpos físicos, o espírito se prepara para sua grande jornada. Quando o cérebro deixa de funcionar, o campo eletromagnético criado pelo sistema nervoso central se dissolve e o nosso Campo de Energia Luminosa se livra do nosso corpo físico. Isso ocorre da seguinte maneira: o CEL cresce como se fosse um ovo translúcido, moldado, que contém os *ñawis* que continuam pulsando como pontos de luz durante as primeiras horas após a morte. Se tudo transcorre suavemente, esse orbe luminoso que é a essência ou espírito do indivíduo viaja então pelo eixo do campo luminoso, até se tornar um com o *Spíritu*. O Campo de Energia Luminosa se aperta pelo portal criado por seu eixo central, como uma rosquinha faz pelo seu próprio buraco ao centro.

Quando uma pessoa agonizante retém a consciência dela depois da morte, entra na luz facilmente. Meu Mentor, Tayta Matzú, comparou essa luz como um amanhecer numa manhã sem nuvens, um estado de pureza primordial, imenso e vasto, que desafia qualquer descrição. A escuridão da morte, causada pelo colapso das nossas sensações, retrocede e é dispersa pela luz do *Spíritu*.

Os nativos das tribos do Alto Amazonas acreditam que eles podem viajar além dos domínios da morte quando ingerem a *Ayahuasca*. Durante a cerimônia eles experimentam frequentemente visões terríveis da sua morte. Em alguns casos são retalhados por um Jaguar ou engolidos por uma sucuri gigantesca. Muitos dos ritos iniciáticos da antiguidade incluindo os egípcios, gregos e sírios foram projetados para levar o neófito por um processo semelhante à morte simbólica pela qual ele deixava de identificar-se com o seu ego.

A morte xamânica por meio dos ritos de passagem é um ritual de morte e renascimento no qual o antigo Ser deve morrer para, das cinzas de seu esqueleto, brotar uma nova "persona" adequada a busca evolutiva e espiritual do Ser, ou seja, no Xamanismo eles morrem para o antigo "self" e renascem. A partir dessa morte iniciática, que é na maioria das vezes uma provação involuntária, o xamã está pronto para enfrentar os rigores do trabalho xamânico.

Em meu treinamento com xamãs amazônicos, realizei ritos de morte complicados que me despojaram de todo meu ego. Durante cerimônias com a *Ayahuasca* fui assombrado de maneira que eu nunca tinha pensado ser possível. Todo tipo de "demônio" imaginável apareceu na minha frente. Meu corpo foi desmembrado de tudo que era jeito. Até que fui envolvido por uma luz e fiquei à parte do que estava ocorrendo. Por poucos anos trabalhei com a *Ayahuasca*, até o dia em que descobri que não precisaria percorrer aquele caminho para experimentar a luz infinita. Naquela noite meu Mentor virou-se e me disse: "A Morte já não vive dentro de você. Você a exorcizou, e nunca poderá ser reivindicado por ela."

Tayta Matzú preparou-se durante toda sua vida para essa jornada. Antes de morrer, ele me explicou que os passos da jornada eram diferentes para ele como xamã, do que para alguém que está desprevenido para conhecer a sua morte. Ele esperou atingir a liberdade total no momento da sua morte, durante o amanhecer da Luz do *Spíritu*, como nomeou esse momento. Na hora, ele explicou que percebemos o amanhecer como se estivéssemos no topo do mundo. Somos mais alto que as mais altas das montanhas. Não é só o amanhecer que surge à nossa frente, mas sentimos o sol subindo em nossa barriga simultaneamente e sentimos toda a Criação mexendo dentro de nós. Você se rende à luminosidade ao seu redor, e somos envolvidos por ela, até nos tornarmos um com a Luz. Durante essa fase, sentimos estarmos nos rendendo à Luz. Lendas xamânicas dizem que todos somos viajantes das estrelas, e neste momento realizamos a nossa grande jornada.

Se a pessoa não reconhece o amanhecer como o despertar da sua própria consciência, o sol continuará subindo em um milhão de cores deslumbrantes. Toda natureza se manifesta em uma exibição atordoante de som e luz. É como se o primeiro dia da Criação estivesse surgindo de novo.

Nessa fase, as forças da natureza se manifestam na sua mais pura essência. Ao nos separarmos do corpo físico, todos os elementos (Água, Terra, Ar e Fogo) são representados pela sua luminosidade e fundem-se em bolas de energia. E nós temos uma segunda oportunidade para reconhecer nossa natureza luminosa e ver que não estamos separados da luz, mas fazemos parte das energias que estão ao nosso redor. Um xamã passa a vida inteira preparando-se para este momento, onde poderá atingir a liberdade total da sua consciência durante as primeiras duas fases da morte. Porém, outros podem experimentar um momento de perda da consciência. Para eles, esse processo passará num instante, como uma luz ofuscante. Eles podem nem mesmo perceber pelo que passaram.

A ventania da morte é tão poderosa que muitas pessoas ficam inconscientes e só despertam na terceira fase da jornada. Observamos que ainda temos uma forma, que somos um homem ou mulher e que podemos ser jovens. Mas o amanhecer da consciência passou, e nós estamos agora no crepúsculo do dia. As cores não são bem definidas, embora nossa consciência esteja tremendamente exaltada. Nossos juízos ordinários não estão separados. Sentimos com a totalidade de nosso ser, e tudo ao nosso redor está vivo. Nessa fase passamos por uma revisão da vida panorâmica na qual toda ação e atos que executamos aparecem à nossa frente.

Depois do processo de revisão de nossas vidas, conhecemos aqueles que morreram antes de nós, inclusive pais, amigos, e as pessoas que tenhamos ferido ou prejudicado. Meu Mentor explicou que há vários níveis neste domínio. O primeiro vibra a uma frequência mais alta que o que está abaixo dele. Os mais baixos níveis são muito densos, associados com os domínios das Pedras e das Plantas. Pessoas presas nestes domínios mais baixos estão sofrendo para purificar-se em um mundo de escuridão onde eles não têm nenhum olho para ver e nenhuma mão para sentir. Eles só sentem a presença vaga de outros. Aqui nós revivemos nossa dor e sofrimento. Os níveis mais altos são joviais e cheios de paz. Reunimo-nos aos seres amados e nos aquecemos na luz do *Spíritu* até a nossa próxima jornada. Gravitamos naturalmente para um nível ou outro, dependendo de como vivemos nossa vida. Podemos ver esses níveis abaixo, mas não somos vistos por eles, só é possível falar e interagir com os seres do nosso nível. O quarto nível é a nossa tribo espiritual, onde conhecemos nossos antepassados e as nossas verdadeiras famílias.

O quinto mundo é o domínio de seres luminosos dedicado a ajudar toda a humanidade. Xamãs dominaram a jornada além da morte para este nível. Há muito tempo, quando os ritos da morte xamânica foram desenvolvidos, esse era um nível difícil para atingir. Hoje é muito mais acessível. Rastros brilhantes foram deixados por homens e mulheres corajosos que vieram antes de nós. As profecias dos *Hopis* e dos *Inkas* falam que nosso Planeta inteiro emergirá no quinto mundo. Eles se referem a nossa entrada nos domínios angelicais, dos Seres-Pássaros. Tayta Matzú dizia: "Nós não cultivamos milho, mas deuses."

Quando morremos

Um fenômeno extraordinário ocorre no momento da morte. Quando a atividade neural cessa e o cérebro desliga, um portal se abre entre as dimensões. Os véus entre os mundos se abrem, permitindo que a pessoa que morreu entre no Mundo dos Espíritos. Quando uma pessoa tem negócios inacabados neste mundo, ela é incapaz de entrar facilmente através desse portal. A parábola bíblica de que "é mais fácil um camelo passar pelo buraco de uma agulha, do que um homem rico poder entrar no Céu" aborda as dificuldades encontradas por aqueles que negligenciam a dimensão espiritual em sua busca de gratificação material. Não podemos levar a nossa identidade para o "Acampamento do outro lado do rio".

Uma pessoa que está sob o peso de bagagem emocional pesada, permanece ligada à Terra. Esse espírito tem que passar por intensas recapitulações de vida para chegar do outro lado mais rapidamente. Algumas pessoas que tiveram uma experiência de quase morte recordam de terem feito uma revisão panorâmica de sua vida, embora a experiência tenha ocorrido em apenas alguns minutos do nosso tempo na Terra.

Após a morte, o Campo de Energia Luminosa desacopla do invólucro carnal. Duas forças ligam o CEL ao corpo físico. A primeira é o campo eletromagnético gerado pelo sistema nervoso. Quando a intensidade do campo cai para zero, a atividade elétrica no cérebro cessa, a força eletromagnética principal que liga o campo luminoso ao corpo físico se dissolve. O segundo *link* são os *ñawis*, que se fixam ao Campo de Energia Luminosa. Durante os ritos finais, temos que soltar espiralmente os chakras, separando o CEL do corpo físico e selando os vórtices energéticos para que o espírito não possa se religar ao defunto novamente. Quando separamos os *ñawis* do corpo físico podemos devolver para Terra o que sempre pertenceu a ela, e para o Céu o que pertence ao *Spíritu*.

Em várias ocasiões, enquanto treinava com Dona Juanita Morales, tive a oportunidade de visitar uma casa funerária para observar o Campo de Energia Luminosa de uma pessoa falecida. Por inúmeras vezes percebi que o CEL permanecia conectado pelo umbigo à matéria. Dias mais tarde, quando visitava o cemitério, encontrei o campo luminoso ainda pairando sobre a sepultura, ligado ao corpo físico em decomposição que não era mais sua casa. Pouco antes da morte, a porta entre os mundos se abre. Minha Mentora acreditava que setenta e duas horas após o último suspiro esse portal é fechado. O espírito, então, tem de viajar através de todos os planos, onde aqueles que não morreram conscientemente devem passar por um processo de purgação.

A certeza de que somos constituídos de substância somática e espiritual é fundamental para a experiência xamanista. Se durante a existência aprendermos a nos separar do corpo físico, a tomar conhecimento de que somos "seres de luz", poderemos morrer com consciência, morrer para a carne e renascer no espírito. Se não morrermos com consciência, nosso Campo de Energia Luminosa retorna para o "Grande poço da Consciência". Ao morrermos conscientemente, não preservamos nossa individualidade, e sim a integridade da consciência depois da morte.

Preparativos para a paz

Sinto que as pessoas deveriam ser autorizadas a morrer em casa, onde se sentem mais confortáveis e rodeadas por familiares. Não é tão comum hoje em dia que indivíduos morram em seu lar. Na maioria das vezes morrem num hospital. Indivíduos devem ter a possibilidade de morrer tranquilamente. A morte pacífica é o dom mais precioso que podemos oferecer para um ente querido. Quando a morte se aproxima, os sentidos da pessoa são intensificados, principalmente sua audição. Pequenos ruídos podem ser dolorosamente amplificados e causar ansiedade e confusão. Essa difícil transição deve ser feita o mais suave possível. O quarto de um ente querido deve ser um templo de paz no momento da sua morte. Devemos falar frequentemente com amor com ele. Mesmo quando a pessoa tenha parado de respirar, o som da nossa voz pode ser ouvido pelo seu espírito. Seu amor pode alcançá-la em dimensões que você nunca iria imaginar.

Devemos deixar o corpo do falecido em repouso durante tanto tempo quanto possível após a morte. Isso é muito difícil de fazer em um hospital, mas com um pouco de criatividade e engenhosidade podemos conseguir pelo menos algumas horas de paz e serenidade para nosso ente querido. O Campo de Energia Luminosa do falecido sofre enorme fluxo energético quando se desengata dos *ñawis*. O campo luminoso expande-se em um turbilhão de energia e, em seguida, contrai violentamente para dentro do corpo físico, como se quisesse reanimá-lo. Nos Andes e no Tibete, o corpo é vigiado por três dias. Geralmente as normas hospitalares não permitem que o corpo permaneça sem embalsamamento por esse período de tempo, o que é outra razão pela qual os procedimentos que se seguem são tão importantes.

Ritos da Morte

Aprendi esta técnica com Dona Juanita Morales nos Andes. Ela não era apenas uma parteira talentosa e xamã, mas também muito procurada por sua especialização em psicopompia (condução de almas) para o Mundo dos Espíritos. Ao auxiliá-la em seus trabalhos, tive a oportunidade de descobrir o quão importante esses ritos são para ajudar o falecido a retornar ao Infinito.

Existem três passos nos Ritos de Morte:
1. Recapitulação e perdão;
2. A permissão para morrer;
3. Ritos finais.

RECAPITULAÇÃO E PERDÃO

Queremos ajudar um ente querido a encerrar (fazer um balanço) o ciclo da sua vida antes da morte. É difícil dizer "Eu te perdoo" do Mundo dos Espíritos e ser ouvido por uma pessoa que vive aqui na matéria. Quando uma pessoa souber encerrar a sua existência mundana, transitará sem esforço através dos domínios para além da morte. Recapitulação e perdão trazem a conclusão de uma vida. Evento do passado não tem que ser perdoado durante a revisão da vida que acontece do outro lado da vida. A grande maioria dos relatos na literatura sobre a experiência de quase morte contam experiências positivas. Porém, quase metade delas têm encontros infernais. Pesquisadores acreditam que essas visões infernais podem ser autoinfligidas. O próprio réu é juiz e júri ao mesmo tempo. Será que estamos prontos para nos perdoar? Perdão enquanto ainda estamos vivos é o foco da recapitulação.

É importante para a família dar voz ao perdão e amor que manifestaram durante o curso da vida. O perdão familiar é essencial para que a pessoa possa fazer sua passagem em paz. Nós ficaríamos surpresos com o poder de cura de um simples "eu te amo" de um pai para o filho, ou vice-versa, antes da morte. Isso nem sempre é fácil. Um tempo de vida de erros pode ser desfeito através da remissão, mesmo no final de uma vida.

A recapitulação oferece a seu ente amado a oportunidade de contar-lhe a sua história, e tem um poder catártico e de cura. É o equivalente a fazer a revisão da vida antes de realmente morrer. Recapitulação não é um momento para recriminações sobre eventos passados. É um tempo para ouvir a história do seu ente querido. Quanto mais cedo ocorrer o processo de recapitulação e quanto mais extensa for a revisão de vida, mais fácil será a transição. Às vezes é difícil começar essa conversa, especialmente se ainda não tivemos um diálogo íntimo com a pessoa amada durante anos. Devemos encontrar um ponto de entrada para a conversa. Por exemplo, peça a sua mãe para lembrar o dia em que conheceu o seu pai, como ele a cortejou, ou como foi o seu primeiro encontro. Envolva seus sentimentos por meio de perguntas específicas. O que seu futuro marido usava naquele dia? Seja um bom ouvinte ao fazer a pergunta. É surpreendente quão prontamente uma pessoa conta a sua história a alguém que demonstra interesse. Relembre ao seu ente querido que ele pode perdoar alguém por meio de uma oração ou uma bênção. Em última análise, a pessoa que está morrendo precisa perdoar a si mesma e saber que ela está totalmente perdoada pela vida. Por fim, pergunte como ela gostaria de ser lembrada. Quais são as histórias que gostaria que seus netos ouvissem para se lembrarem dela? A recapitulação traz o fechamento através do perdão. Incentive o seu ente amado a deixar ir qualquer sentimento de ter sido injustiçado ou ter ofendido alguém.

Um tremendo perdão pode ocorrer na recapitulação. Mas não espere para ser um fazedor de milagres, afinal, em poucas horas não pode ser feita a cura que não foi realizada em toda a vida. As pessoas tendem a morrer da mesma maneira que viveram. É natural que ao lembrar uma experiência de raiva, quando confrontado no fim da vida, o indivíduo tornar-se facilmente alvo de seu ressentimento. Realizações potentes, muitas vezes veem sem serem convidadas quando alguém se aproxima da morte. Uma delas é a compreensão de que poderíamos ter vivido de forma diferente, amado mais plenamente e perdoado mais facilmente. Essa raiva não está sendo direcionada para você pessoalmente. Segure a mão de seu ente amado enquanto ele chora ou expressa sua ira. Seja uma fonte inabalável de amor e apoio incondicional, mesmo em uma onda de raiva. Certamente o seu amado irá perdoar a si mesmo mais rapidamente e a sua raiva vai se transformar em compaixão.

Se a condição do seu ente querido é crítica e ele não tenha sido informado disso, faça com que saiba. A maioria das pessoas irá saber de qualquer maneira. Eles podem sentir a mudança nos membros da família presentes – vozes abafadas, sorrisos forçados, etc. O melhor é ser direto, mas gentil e compassivo. Sua franqueza irá dar ao seu ente querido permissão para se abrir com você. Ele vai saber que pode contar contigo para falar a verdade.

Permissão para morrer

Talvez o passo mais importante nos ritos de morte seja o de dar a um ente querido o aval para morrer. É importante que ele saiba que não há nenhuma razão para se preocupar com aqueles que ficam para trás. Agradeça por todos os momentos que passaram juntos, diga-lhe que sentirá saudades, que a amará para sempre e ao final lhe dê autorização para morrer. Sem sua permissão, seu amado pode se apegar à vida durante meses ou anos, suportando o sofrimento desnecessário e causando grande angústia aos familiares. A permissão deve vir da família imediata, e, idealmente, deve haver um consenso. Se há um membro que não quer deixá-lo ir, incentive-o a expressar o seu amor e perdão para que nosso ente querido possa partir em paz.

Ritos finais

Não é necessário ser um xamã ou um sacerdote para realizar a liturgia final. Existem duas partes para os ritos finais do processo de harmonização e liberação do Campo de Energia Luminosa. Durante a harmonização, é possível sentir a presença do falecido, bem como seres luminosos ao redor dele. É como se parteiras espirituais do outro lado estivessem para receber a pessoa que está deixando este plano. Através do processo de irradiação (visto no capítulo anterior) podemos criar o espaço onde um ente querido pode experimentar a graça e a libertação. É fácil sentir-se oprimido pela ideia de que podemos alcançar uma vida de cura em poucos dias. É ainda mais esmagadora se o amado está perto de morrer. Devemos lembrar, porém, que nunca é tarde demais para a cura. Com a iminência da morte vem a percepção de que não temos tempo a perder.

É melhor começar a irradiação logo após a passagem do ente amado, pois ele pode exigir várias sessões para limpar a energia tóxica impressa durante toda sua vida. Não devemos ter receio de que iremos pegar todos os resíduos tóxicos que estão aderidos aos chakras da pessoa, uma vez que nesse processo eles são queimados e transmutados em luz. Não corremos perigo algum. O processo acontece no nível energético. Se acharmos que o indivíduo amava suas crenças religiosas e que ela não permitiria o processo de irradiação, não devemos fazê-lo. Não estamos lá para converter ninguém, mas para ajudar a pessoa a encontrar a orientação e força espiritual para embarcar na maior jornada de sua vida. É essencial que tenhamos permissão do ente querido antes de executar esse processo ou a liberação do Campo de Energia Luminosa.

Os pontos que trabalhamos, durante a irradiação, na mão e no pulso são os mesmos meridianos de acupuntura. Os pontos de aprofundamento na mão estão localizados no exterior do punho, no enrugamento da articulação do pulso. O ponto de libertação encontra-se cerca de uns dois centímetros acima do pulso, na parte inferior do antebraço. Abrimos os chakras e os fechamos ao final. A irradiação alivia o processo de revisão de vida no mundo espiritual. Desde que irradiemos um *ñawi*, não precisamos testar se ele ainda está comprometido. Quando limpamos a sujeira do primeiro chakra, o equilibramos girando no sentido anti-horário, e seguimos para o segundo vórtice, e assim consecutivamente até o último.

O corpo sabe morrer da mesma maneira que sabe como nascer. Nove em cada dez vezes o Campo de Energia Luminosa retorna ao Mundo dos Espíritos com facilidade. Da mesma forma, nove em cada dez nascimentos acontecem sem complicações. O desengate dos *ñawis* durante os ritos finais só é necessário quando o processo não acontecer naturalmente. Esses ritos são os que devem ser executados após o falecimento de uma pessoa. Temos que liberar o CEL e selar os chakras imediatamente após a morte, para o campo luminoso não reentrar no corpo físico, ou seja, ser contaminado pela energia no corpo.

1. Começamos abrindo o Espaço Sagrado chamando as Forças das quatro direções, a Terra e o Céu (veja o tópico "Espaço Sagrado" no capítulo "Campo de Energia Luminosa").
2. Expandimos nosso corpo luminoso e o do ente querido. É de suma importância trabalhar dentro deste espaço duplamente sagrado. Ele irá proteger nosso ser amado de energias destrutivas do outro lado. As lendas dos povos amazônicos narram que no momento da morte, "fantasmas famintos" de todos aqueles a quem magoamos ou ofendemos se reúnem em torno de nosso leito de morte para reivindicar a sua parcela da dívida. Eles seguem o falecido até que tenham alcançado sua "vingança". Preferimos interpretar esses espectros como demônios psicológicos que representam todos os negócios inacabados do nosso passado. É por isso que é tão importante fecharmos nossos ciclos durante a vida. Uma vez que fizermos isso, esses fantasmas são

dissipados. Quando expandimos nosso campo luminoso e do ente querido, criamos uma ilha de tranquilidade no meio de uma tempestade. Nessa ilha, parentes já falecidos e curandeiros do Mundo dos Espíritos ajudam a pessoa que está morrendo. Há um ditado entre os xamãs do alto Amazonas que diz que "o propósito de toda a sua formação é aprender a deixar esta vida vivo". Isso não significa que eles pretendam levar seus corpos físicos com eles, mas procuram manter a sua consciência intacta através da jornada até o Infinito.

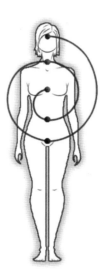

3. Depois que o ente querido parar de respirar, desengatamos os *ñawis*. O ideal é que esta etapa seja realizada imediatamente após a passagem, no mais tardar em vinte quatro horas após o último suspiro. Imediatamente após a morte, os chakras começam a liberar os fios luminosos que estavam ligados a eventos do passado. Os ritmos dos vórtices energéticos mudam. Pode-se sentir a frequência e a vibração de cada um deles aumentada. Eles começam a se desprender do corpo, mas são impedidos pela sujeira dentro deles. Devemos desengatá-los espiralmente, com o coração sendo o ponto de partida. Cada *ñawi* deve ser girado para a esquerda, no sentido anti-horário. Colocamos a mão sobre o chakra do coração do ente amado, em

seguida, giramos os dedos para a esquerda três ou quatro vezes para relaxar este centro. Continuamos para o plexo solar, depois para a garganta, em seguida o chakra raiz, e por último a cabeça. Ao desatarraxar os vórtices, imaginamos uma grande espiral no sentido anti-horário com o coração como seu centro, saindo de lá para o plexo solar, depois para a garganta, em seguida na região pubiana e por fim até as sobrancelhas. Sigamos esses passos cuidadosamente.

4. Empurramos a energia através dos pés do ente amado para que o campo luminoso fique livre. Colocamos as palmas das nossas mãos nas solas dos pés do falecido, de modo que a palma da mão direita descanse no pé esquerdo, e vice-versa. Visualizamos nossas mãos jorrando energia em direção ao corpo inerte. Na maioria dos casos, o CEL sai imediatamente após os chakras terem sido desengatados, e não é necessário realizar a próxima etapa.

5. Retiramos o corpo luminoso movendo a pessoa de forma que a cabeça dela esteja em nossas mãos. Seguramos com suavidade por alguns momentos e pedimos a ela que siga sua viagem. Falamos que ficaremos bem e que a amamos. Essas palavras são pronunciadas suavemente, porém com firmeza. Com as nossas mãos fazemos uma leve pressão na sua cabeça e tiramos o campo luminoso pelo topo dela. Sentimos uma tremenda onda de energia quando o CEL se torna livre do corpo. O campo luminoso não necessariamente sairá pela cabeça, ele pode sair por qualquer outro *ñawi*, quando estiver pronto para partir.

6. Lacramos os chakras soprando neles ou fazendo o sinal de uma cruz em cima de cada centro com nosso dedo polegar direito. Selando os *ñawis* impedimos o campo luminoso de voltar para a forma física inanimada. Podemos usar água florida ou um óleo essencial para isso. Devemos lembrar que a cruz é mais antiga que o Cristianismo. Lacrando o corpo físico, ele nunca mais será usado novamente.

Nunca devemos deixar de seguir esses passos acima, pois se não o fizermos podemos terminar prendendo o Campo de Energia Luminosa ao corpo físico, ligando o espírito a uma matéria sem vida. Quando isso acontece, a pessoa pode continuar a identificar-se com um corpo físico em decomposição. Lembre-se de que isso só ocorre se ele é o único em dez que não retornaram para o Mundo dos Espíritos naturalmente, sendo assim, ele estará livre até que o corpo se decomponha completamente.

Auxílio espiritual

O xamã deve prestar assistência espiritual na hora da morte da maneira mais discreta possível. Temos que ter em mente que todos ao nosso redor estão necessitando de cura, não apenas a pessoa que está morrendo. Às vezes, a família vai querer que assumamos um papel de liderança simplesmente para evitar lidar com a morte. Devemos ter cuidado para não ficarmos presos nessa situação. A tarefa mais importante da cura é manter o espaço sagrado. Durante o processo da morte cada sentimento é amplificado. Acontecimentos dolorosos do passado, a confusão do óbito e a tristeza de membros da família na sala, contribuem para o caos. Quando mantemos um ente querido dentro do nosso Campo de Energia Luminosa, criamos um oásis de paz no qual muita serenidade é transmitida a quem está morrendo, para que a pessoa reconheça seus entes queridos e descubra que curandeiros luminosos o aguardam do outro lado.

O ciclo da vida e da morte

A percepção do mundo em nossa Tradição nos mostra uma maneira peculiar do movimento do ciclo vital em quatro fases: Primeiro se dá o espaço da criação, logo, o do nascimento, depois o do crescimento e finalmente o da morte. O feito da Criação está no sentido referenciado ao *Texemuyo*, que tece na parte de cima de tudo o que foi criado e ali permanece. O espaço do nascimento que tem a ver com as origens de todos os seres viventes fica na direção leste. O espaço do crescimento está na parte debaixo que tem relação com *Pachamama* que mantém a fecundidade de toda a existência. É o lugar de crescimento e amadurecimento. A morte fica a oeste e tem a ver com a conclusão da etapa de vida de todos os seres. É na verdade o espaço de projeção ao mesmo princípio, depois de concluir a etapa chamada vida.

Para os *yachacs*, tudo tem a chama da vida bruxuleando dentro de si. Dialogamos com os animais, minerais, vegetais, nuvens, estrelas, com a água, o fogo, o vento e com os seres chamados "erroneamente" no nosso ponto de vista, de "mortos". Bohm e outros cientistas quânticos descobriram cientificamente que existem outras dimensões de realidade que vem explicar as viagens que ocorrem a velocidades maiores que a da luz, o que por outro lado prova que a morte é somente uma parte do processo da vida. Os cientistas comprovaram que duas partículas quânticas que haviam estados conectadas alguma vez, quando separadas por longa distância, de alguma maneira permaneceram conectadas, o mesmo ocorre entre os seres vivos e os que foram para o "outro lado do rio".

A morte é considerada parte da vida. Ela é a conclusão de uma etapa da nossa jornada terrena. É a chegada a um momento de permanência na existência dos seres. Ela não é o fim do ser, e sim a continuidade dele dentro da totalidade existencial e cósmica. Entendemos a morte como uma viagem à outra dimensão da vida.

Os *yachacs* conhecem e identificam os signos da morte. Ela nos visita, a reconhecemos e a recebemos. O espírito do moribundo se apresenta com antecedência, percorrendo todos os lugares que passou pela vida e conversando com os seus amigos e familiares, principalmente com aqueles com quem tem alguma dívida a pagar ou cobrar. Os sinais de que alguém irá morrer são diversos, tais como: as pegadas dos espíritos pelo caminho, a presença de certas aves nas casas, formas de ventos, matizes da luz ao entardecer, pesadelos que algumas pessoas têm e outros sinais que veem em sonho.

A morte não é motivo de tragédia entre as culturas xamânicas. Mas de todo modo, ela sempre é um momento de dor e tristeza. Os corações ficam sombrios quando os sinais de que ela está chegando aparecem. Uma vez que se sabe que a morte virá, a única coisa a fazer é esperar que ela venha da melhor maneira possível. Isso significa a preparação adequada para o momento da morte, as atenções necessárias aos ancestrais e a todas as divindades que protegem a vida. Somente devemos querer morrer em conformidade de harmonia com as relações existenciais.

Morte simbólica

A morte é o ato mais poderoso do *yachac*. Xamãs aprendem a jornada para além da morte através do Voo Extático. Esta jornada é de suma importância para aprender o caminho para o Infinito, agora, enquanto ainda temos um corpo para o qual podemos retornar. Eles se envolvem em rituais em que simbolicamente morrem e viajam para o Mundo dos Espíritos, onde recebem poderosos dons de cura. Ao praticar o Voo da Alma, o indivíduo aprende a conhecer o mapa que nos levará ao Mundo dos Espíritos. A viagem ao além da morte tornou-se um símbolo arquetípico de transformação e é encontrado em todas as culturas do mundo. Esta jornada divina é ilustrada por Cristo, que passou três dias entre os mortos antes de reaparecer na Terra. Aprender a morrer é aprender como viver, pois, se a vida nos solicita, da morte nada podemos solicitar. Morrer com consciência, de olhos abertos, é a maneira de deixar este mundo, vivo. Quando morremos conscientemente, deixamos para trás a carcaça e nos identificamos com o seu conteúdo... a energia, a Força Viva.

As tradições orais dos povos indígenas estão repletas de histórias que descrevem os desafios que se pode enfrentar na jornada em direção à luz. Esses testes incluem conhecer figuras demoníacas, monstros com várias cabeças, golens, fantasmas e zumbis, todos pertencentes a um pesadelo tenebroso. A mitologia nos fornece não apenas descrições detalhadas desses encontros, mas também as estratégias utilizadas para conquistá-los. Se estudarmos os mitos com cuidado, iremos descobrir que o herói alcança o sucesso transferindo sua consciência e não pela batalha. Um xamã amazônico me contou de quando ele encontrou uma anaconda gigantesca durante uma jornada do Voo da Alma. Não importava quão rápido ele corresse, a Serpente era mais rápida. De repente ela surgiu com sua bocarra cavernosa. Ele viu as nervuras no céu da boca e estava certo de que ela iria devorá-lo. Nesse ponto, com medo, pulou na garganta dela e foi engolido pelo grande animal. Seu corpo foi espremido até que todos os seus ossos foram esmagados. Então ele descobriu que era capaz de ver através dos olhos da Serpente e sentir a textura do solo sob sua barriga.

Ele completou a sua jornada na forma da grande sucuri, e hoje a Serpente o orienta cada vez que embarca no Voo Extático.

Cada religião tem um corpo de trabalho que descreve a jornada além da morte, com instruções sobre como alcançar a liberdade absoluta e detalhes do que vai encontrar quando chegar lá. O mais conhecido são os escritos encontrados no *Livro Tibetano dos Mortos*, que, como o seu homólogo egípcio, foi premiado não só por seus mapas do mundo espiritual, mas porque revela sua vida secreta. Os mapas são úteis para a morte, mas eles são de suma importância para nos ajudar a compreender o mistério de estar vivo. Uma vez que entendemos a continuidade da vida por toda a eternidade, nós alcançaremos a liberdade. A morte deixa de nos perseguir e descobrimos um eu que mora no Infinito.

O Infinito não é a Eternidade. A Eternidade é medida no tempo como nascer, crescer, envelhecer e morrer. Infinito é anterior ao tempo. Existe desde o começo dos tempos. Como o Infinito não teve nascimento, ele é imortal. Nosso Ser Infinito está acima da vida e da morte e nunca na própria corrente do tempo. Não nasceu com o nosso corpo e não morrerá quando nosso corpo morrer. No Infinito saímos do tempo linear e nos movemos no sagrado. Porque não nos identificamos mais exclusivamente com o tempo, nem com a forma física que envelhece e morre. A morte não nos ameaça mais com o fim dos nossos dias. No decorrer de nossa caminhada com os *yachacs*, descobrimos que somos estrelas e que nossa natureza luminosa é permanente.

EPÍLOGO

A natureza e a Terra não são somente objetos de produção, e sim de contemplação. É um mistério que temos que respeitar, conservar sua integridade em harmonia com toda a criação, buscando a paz com a Terra, com a comunidade e com o Cosmos.

Wagner Frota

Segundo a cosmovisão xamânica, há um equilíbrio permanente e íntimo entre o ser humano e a natureza, que só é possível em termos de reciprocidade (*ayni*), pois tudo aquilo que fazemos à Mãe Terra, dela recebemos em proporção e semelhança. Se a humanidade atentasse para esse detalhe, o Planeta não estaria correndo tantos perigos de extinção. Uma harmonia deve existir entre nós e o meio onde vivemos; o mesmo ocorre entre as ordens material e espiritual, também entre aquilo que chamamos de passado, presente e futuro, superando os conceitos clássicos de tempo-espaço. Temos uma visão holográfica do Cosmos; o corpo humano, por analogia, reflete a Mãe Terra em sua totalidade. Macrocosmo e microcosmo não estão separados. Todo e qualquer dano que se faça à natureza é um mal que o homem comete contra si mesmo, também em prejuízo de sua comunidade e sua saúde. Isso explica o absoluto respeito que o povo andino tem pela *Pachamama*, que para nós é sagrada.

Para os xamãs, a morte é um predador a nos espreitar. Em meus anos de estudos xamânicos, compreendi que o pensamento animista do Xamanismo está muito longe de ser primitivo. Pelo contrário, ele é complexo e elegante. Para o xamã, por exemplo, não há diferença entre ser morto por um Puma ou por um vírus. É essencial termos uma ótima relação com os micróbios, jaguares e outros seres. Quando não temos uma boa relação com a natureza, a morte começa a nos espreitar. Os *yachacs* acreditam que a maioria de nós já escolheu como morrer, da mesma forma que escolhemos como viver. Depois de deixarmos a vida que foi escolhida para nós, temos que enfrentar a morte que nos foi destinada.

Os xamãs tiveram que desenvolver relações não causais com a vida. A maioria das pessoas está ligada ao tempo ordinário e causal, vivenciando as causas e efeitos. Eles definem o que são hoje por um evento que aconteceu anteriormente, há vinte anos ou trinta minutos atrás. O que eles são hoje é efeito de uma causa anterior, ou seja, o homem seria fruto do seu passado. Por outro lado, o xamã se define em termos de quem ele está se tornando, não quem ele foi. Quando a pessoa transcende relações ordinárias do tempo, ela passa a morar em um plano cósmico, onde não há nenhuma causa. A razão de nosso ser hoje é um evento do que acontecerá daqui a dois meses, somos nós que faremos então o nosso futuro, mas o que importa é o aqui e o agora.

Os xamãs andinos dizem que neste milênio entramos numa "Era Luminosa". Até pouco tempo isso era uma promessa e uma possibilidade para os homens e mulheres de poder deslizarem por uma fenda, um portal no tempo. Hoje se tornou imperativo, caso queiramos sobreviver. Durante séculos, só aqueles que se tornaram seres luminosos conseguiram escapar da morte. Somente os indivíduos que foram ousados e que tiveram poder pessoal suficiente conseguiram embarcar nesta jornada. Aqueles que não tiveram e fizeram essa tentativa, foram apanhados entre os mundos, sendo presos nele num pesadelo do qual nunca puderam acordar.

Os *yachacs* acreditam que um novo tempo está nascendo. É o momento de reintegração dos povos da Terra, de uma grande mudança que irá tornar fértil a semente de uma nova consciência e amadurecer as alterações profundas na forma como os seres humanos percebem as estruturas centrais do Cosmos. O *yachac* reconhece que há três tipos de inteligência humana: *yachay* (conhecimento), *munay* (amor) e *llankay* (manifestação). Os portais entre os mundos estão se abrindo novamente. Lá poderemos pisar além do Mundo Ordinário e explorar nossas capacidades humanas.

Recuperar nossa natureza luminosa é uma possibilidade que existe hoje para todos que ousam dar um salto quântico. Agindo assim, iremos trabalhar artisticamente nossos Campos de Energia Luminosa e corpos físicos, transformando-os em num novo corpo que envelhece diferente, curando-nos e nos dando a possibilidade de nunca morrermos inconscientemente. E então, embarcaremos mais uma vez em nossa jornada rumo às estrelas.

O legado que nos foi deixado pelos *yachacs* por meio de sua mitologia é muito interessante. Na tradição judaico-cristã, aprendemos que no sétimo dia da criação, Deus descansou. Na versão xamânica, o casal primordial disse: "Agora vocês terminem o que começamos". Sendo assim, o modelo criado não está completo, a oportunidade existe para influenciarmos esse processo. No modelo xamânico, a criação não está completa. Nós estamos participando ativamente dela. Está acontecendo ao nosso redor e podemos ser uma parte significante ou importante disso. Passamos nossas vidas cercados de convicções que nos foram impostas, e é por isso talvez que o Xamanismo esteja sendo resgatado, pois é uma das tradições mais poderosas e valiosas da Terra. Sua mitologia está relacionada à experiência direta de poder e conhecimento. Todos os ensinos nas tradições xamânicas são horizontais. Todo o ensino que nos foi passado na tradição ocidental é vertical, imposto, pois vem de cima para baixo.

Os *yachacs* acreditam que escolhemos como viver. Se eu posso escolher conscientemente, por meio de um ato de poder, como quero viver a minha vida, então posso ter tudo que desejo. Se escolhermos inconscientemente, deixamos nossa realidade ser definida pela TV, Igreja ou pelo Governo. Temos que examinar nossas convicções. Quando enfrentamos a morte num rito iniciático, nos libertamos das garras do medo e requisitamos uma vida de plenitude, pois a morte já não pode nos requisitar. Ficamos frente a frente com o nosso próprio conhecimento e poder, podemos conhecê-los e analisá-los em vez de procurar a verdade ou seu significado. Passamos a compreender que uma das tarefas do xamã é trazer a harmonia para toda situação. Nesse ponto, estamos participando da criação. É uma visão diferente da que herdamos no nosso mundo ocidental e porque não dizer acidental.

O Teólogo Leonardo Boff (2000, pág. 74) diz que:

Há séculos o ser humano vive exilado. Todos perdemos a conexão com o Cosmos e com a própria Terra, nossa casa comum. Tratamo-la como algo inerte, um repositório de recursos a serem explorados até a exaustão pelos seres humanos. Negamos-lhe subjetividade e direitos. Os antigos e os modernos compreenderam bem que a Terra é um superorganismo vivo. E que nós somos seus filhos e filhas. [...]

Pelo fato de possuírem mais ancestralidade que nós e de serem nossos irmãos e irmãs cósmicos, os demais seres merecem ser respeitados e venerados. Todos eles falam, pois têm uma história a contar inscrita em sua estrutura ou no seu código morfológico ou genético. Temos perdido a capacidade de escutar as falas e as mensagens dos seres e, assim, de aprender lições de sabedoria das plantas, dos animais, dos pássaros, dos peixes, das várias culturas humanas. Acostumamo-nos a falar tão alto que somente a nossa voz se faz ouvir. E assim vivemos solitários, em vez de sermos solidários com todos.

Os avanços científicos e tecnológicos são fantásticos para a humanidade, porém estão deixando a nossa Mãe Terra à beira da destruição. O Xamanismo nos ensina a conquistarmos nosso Poder Pessoal e encontrar um lugar no mundo, auxiliando na cura de enfermos e cuidando de indivíduos que atravessam o nosso caminho. Como visionários, necessitamos olhar mais além e pensar em toda nossa humanidade (incluindo os reinos animal, mineral e vegetal) e no nosso lugar na Terra. Não podemos esquecer que fazemos parte da Grande Teia Cósmica da Vida, a qual estamos conectados.

Inúmeras tradições xamânicas acreditam que podemos mudar o mundo sonhando um novo mundo. Intentando um novo amanhecer para a humanidade. Os xamãs dizem que o Céu começa na Terra, dentro do coração de cada um, onde encontramos o *Spíritu* que nos ajudará a enxergar o que será necessário para este novo despertar e mudar esta realidade atual. Podemos sonhar juntos os sonhos do mundo como queremos que ele seja, basta intentar firmemente.

A destruição da nossa Mãe Terra atingiu o limite e não dá mais para explorar aleatoriamente a si mesmo e a ela, pois podemos pôr tudo em degradação, num colapso que ameaça a vida efetivamente e a curto prazo. Temos pouco tempo e todo tempo do mundo. Em nossas jornadas, os Ancestrais e espíritos aliados sempre alertam que devemos recuperar a sanidade deste mundo que vivemos.

Várias tradições xamânicas deixaram profecias sobre a Tribo do Arco-Íris, que fala que após a quase extinção do povo nativo, com a perseguição sistematizada do conhecimento ancestral, quando a Vida estivesse ameaçada, a Natureza poluída além de limites aceitáveis, uma nova tribo surgiria, com componentes de várias cores, eles herdariam o saber ancestral e juntos ajudariam o Caminho da Harmonia a retornar.

Segundo palavras de Ojos de Fuego, uma anciã *Cree*:

Dia virá em que a Terra vai ficar enferma. Os pássaros cairão do céu, os mares escurecerão e os peixes aparecerão mortos nas correntezas dos rios. Quando esse dia chegar, os índios perderão seus espíritos. Porém, vão recuperá-los para ensinar ao homem branco a reverência pela terra sagrada. Então as raças se unirão sob o arco-íris para terminar com essa destruição. Será o tempo dos guerreiros do arco-íris.

Hoje, caminhos autênticos voltam a se revelar, entre eles o Xamanismo. Há um despertar de uma visão ecológica em todo o Planeta em resposta ao desafio da crise global, exigindo uma resposta total da inteligência da espécie. Vive-se um tempo de reparação por meio de uma escuta transcultural respeitosa que pode ensinar a arte de existir em paz com a Natureza.

Mais uma vez Boff (1999, pág. 17) alerta que:

Enfrentamos uma crise civilizacional generalizada: precisamos de um novo paradigma de convivência que funde uma relação benfazeja para com a Terra e inaugure um novo pacto social entre os povos no sentido de respeito e de preservação de tudo o que existe e vive.

Assiste-se a diversos ramos do conhecimento se encontrando, se reconhecendo, interagindo na confluência de tradições oriundas de diferentes povos e contribuindo com o resgate do ser humano deste estado de "coisificação" e alienação de si que as religiões sedentas de poder político/econômico e os valores da era industrial impuseram.

Os paradigmas predominantes na civilização dominante encontram-se embasados em guerras de conquista, saque e genocídio; homens conquistando e escravizando outros irmãos; uso do ser humano como objeto; valores violentos considerados por muitos como algo "natural" no ser humano.

Ao se fazer leituras do momento atual da humanidade, nota-se a urgência de se desenvolverem pessoas voltadas para a construção e não para a destruição; para a consciência, não para a inconsciência; para liberdade, não para prisão; que se irmanem de tempos em tempos, emitindo tipos de energia que pode auxiliar efetivamente no equilíbrio do Ser Terra.

A Tribo do Arco-Íris constitui um movimento planetário, uma ação que nasce de uma resposta consciente, premeditada, ao chamado dos conselhos ancestrais de vários povos, desde as geladas planícies árticas, onde corre o urso polar, até o continente que dorme sob o gelo ao sul, onde repousa a continuidade da vida.

Formado por integrantes de vários povos e raças, de muitas cores, o movimento atua há anos de forma direta e indireta, tanto nos conselhos nas florestas e montanhas como nos meios conhecidos da mídia, para dar uma dimensão mundial aos seus trabalhos como cidadãos planetários.

A cidadania planetária implica na consciência de todos os homens como habitantes de uma única morada: a Terra, um superorganismo vivo, rico em sua diversidade e em permanente transformação que, como todos os seres viventes, possui história e é finito. A dimensão mundial propõe que se forme uma rede dentro da grande teia que já existe, e que ela tenha o propósito de preservar a Mãe Terra.

Gutiérrez (2002, pág. 121) diz que:

Precisamos falar com a Terra, compreendê-la, experimentá-la. É necessário submergir nela, viver com ela, participar do seu futuro, ser parte integrante dela mesma.

O grande desafio nosso é o de resgatar o conhecimento acumulado nas práticas xamânicas das diversas tradições do nosso Planeta. Pois, assim, poderemos contribuir para a saúde, autoconhecimento e o bem-estar geral do nosso povo, e resgatar valores para uma vida mais harmoniosa e ecologicamente correta.

Por sua consciência, o ser humano entra em relação direta com outros seres. Encaixa-se plenamente no sistema geral das coisas. É capaz de reconhecer-se a si mesmo e conhecer os outros, senti-los e amá-los.

A vida dos indígenas das Américas, dos *Aymaras, Cheyennes, Inkas, Guaranis, Lakotas, Maias, Shuars* assim como a de muitos outros povos antigos, é um claro testemunho da consciência planetária: sua vida cotidiana, seu trabalho, suas celebrações, sua visão da divindade e da morte e sua produção artística e científica assim demonstram. Desde tempos ancestrais, vivem a dimensão cósmica que nós ansiamos.

Este livro se coaduna com a proposta da educação planetária, estimulando o leitor a uma convivência pacífica entre o ser humano e a natureza, mensagem esquecida pelo homem moderno que se separou da Mãe Terra. A reconciliação com ela se faz necessária para preservar a relação da ordem de vida ou morte. Essa mudança na relação homem-terra hoje chamada de "ecologia humana", convida a todos ao reencontro com a *Madre Tierra*.

Segundo as palavras da pensadora latino-americana Isabel Rauber:

Nos últimos anos, diversos países latino-americanos, como Equador e Bolívia, vêm incorporando em suas constituições o conceito do bem-viver, que nas línguas dos povos originários soa como Sumak Kawsay (quéchua), Suma Qamaña (aimará), Teko Porã (guarani). Para alguns sociólogos e pesquisadores, temos aí uma das grandes novidades do início do século XXI. Redescobre-se agora um conceito milenar: o "Viver Bem". A expressão Viver Bem, própria dos povos indígenas da Bolívia, significa, em primeiro lugar, "viver bem entre nós". Trata-se de uma convivência comunitária intercultural e sem assimetrias de poder. [...] É um modo de viver sendo e sentindo-se parte da comunidade, com sua proteção e em harmonia com a natureza [...], diferenciando-se do "viver melhor" ocidental, que é individualista e que se faz geralmente a expensas dos outros e, além disso, em contraponto à natureza.

(Citação extraída do site http://isabelrauber.blogspot.com, 22/08/2010).

O terceiro milênio descortina-se para outras realidades que não se baseiam em certezas e nem mesmo em probabilidades, mas em vazios, intemporalidades, conceitos de antimatéria. Uma surpresa de caráter iluminatório, no sentido místico do termo, aguarda os pesquisadores: os cinco sentidos possuem abrangência maior do que se conhece. O mundo dirige-se para um estado alternativo – um estado de expansão da consciência – que os seres humanos possuíam, mas esqueceram. Assim, o saber racional pouco a pouco cede espaços ao conhecimento intuitivo. Os ensinamentos xamânicos agem como meio para acessar um contexto muito mais vasto que o universo físico, o qual não passa de uma centelha de instante de uma totalidade mais vasta, para a compreensão de que a realidade se desenvolve fundamentalmente num plano imaterial. Estes princípios permitem empreender a viagem do xamã e penetrar num universo onde o espírito e o real formam o mesmo ser contínuo.

O aumento da compreensão das diferenças e o princípio de diálogo intercultural, antes uma constante na interação histórica entre os Estados dominantes e os povos xamânicos por eles englobados, permitem vislumbrar o início do resgate dos profundos conhecimentos empíricos desenvolvidos pelos xamãs ao longo de milênios de adaptação, experimentação e observação da Natureza, restaurando uma vida mais digna.

Ao estudarmos as tradições xamânicas, podemos verificar que essas culturas são mais respeitosas com a Mãe Natureza e que vivem em harmonia com o Cosmos, habitam em comunidades em que o princípio da solidariedade e reciprocidade são fundamentais, gozando de uma identidade de profunda significação e não de uma identidade artificial, confusa e vazia de valores.

O Caminho Sagrado

O Xamanismo é um caminho, e como tal, não pode ser plenamente compreendido e definido, a menos que seja trilhado. Trilhando o caminho xamânico nos Andes tive a confirmação do que eu já sentia quando criança de que tudo tem um espírito: as flores, as plantas, os animais, as pedras, as montanhas, o Sol, a Lua, as estrelas, os rios, lagos, mares, etc. Passei a sentir profundo respeito por todas essas manifestações divinas, e compreendi que não se tratavam de deuses distantes, pelo contrário, eram partes integrantes de *Pacha*, a Mãe e Pai cósmicos.

O Xamanismo celebra a vida, os ciclos da natureza, mas esse celebrar não é adorar, não é prestar culto ou submissão a um ente superior. Ao celebrarmos o ciclo das estações e os eventos naturais anuais, reconhecemos que qualquer mudança é imutável. Os festivais celebrados refletem a vida que segue adiante, sempre. Por essa razão, nossos rituais refletem ao mesmo tempo transformação e constância, festejando o eterno ciclo da vida.

Nenhum rito iniciático é completo sem que haja contato com o sagrado e o indivíduo volte diferente. O Xamanismo vem alertar que necessitamos trazer os ritos de passagem para a nossa sociedade atual, celebrando as mudanças de fases de maneira tradicional, indo além deste mundo e tendo um breve contato com o sagrado antes de renascer.

O primeiro grande despertar do *yachac* acontece quando ele vê seu reflexo num lago ou em um rio claro e percebe a sua própria mortalidade. Até então ele é igual a uma criança que percebe que a morte acontece, mas acredita que nunca acontecerá com ele. A presença e consciência da sua morte, da sua natureza temporal, se tornam seu maior mestre. O próximo grande despertar para o xamã acontece com a sua consciência da natureza transtemporal, quando ele pisa fora do tempo. Para ele, essa consciência não é uma compreensão intelectual. Não é um clichê que diz que somos seres eternos. É uma experiência, e logo uma habilidade que permite o indivíduo viajar entremundos.

Quando trilhamos o Caminho do Dragão ao sul e despertamos memórias ancestrais, não somos nós, enquanto indivíduos, que estamos lembrando, pois só podemos nos lembrar dos eventos da nossa vida. É como atravessar uma fenda que separa os dois mundos e assumir o seu lugar entre os que nasceram duas vezes, entre aqueles que venceram a morte. Quando entramos em contato com as poderosas energias ancestrais, ocorre uma tremenda cura. Neste momento, descobrimos que o espírito é a própria energia consciente de si mesma que libera na hora da transição o ser consciente para a liberdade total, livre para viajar para todos os recantos do Cosmos. Nesse processo, desgarramos da limitada energia de nosso próprio ser e experimentamos uma comunhão com o Grande Mistério e toda a sua Criação em seu próprio terreno, o Infinito.

Aprendi com meus Mentores, antigas técnicas que criam espaços sagrados onde se realizam verdadeiros milagres. Espaços estes que nos permitem entrar no *Taripay Pacha* e experimentar a iluminação. Quando entramos no Infinito, o passado e o futuro desaparecem e só existe o aqui e o agora. Não estamos mais presos às histórias do nosso passado, e nosso futuro não está mais determinado por nossa história passada. Não apagamos o nosso passado num passe de mágica. A dor, sofrimentos e perdas sofridas em nossa vida permanecem em nossa memória, porém deixam de determinar quem somos. Damos conta de quem não somos e apagamos nossas histórias. A experiência com o Infinito faz desaparecer a ilusão de morte, as enfermidades e a velhice. Na presença do *Wiñay Spíritu* estamos em condições de experimentar o que fomos antes de nascer e o que seremos depois de morrer.

Nossa maior missão aqui na Terra como Guerreiros do Coração é podermos compartilhar todo nosso conhecimento, fazendo com que qualquer tipo de confrontação entre os indivíduos desapareça e eles se tornem professores uns dos outros. Para haver desenvolvimento não deve haver diferença entre o potencial de cada um. Aquele que tem um conhecimento superior ensina o outro como atingir o mesmo nível. É um momento de comunhão.

Chegou a hora de aguçar o olhar, como uma Águia, e aprender os valores perdidos da celebração significativa, do êxtase espiritual transformador, da pedagogia da independência e da liberdade pessoal, aliados ao respeito ao Planeta Terra e seus cidadãos.

Como foi dito anteriormente, nós vivemos um clímax histórico, em que surge um pequeno grupo de Guerreiros, vindo do Arco-Íris Sagrado com a missão de reestruturar o arco que foi quebrado.

Com a prática do Xamanismo, nós nos tornamos cocriadores na vontade coletiva da natureza, nos tornamos agente da mudança no drama da evolução. Mais do que isso, nos libertamos da ilusão de isolamento e adentramos na realidade da inter-relação de toda vida. O Xamanismo é uma jornada mental e emocional, no qual tanto o paciente quanto o xamã ficam envolvidos. Através de sua heroica viagem e de seus esforços, o *yachac* ajuda seus pacientes a transcenderem a noção normal e comum que têm acerca da realidade, inclusive a noção de si próprios como doentes. Revelam aos seus pacientes que eles não estão emocionalmente e espiritualmente sozinhos em suas lutas contra a doença e a morte. Faz com que eles partilhem de seus dons especiais, convencendo-os, em profundo nível de consciência, de que há outro ser humano desejoso de oferecer seu próprio "Eu" para ajudá-los. A abnegação do *yachac* provoca no seu paciente um compromisso emotivo correspondente, um senso de obrigação de lutar ao lado do xamã para se salvar. Zelo e cura caminham juntos. Finalmente, a prática do Xamanismo leva-o, consequentemente, a alinhar-se com as forças de cura da natureza. Encontra-se equilíbrio e integração. Sabemos quem somos e para onde estamos indo.

O Caminho Xamânico não é fácil, a aprendizagem se caracteriza pela dureza e a dificuldade em todos os níveis. Gostemos ou não, o sofrimento é uma premissa comum para nos liberarmos.

Nos Andes, aprendi que realizando a jornada do Oeste e enfrentando o Jaguar em sua vida, o guerreiro espiritual não apenas se liberta para viver integralmente o presente, mas sabe que caminho tomar quando a morte vier, e ela também o reconhecerá. Isso significa morrer com consciência, de olhos abertos. É a maneira de deixar este mundo vivo.

Certa vez Mama Julia me disse:

O Jaguar é um guerreiro. Ele tem equilíbrio. Tem um propósito. O Runauturuncu, o Homem-Jaguar, tem essas mesmas qualidades em sua busca espiritual em todos os mundos e suas realidades. Um Jaguar potencial vive em cada pessoa. Ele caminha sozinho, parte da sua jornada espiritual é solitária. Só você pode transmutar as energias densas de dentro de você. O grande ensinamento do Jaguar é que ele é um animal com o mínimo de ego, e nunca procura ser visto. Vivendo na espreita. Desperte!

Na minha caminhada, descobri que todos têm seus desafios, e só quem os enfrenta sabe o quanto são limitantes ou estimulantes. O Xamanismo é um caminho árduo, mas não da forma como se usa tal palavra no cotidiano, ele é penoso porque ardemos com o fogo interior desperto pela fricção do Céu e da Terra dentro de nós. Para um andarilho não há nada difícil ou fácil, há apenas desafios que são enfrentados com muita alegria. Se o caminho for "sofrido" não há coração nele, e é melhor que este seja abandonado rapidamente.

No Caminho Xamânico, a coisa mais importante é a nossa relação com os espíritos, as manifestações das forças da natureza e nossa comunhão com tudo aquilo que nos cerca visando a jornada rumo a Liberdade Total, ao salto quântico no qual nos tornaremos *Illapa Runas*, Seres de Luz. É por isso que caminho. Essa busca me fascina e sustenta.

Em síntese, todos os ensinamentos de autoconhecimento nos dirigem a um único fim, o do respeito e amor entre todos os seres. Um Xamã tem que se cuidar para não se viciar em somente curar, ele tem que saber o momento preciso de atuar. A enfermidade é um transtorno causado pela natureza, que não tem origem causal, mas é definitivamente causado pelas atitudes do indivíduo. Isso funciona no homem, tal como uma purificação que visa aumentar a consciência sobre uma determinada área de sua vida. O paciente deve conquistar essa consciência antes de ser curado, caso contrário, terá sido inútil ter ficado doente.

Como um andarilho do Caminho Xamânico, sou um ser manipulador da energia e da ordem espiritual, que o faz desde uma perspectiva responsável. Essa responsabilidade tem uma magnitude, tal como a de ser responsável comigo mesmo, com minha família, a comunidade e a humanidade como um todo. A responsabilidade tem sua raiz na intenção. Sempre busco agir com intenção amorosa e respeitosa. Para tudo isso tenho que possuir uma consciência ampla, além de bastante energia.

Ser e agir como um Xamã não é privilégio de povos nativos, mas do desenvolvimento humano. O amor, o respeito, a energia e a intenção são determinantes para que isso ocorra. O amor é a pedra angular da vida e da consciência. É a chave que abre todas as portas. A morte é nossa melhor amiga e nos recorda continuamente que estamos vivos. Na minha caminhada aprendi que a vida se alimenta de ilusão e a morte da verdade.

Para finalizar, lembremos que segundo os *yachacs*, as portas entre os mundos estão novamente se abrindo neste novo *Pachakuti* (tempo de mudança) e este é um momento propício à exploração de todas nossas capacidades humanas. Recobrar a nossa natureza luminosa é hoje uma possibilidade para todos aqueles que se atrevem a dar um salto em suas vidas. Talvez não recebamos exatamente o que desejamos, mas certamente receberemos o que realmente precisamos.

Munay,

Wagner

GLOSSÁRIO

Ajayu – Essência anímica andina, conhecida pelos nomes de alma, espírito, sombra, duplo-anímico, etc.

Alcaloide – Compostos orgânicos nitrogenados produzidos pelos vegetais. Sua ingestão produz efeitos fisiológicos que variam de um alcaloide para outro: alteração de pressão sanguínea, analgésicos, estimulação do sistema nervoso central, paralisia, tranquilizantes, etc. Em doses elevadas são altamente tóxicos. A maioria das substâncias reconhecidas como alucinógenos são alcaloides que produzem alteração de percepção e alucinações. Todos os alucinógenos são alcaloides, porém nem todos alcaloides são alucinógenos.

Alma – Corpo de energia que serve como veículo para o espírito individualizado.

Alto Mesayoq – Xamã andino que tem uma relação com seres sobrenaturais, mais particularmente com os espíritos das montanhas.

Amaru – Serpente ou cobra.

Amauta*, *Hamawtta* ou *Hamuyiri – Mestre andino, guia espiritual ou sacerdote. Conhecido também por *Yachac*.

Animal Totem – Não se refere particularmente a um Espírito Animal, mas antes a um Espírito Ancestral associado a uma linhagem familiar, tribal ou grupal, também pode ser utilizado para designar o Animal de Poder ou Guardião.

Apacheta – Lugar de oferendas. Montanhas de pedras feitas de oferendas.

Apukuna – Linhagem espiritual.

Apus – Espíritos das Montanhas Sagradas. Estes entes tutelares canalizam forças de cura poderosas que ajudam o xamã a curar.

Arquétipo – Símbolos que representam valores universais, presentes em diversas culturas. Padrões comportamentais presentes no inconsciente coletivo, desde os primórdios da humanidade.

Árvore da Vida (ou do Mundo) – Está relacionada com a gênese do Universo. Sua simbologia está ligada ao sacrifício e a cruz na maioria das mitologias religiosas, além dos cristãos, como os *Maias*, *Samis* e *Hindus*. A Árvore é vista como a Mãe Primordial que gerava e distribuía a vida.

Atlântida – Lendário continente ou ilha que segundo as lendas foi submergida no oceano Atlântico por volta do ano 50.000 a.C.

Ausangate – O *Apu* principal da região de Cusco.

Ayllu – Comunidade.

Ayni – Lei da reciprocidade.

Ayahuasca – A Corda da Morte ou Vinho dos Mortos. Planta Mestra de Poder muito utilizada em ritos e cerimônias xamânicas na selva.

Chakana (Tawa Pacha) – Cruz quadrada andina que simboliza o Cruzeiro do Sul. Os *yachacs* a consideram como um símbolo sagrado de luz e conhecimento, da proporção e do equilíbrio, como também a União Sagrada dos opostos.

Chaski – Mensageiro.

Chinkana – Túnel ou passagem.

Chonta – Madeira derivada de uma palmeira que cresce na selva, muito dura e utilizada para fabricação de espadas, lanças, varas e burdunas.

Chumpi – Cintos de energia que cercam o Campo de Energia Luminosa.

Consagração – Ritual que envolve a purificação, dedicação e direcionamento de energia para um determinado fim.

Divindade – Forma-pensamento criada pela mente coletiva de uma determinada cultura, dotada de poderes sobrenaturais.

DNA – Ácido desoxirribonucleico. É ele que codifica todas as informações necessárias para as células criarem vida.

Espírito – Essência inteligente incriada que anima as formas de vida.

Grande Mistério – Fonte original do Universo.

Hanan Pacha – O Mundo Superior, uma atmosfera superior acima das nuvens onde habitam os seres espirituais, representado pelos *Apus* e o Condor.

Hierofania – Ato de manifestação do sagrado.

Hucha (Hoocha) – Energia densa ou pesada.

Huaca – Lugar sagrado.

Ícaro – Canto dos xamãs vegetalistas utilizado em suas cerimônias. Esse canto surge do fundo da alma do xamã e com o tempo, vai tomando forma.

Inka – Imperador, chefe supremo do Império *Tawantinsuyu*. Filho do Sol.

Inkas – Grupo pré-colombiano da América do Sul com alta identificação religiosa, cultural e filosófica entre si, que construiu, pela imposição da sua cultura, um império (conhecido como *Tawantinsuyu*) que incluía regiões desde o extremo norte como o Equador e o sul da Colômbia, todo o Peru e Bolívia, até o noroeste da Argentina e o norte do Chile, no período entre 1.200 até 1.533 quando houve a invasão espanhola.

Inti – Sol.

Inti Raymi – Festa do Sol. Celebrado em 21 de junho como sendo o Ano-Novo Andino.

Intiwatana – Amarrador do Sol, Medidor do Sol ou observatório solar.

Kallawayas – Mestres xamãs andinos do povo *Aymara*. Eles são possuidores de um profundo conhecimento sobre plantas medicinais e terapias xamânicas. Sua origem se perde na milenária história da civilização andina, mas alguns indícios sugerem que eles surgiram antes do período incaico, durante o esplendor da cultura *Tiwanaku*, desaparecida no século XI.

Karpay – Iniciação que conecta a pessoa com uma linhagem ancestral de conhecimento e fornece poder ao indivíduo.

Kawsay – Energia original da criação.

Kay Pacha – O mundo mediano ou ordinário, onde habita os seres vivos e tudo que se move pela Terra. Representado pelo Puma.

Kuya – Pedra de Poder.

Kuya Hampeq – Xamã andino que trabalha com os espíritos das pedras, das montanhas e com os poderes das plantas para curar.

K'illa – Lua.

K'intu – Trinca de folhas de coca, indispensável nas oferendas andinas.

Kundalini – Energia vital de natureza sexual situado na base da coluna vertebral que está enroscada como uma Serpente, mas pode despertar subindo pela coluna até os chakras superiores, bem como alimentando todos os outros ao longo da vértebra.

Kuntur – Condor, a maior ave voadora, de cor negra com algumas penas rajadas de branco.

Kuraq Akulleq – Xamã andino que trabalha exclusivamente com os filamentos energéticos celestiais, a energia divina.

Llipta – É uma massa formada por uma mistura de cal e cinzas de *kiwicha* ou *quinua*, que se põem na boca no momento de mascar a folhas de coca para facilitar a extração dos alcaloides dessa planta.

Lluq'i (***Llo'qe*** ou ***yoge***) – O lado espiritual e misterioso. Esquerdo.

Machu Picchu – Significa Montanha Velha, porém é chamada de Cidade Luz, Cidade do Arco-Íris e Cidade Cristal.

Mama Cocha – Mãe D'água.

Mama Killa – Grande Mãe Lua, a Senhora das Emoções.

Mastana – Manta Inka.

Mesa – Altar sagrado do xamã andino, onde ele guarda seus objetos sagrados.

Miqhuy – Processo de cura utilizado para extirpar a energia intrusa.

Mochica – Civilização pré-Inka nos Andes, surgida por volta de 200 a.C.

Munay – Amor, alegria ou compaixão. A expressão do coração.

Ñawi – Olhos de luz, centro energético do Campo de Energia Luminosa, que fazem parte dos cintos de energia viva (*chumpi*), que envolve o CEL.

Nina – Fogo.

Otorongo – Jaguar. É considerado pelos *yachacs* como o guardião da floresta e do portal entre os mundos.

Pacarina – É uma abertura no espaço-tempo que se acredita ser o ponto de entrada e saída entremundos. É considerado um portal para o reino da criação.

Pacha – Mundo ou Cosmos.

Pachacamac – Entidade Cósmica que governa todas as coisas.

Pachakuti – Nono rei Inka. O Transformador do Mundo.

Pachamama – Mãe Terra ou Cósmica. O espírito da Terra no seu aspecto feminino.

Pampa Mesayoq – Xamã andino que tem uma relação indireta com o sobrenatural, sua relação principal é servir a *Pachamama*, a Mãe Terra.

Panya (Paña) – Lado material. O direito.

Paq'o – Xamãs andinos.

Plantas enteógenas – São plantas que induzem o Estado Xamânico de Consciência Ampliada. Elas inspiram a manifestação interior do divino, por isso se chamam enteógenas.

Poq'po – Bolha. Palavra utilizada pelos xamãs andinos ao se referirem ao campo de energia que cerca o corpo humano.

Psicopompo – É o "condutor de espíritos", uma das funções dos xamãs e outros sacerdotes, como também atributos de dezenas de divindades.

Pukinas – Segundo estudos arqueológicos e etnográficos foi a civilização mais antigas da América do Sul que viveu entre os anos 18.000 até 9.000 a.C. no altiplano andino e nos cânions da região de Moquequa e Arequipa no Peru.

Pututu – Concha utilizada como instrumento de sopro nas cerimônias xamânicas nos Andes.

Q'ero – Tribo andina que vive nos arredores da montanha sagrada de Ausangate, no Peru.

Q'enti (Kenti) – Beija-flor. Animal que simboliza a alegria e a sabedoria ancestral.

Q'osqo – Estômago espiritual da nossa bolha de energia.

Ritual – É um método para converter pensamentos e intenções em ações simbólicas apoiadas por um substrato material; destina-se a determinar ao subconsciente que aja de acordo com as instruções do consciente.

Runasimi – Antiga língua falada pelos *Inkas* e pela maioria dos povos andinos, erroneamente chamada atualmente como *quéchua*.

Sachamama – A Deusa-Serpente e das Emoções. Anaconda ou sucuri. Senhora da Selva.

Samay – Sopro abençoado dados pelos xamãs andinos.

Sami – Energia refinada.

Saywa – Coluna de energia.

Shuar – Tribo amazônica que vive no sudeste equatoriano e nas encostas orientais da cordilheira andina peruana. No passado eram conhecidos por encolherem as cabeças dos inimigos, prática que não é mais realizada. Também são conhecidos como *Aguarunas*, *Awajun*, *Huambisas* ou *Jívaros*.

Tata Inti – Pai Sol.

Taripay Pacha – O mundo além do tempo e espaço. A imensidão do Infinito. A fonte original do *Kawsay*, a energia cósmica original.

Tawantinsuyu – As quatro regiões do Império Inka. Significa literalmente Quatro Direções.

Texemuyo – Fonte original da criação.

Tiwanaku – Povo andino que construiu um império por volta do ano 500 d.C. Como também é a cidade originária dessa civilização.

Ucku Pacha (**Ukhu Pacha**) – O mundo interior ou inferior, representado pela Serpente, é também chamado de Mundo dos Mortos.

Voo da alma – Projeção da consciência ou sombra (duplo etérico) do xamã, que o permite viajar por outras realidades.

Wachuma – Nome indígena do cacto *San Pedro*, utilizado como enteógeno.

Wari – Povo andino que construiu um império por volta do ano 600 d.C.

Wiñay Spíritu – O Espírito Eterno Sagrado, o *Texemuyo*, o Infinito, a Grande Consciência Cósmica.

Wayra – Vento, massa de ar em movimento. Um Ente da natureza.

Wayruru – Semente sagrada de cor avermelhada, utilizada nas oferendas andinas.

Willca – Sagrado, Divino.

Willkamayu – Rio sagrado dos *Inkas* que percorre toda a selva até chegar ao rio Amazonas.

Wiracocha – Senhor do Céu.

Xamã – Indivíduo com habilidades especiais, capaz de aventurar-se à realidade "não ordinária" ao entrar em estado de êxtase e perceber os processos energéticos sutis. Nesse estado alternativo de consciência podem transpor o umbral dos sentidos e ascender a dimensões onde se supõe que reside o mistério da vida e da morte.

Xamanismo – É o conjunto de conhecimentos praticados pelos xamãs na busca do desenvolvimento do poder pessoal, anterior a todas filosofias e religiões conhecidas, cujas técnicas foram desenvolvidas no decorrer de Eras.

Xamanistas – Nome dado aos estudantes e praticantes do Xamanismo.

Yachac – Sacerdote, xamã ou mestre andino.

BIBLIOGRAFIA

ACHTERBERG, Jeanne. **A imaginação na cura, xamanismo e medicina moderna.** São Paulo: Summus Editorial, 1985.

ÁVILA, Francisco de. **Dioses y hombres de Huarochirí.** México-D.F.: Ed. Siglo XXI, 1975.

BASTIEN, Joseph W. **Drum and Stethoscope: Integrating Ethnomedicine and Biomedicine in Bolivia.** Salt Lake City: University of Utah Press, 1992.

BOFF, Leonardo. **Saber Cuidar.** Petrópolis: Vozes, 1999.

_____. **A Voz do Arco-íris.** Brasília: Letraviva, 2000.

BRENNAN, Barbara Ann. **Mãos de luz: Um guia para cura através do campo de energia humana.** Pensamento: São Paulo, 1999.

CAMINO, Lupe. **Cerros, Plantas, y Lagunas Poderosas: La Medicina al Norte del Piura.** Peru: CIPCA, 1992.

CAMPBELL, Joseph, 1959. **As máscaras de Deus, I: Mitologia primitiva.** São Paulo: Palas Athenas, Trad.: Carmen Fisher, 1992.

CAPRA, Frijot. **O ponto de mutação.** São Paulo: Cultrix, 1986.

_____. **O tao da física: um paralelo entre a física moderna e o misticismo oriental.** São Paulo: Cultrix, 1995.

_____. **A teia da vida: uma nova compreensão científica dos sistemas vivos.** São Paulo: Cultrix, 1997.

ELIADE, Mircea. **O xamanismo e as técnicas arcaicas do êxtase.** São Paulo: Martins Fontes, 1998.

FAUR, Mirella. **Almanaque mágico: um guia de ensinamentos práticos.** Brasília: Forças Ocultas, 1997.

_____. **O Legado da Deusa: Ritos de passagem para mulheres**. Rio de Janeiro: Editora Rosa dos Ventos, 2003.

_____. **Mistérios nórdicos. Deuses. Runas. Magias. Rituais**. São Paulo: Editora Pensamento, 2007.

_____. **Círculos Sagrados para mulheres contemporâneas**. São Paulo: Editora Pensamento, 2010.

FLAHERTY, G. **Shamanism and the eighteenth century**. Princeton: Princeton University Press, 1992.

FROTA, Wagner. **Caminhando com os ventos: Uma jornada xamânica**. Maceió: Livro Rápido, 2008.

_____. **A perda e o resgate da alma**. Caminho Espiritual. São Paulo. Editora Vivência, 2012.

_____. **Xamanismo visceral – O despertar do guerreiro**. São Paulo: Editora Alfabeto, 2013.

GROF, Stanislav. **A aventura da autodescoberta,** São Paulo: Summus, 1997.

_____; GROF, Christina. **A tempestuosa busca do ser: um guia para o crescimento pessoal através da crise de transformação**. São Paulo: Cultrix, 1998.

GUTIÉRREZ, Francisco. **Ecopedagogia e cidadania planetária**. São Paulo: Cortez, 2002.

HARNER, Michael. **The Jivaro: People of the sacred waterfalls**. New York: Doubleday, 1972.

_____. **O caminho do xamã: Um guia de poder e cura**. São Paulo: Cultrix, 1980.

HALIFAX, Joan. **Shamanic voices: A survey of visionary narratives**. New York: Dutton, 1979.

_____. **Shaman: The wounded healer**. London: Thames and Hudson, 1982.

HEINZE, R. I. **Shamans of the 20th century**. New York: Irvington Publishers, Inc., 1991.

INGERMAN, Sandra. **O resgate da alma**. Rio de Janeiro: Record, 1994.

JOHARI, Harish. **Chakras: Energy centers of transformation**. Rochester-VT: Destiny Books, 2000.

JUÁREZ, Gerardo Fernández. **Los Kallawayas: Medicina indígena en los andes bolivianos**. Murcia: Universidad de Castilla-La Mancha, 1998.

_____. **Yatiris y ch'amakanis del altiplano aymara.** Quito: Ediciones Abya-Ayla, 2004.

KALWEIT, Holger. **Dreamtime and inner space: The world of the shaman.** Boston: Shambhala Publications, 1988.

_____. **Shamans, healers, and medicine men.** Boston: Shambhala Publications, 1992.

KEHOE, Alice Beck. **Shamans and Religion: An Anthropological Exploration in Critical Thinking.** Prospect Heights, IL: Waveland Press, 2000.

KOSS, Monika Von. **Rubra Força: Fluxos do poder feminino. Coleção Ensaios Transversais.** São Paulo: Escrituras, 2004.

KRIPPNER, S. **Estados alterados de consciência.** In J. White (Org.), **O mais elevado estado de consciência.** São Paulo: Editora Pensamento, 1993.

LA BARRE, W. **The Peyote cult.** Norman: University of Oklahoma, 1989.

LANGDON, Jean Matteson; BAER, Gerhard. **Portals of power: shamanism in South America.** Albuquerque: University of New Mexico Press, 1992.

LEHMAN-NITSCHE, Robert. **Coricancha: El templo del Sol en el Cuzco y las imágenes de su altar mayor.** Buenos Aires: Ed. Coni, 1928.

LESHAN, Lawrence. **O médium, o místico e o físico.** São Paulo. Summus, 1994.

LOMA, Guillermo Lange. **El mensaje secreto de los símbolos de Tiahuanaco e del lago Titikaka.** Cochabamba: Kipus, 2007.

LOMMEL, A. **Shamanism: the beginning of art.** New York: McGraw Hill, 1963.

LUNA, Luis Eduardo. **Vegetalismo: Shamanism amongthe mestizo population of the Peruvian amazon.** Stockholm: Almqvist and Wiksell Publishers, 1986.

LYON, William S. **Encyclopedia of Native American healing.** New York: W.W. Norton & Company, 1996.

MCKENNA, Terence. **Food of the gods: The search for the original tree of knowledge.** New York: Bantam Books, 1992.

MECONI, Mario Polia. **"Despierta, remédio, cuenta...": Advinos y médicos del ande.** Lima: Pontifícia Universidade Católica del Peru, 1996.

MEREJILDO, James Arévalo. **Centros de poder en los andes.** Cusco: Shamanic Productions, 2006.

MONTAL, Alix de. **Le Chamanisme.** Paris: M. A. Editions, 1984.

NOEL, Daniel C. **The soul of shamanism**: Western fantasies, imaginal realities. New York: Continuum, 1999.

ODE, Walid Barham. **La clave de guaman**. Calca: Ed. Qualit Print, 2007.

____. **Tambotoco**. Cusco: Editorial Pumaruna. 2015.

PERKINS, John. **The world is as you dream it: Teachings from the amazona and Andes**. Rochester: Destiny Books, 1994.

____; CHUMPI, Shakaim. **Spirit of the shuar: Wisdom from the last unconquered people of the amazon**. New York: Destiny, 2001.

POLARI DE ALVERGA, Alex. **O guia da floresta**. Rio de Janeiro: Ed. Record/Nova Era, 1992.

PRATT, Christina. **An encyclopedia of shamanism (Vol. 1 & 2)**. New York: The Rosen Publishing Group inc., 2007.

RIBAS, Ka W. **A ciência sagrada dos incas**. São Paulo: Madras, 2008.

RIPINSKY-NAXON, Michael. **The Nature of Shamanism: Substance and Function of a Religious Metaphor**. Albany: State University of New York Press, 1993.

RODRIGUEZ, Germán, **La Sabiduría del Kóndor: Un ensayo sobre la validez del saber andino**. Quito: Editora Abya-Yala, 1999.

ROUGET, G. **Music and trance**. Chicago: Chicago University Press, 1985.

SCHULTES, Richard E. **Plants of the gods: Their sacred, heding and hallucinogenic power**. Rochester: Healing Arts Press, 2001.

SHARON, Douglas. **Wizard of the Four Winds: A Shaman's Story**. New York: Free Press, 1978.

SHIROKOROFF, S. **Psychomental complexo of the Tungus**. London: Kegan Paul, 1935.

SOME, Malidoma P. **Ritual: Power, Healing, and Community**. New York: Viking Penguin, 1997.

STEVENS, Jose; STEVENS, Lena. **Os segredos do xamanismo**. São Paulo: Editora Objetiva, 1992.

STONE, Alby. **Explore shamanism**. Loughborough: Explore books, 2003.

TASORINKI, Yanaanka. **Chamanismo andino-amazónico: Maestros e plantas mestras de poder**. Cusco: Editorial Piki, 2010.

TATZO, Alberto e Rodriguez. **A visão cósmica de los Andes**. Quito: Editora Abaya-Ayla, 1996.

TEDLOCK, Barbara. **A mulher no corpo de xamã**. Rio de Janeiro: Rocco, 2008.

TUPAYACHI, Carlos Fernández-Baca. **El otro saqsaywamán: La história no contada**. Lima: Biblioteca Nacional del Peru, 2000.

VALDIVIA, Oscar. **Hampicamayoc: Medicina Folklórica y su Substrato Aborígen en el Peru**. Lima: Universidad Nacional Mayor de San Marcos. 1986.

VILLENA, Carlos Milla. **Ayni**. Lima: Amaru Wayra, 2002.

VILLOLDO, Alberto; JENDRESEN, Erik. **The four winds: A shaman's odyssey into the amazon**. San Francisco: Harper & Row, 1990.

VITEBSKY, P.; **The shaman**. London: Little, Brown and Co, 1995.

WALSH, Roger. **O espírito do xamanismo**. São Paulo: Editora Saraiva, 1993.

WATTS, Alan Wilson. **Joyeus e cosmologie**: aventure dans la chimie de la conscience. Paris: Fayard, 1971.

WAYA, Ai Gvhdi. **Soul recovery and extraction**. Cottonwood, AZ: Blue Turtle Publishing, 1993.

WEIL, Pierre: **Os mutantes**. Campinas: Verus, 2003.

WHITE, John. **O mais elevado estado de consciência**. São Paulo: Editora Pensamento, 1993.

WILBER, Ken. **O espectro da consciência**. São Paulo: Cultrix, 1990.

_____. **A brief history of everything**. Boston: Shambhala Publications, Inc., 2001.

WILLIAMS, Mike. **The shaman's spirit – Discovering the wisdom of nature, power animals, sacred places and rituals**. London: Watkins Publishing Ltd, 2013.

*Este livro foi diagramado para a Editora Alfabeto,
na primavera de 2017, utilizando tipologia
Minion Pro com corpo 12/16.*

XAMANISMO VISCERAL
O DESPERTAR DO GUERREIRO
Wagner Frota

Fazendo das tripas coração Wagner Frota, o "Jaguar Dourado", através de uma narrativa de profundo teor emocional, de forma sensível e com segurança conduz pelas mãos o leitor a uma legítima jornada xamânica ao seu mundo interior e exterior. Mostra-nos, através de momentos de sua experiência pessoal – onde eventos dramáticos se alternam com vivências cotidianas e iniciáticas em culturas indígenas ancestrais, o despertar do guerreiro que habita seu Ser e o desenvolvimento de seus dotes de xamã, aperfeiçoando-os no que ele denomina Xamanismo Visceral... Talvez porque envolva totalmente nosso cérebro, corpo e consciências, e não apenas uma parte, aquela fração que utilizamos ao pensar. É algo que vai além da fé, é uma experiência mística de um Guerreiro Desperto que dedicou parte de sua vida à incessante e inesgotável busca daquilo que tem sido objeto do maior anseio da condição humana: compreender e vivenciar os mistérios.

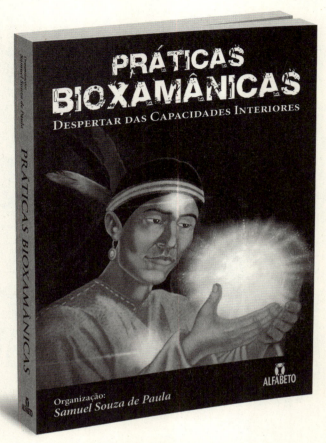

PRÁTICAS BIOXAMÂNICAS
DESPERTAR DAS CAPACIDADES INTERIORES
Samuel Souza de Paula

Quais são as práticas xamânicas utilizadas no processo de cura? Onde nasce a espiritualidade xamânica? O que representa a figura do xamã no contexto histórico e na atualidade? Qual a importância em descobrir e se beneficiar das forças de seus animais de poder? Como as práticas bioxamânicas podem ajudar o ser humano nos dias de hoje? Estas e muitas outras perguntas são respondidas no decorrer da leitura dessa abrangente obra que vai instigar você a buscar a sua essência enquanto ser cósmico. Por meio das práticas xamânicas que promovem o autoconhecimento, você vai descobrir o mundo invisível, os mistérios da natureza. E ao adentrar no universo do Xamanismo, você então voltará a sua atenção para a importância da intuição, da terapia do perdão, aprendendo que a arte da magia do "olho forte e do coração inteiro" é a via de mão única, o caminho que leva à liberdade, à cocriação de uma vida bem-sucedida e feliz.